정유재란과 호남사람들

이순신 백의종군과 남원성 함락, 명량대첩과 노량해전

정유재란과 호남사람들

이순신 백의종군과 남원성 함락, 명량대첩과 노량해전

초판 인쇄 : 2014년 8월 18일
초판 발행 : 2014년 8월 25일

글 · 사진 : 김 세 곤
펴 낸 이 : 김 남 진
펴 낸 곳 : 온새미로
주 소 : 서울시 중구 다산로 11길 19(신당2동 355-8) 백석빌딩 신관 3층
출판신고 : 제301-2009-241호
디 자 인 : 한 지 희

판매대행 : (주)중앙경제
주 소 : 서울시 중구 다산로 11길 19(신당2동 355-8) 백석빌딩 신관 4층
홈페이지 : www.elabor.co.kr
전 화 : 02-2231-7293
팩 스 : 02-2235-5344

정 가 : 20,000원

ISBN 978-89-7017-510-2 (03090)

정유재란과 호남사람들

이순신 백의종군과 남원성 함락, 명량대첩과 노량해전

글 · 사진 김세곤

도서출판 온새미로

※ 온새미로: "가르거나, 쪼개지 않고, 생김새 그대로, 자연 그대로, 언제나 변함없이" 라는 뜻의 순우리말

호남은 의향義鄕이다. 호남의 역사와 문화를 사랑하는 사람들에게 이 책을 바친다.

책을 내면서

〈임진왜란과 호남사람들〉책을 완간합니다. 2011년에 〈임진왜란과 호남사람들〉 1권을, 2013년에 2권을 낸데 이어 이번에 〈정유재란과 호남사람들〉을 발간합니다. 이로써 임진왜란 7년 전쟁 중 호남사람들의 삶과 대응을 마무리 합니다.
2010년 3월부터 4년 5개월간 매달린 작업이 이제 끝나 홀가분합니다.

지난 5년여 동안 임진왜란 '시간여행'과 '공간여행'을 하였습니다. 역사 기록 속에서 임진왜란 동안의 호남사람들의 행적을 찾았고, 국내외 현장 답사를 통해 역사기록을 확인하였습니다. 특히 일본 교토의 코 무덤은 정유재란의 희생이 얼마나 참혹한 것인가를 실감하였습니다.

정유재란 때 호남은 초토화되었습니다. 인적 · 물적 피해가 극심하였습니다.
남원의 만인의총, 진원현의 폐현, 진원과 영광에서 베어간 10,040개의 코 증명서, 장성 기씨부인 일비장과 광주 양씨 삼강문 · 함평 팔열부 그리고 일본에 끌려간 포로들은 정유재란 참혹상을 말해주고 있습니다.

이런 피해 속에서도 호남사람들은 이순신을 도와 명량해전을 승리로 이끌었고, 구례와 장성 · 남원 · 순천 등지에서 의병들이 다시 일어났습니다.

영화 명량이 올여름을 후끈 달구고 있습니다. 이순신 열풍이 불고 있습니다. 이순신은 명량대첩을 이룬 것은 실로 천행이었고, 그 천행은 백성들 덕분이라 했습니다.

장수의 의義는 충忠을 쫓고, 그 충은 백성을 따르는 것이라 했습니다.

이 책은 5부로 되어 있습니다. 1부는 이순신 백의종군과 칠천량 해전에서의 조선수군 전몰을, 2부는 이순신의 전라좌수사겸 삼도수군통제사 재임명과 남원성 함락과 전라도 초토화를 다루었습니다. 3부는 이순신의 명량대첩을, 4부는 전라도 의병들의 활동과 전라도 백성들의 수난사를 먼저 서술하고, 이어서 이순신의 수군재건과 왜교성 전투와 노량해전에서의 이순신의 죽음을 다루었습니다. 5부는 교토의 코 무덤과 일본에 끌려간 포로들을 다루었는데 특히 일본주자학의 아버지 강항에 대하여 자세히 기술하였습니다.

이 책을 쓰면서 느낀 점은 두 가지입니다. 하나는 호남인의 자긍심입니다.

호남국가지보장　　湖南國家之保障
약무호남 시무국가　　若無湖南 是無國家

이순신이 1593년 7월 16일 친구 현덕승에게 보낸 이 편지 구절은 오늘날 호남정신의 근간이 되었고, 호남사람들은 국난에 처할 때 마다 이 말을 되새기며 분연히 일어났습니다.

둘은 '역사는 되풀이된다.'는 것입니다. 폴란드 아우슈비츠 수용소 기념관 입구에서 읽은 글귀가 생각납니다.

역사를 기억하지 못하는 자는 다시 한 번 그 역사에 얽매이게 된다.
The one who does not remember history is bound to live through it again.

유성룡의 저서 〈징비록〉이 말해 주듯이 조선은 철저히 반성하지 못하여 정유재란이 끝난 후 312년 만에 일본에 강제병합 당하였습니다.

임진왜란은 지금도 계속되고 있습니다. 작금의 한 · 중 · 일 3국 관계는 그때와 흡사합니다. 역사전쟁은 진행 중입니다.

이 책이 나오기 까지 여러분의 도움이 컸습니다. 먼저 지난 4년간 신문 지면을 할애해 주신 무등일보 관계자 여러분의 도움이 가장 컸습니다.

책 제목 글씨를 써주신 금초 정광주 님에게도 감사드립니다. 또한 장성군청 홈페이지에 "정유재란과 장성"을 연재하여 주도록 지원하여 주신 장성군청 관계자와 역사현장 답사 비용을 지원하여 주신 전남문화예술재단에도 감사드립니다.

끝으로 책을 발간하여 주신 온새미로 관계자 여러분, 고맙습니다.

2014년 8월 15일

호남역사연구원장 김세곤 삼가

목차

목차

1부

이순신 백의종군과 칠천량 해전

01

일본, 다시 조선을 침략하다.

1597년 1월 중순에 일본이 다시 조선을 침략하였다. 이른바 정유재란이다. 제1진으로 가토 기요사마가등청정와 고니시 유키나가소서행장가 이끄는 왜군 1만4천5백 명이 조선에 들어갔다. 1월 13일에 가토가 가장 먼저 전선 130척을 끌고 다대포에 도착하였고, 1월 14일에는 고니시 군대가 두모포 등 여러 포구에 진입하였다.

정유재란은 명나라와 일본과의 강화 교섭 결렬로 인하여 일어난 일본의 재침략 전쟁이다. 1596년 9월에 명나라와 일본 간에 4년 여 간에 걸친 강화교섭은 완전히 깨어졌다. 도요토미 히데요시풍신수길는 '명나라 황제가 자신을 일본 국왕으로 봉한다.' 는 명나라 황제의 국서를 보고 분노하였다. 그는 다시 조선을 침략하도록 명령을 내렸다.

1593년 3월부터 일본과 명나라는 강화교섭을 시작하였다. 왜군은 1593년 1월의 평양성 패전, 2월의 행주산성 전투에서 참패하고 서울로 퇴각한 후에 초조해졌다. 조명연합군이 남하하고 사방에서 의병이 일어나면 서울은 공동묘지가 될 판이었다. 이럴 즈음에 왜장 고니시는 은밀하게 명나라에 강화회담을 요청한다. 명군 총사령관 경략 송응창과 제독 이여송도 재빠르게 강화에 임한다. 일본이 명나라를 쳐들어오지 않겠다는 조건만 수락하면 명나라로서도 별로 손해 볼 것이 없는 입장이었다. 두 나라의 강화교섭은 빠르게 진전된다.

먼저 명나라는 일본에 3가지 조건을 제시하였다.

(1) 조선에서 완전 철병하고 점령지를 모두 반환 할 것.

(2) 포로로 잡힌 임해군과 순화군 등 조선의 두 왕자와 대신들을 석방할 것.

(3) 관백 도요토미 히데요시가 공식적으로 사과할 것.

이는 명나라 정벌을 꿈꾸는 히데요시로서는 도저히 받아들일 수 없는 제안이었다. 그러나 전쟁터에 나와 있는 일본의 장수들은 본국을 속여서라도 협상을 타결짓기로 하고 교섭을 계속 하였다.

4월에 서울 용산에서 1차 회담이 있었다. 이 회담에서 왜장 고니시는 왜군이 서울에서 자진 철수 하겠으니 왜군이 피해 없이 철수할 수 있도록 보장하여 달라고 명나라에 요구한다. 명나라 경략 송응창은 고니시의 요구를 수락한다. 고니시는 4월 18일에 용산 창고에 쌓아두었던 곡식 2만석을 명군에게 넘겨주고 서울에서 철수한다. 명군은 조선군에게 남하하는 왜군에게 어떠한 군사행동도 금지하는 조치를 내린다. 그리하여 왜군은 단 한명의 사상자도 없이 고스란히 부산에 집결한다.

5월 말경에는 10만 명 정도의 왜군이 부산에 모여들었다. 이는 또 다른 재앙을 잉태하고 있었다. 왜군들은 일본으로 돌아간 것이 아니라 6월 하순에 진주성을 공격한 것이다.

한편 1593년 5월에 명나라 사신들은 일본으로 건너간다. 나고야에서 명나라 사신을 맞은 히데요시는 이들에게 7가지 요구조건을 제시한다.

이 조건은 (1) 명나라 황제의 딸을 후궁으로 보낼 것 (2) 일본 무역선의 왕래를 보장할 것 (3) 명나라는 일본과 우호관계를 서약할 것 (4) 조선 팔도를 분할하여 경상도, 전라도 등 네 개 도는 일본에게 줄 것 (5) 조선의 왕자와 대신을 볼모로 보낼 것 등이 포함되어 있었다.

이런 도요토미 히데요시의 요구조건은 명나라나 조선 입장에서 보면 도저히 받아들일 수 없는 것이었다. 이러함에도 일본의 고니시와 명나라의 심유경은 명나라와 일본 양측에 서로 숨기고 강화협상을 진행하였다.

한편 일본을 다녀 온 심유경은 명나라 황제에게 허위 보고를 한다. 즉 "도요토미 히데요시가 바라고 있는 것은 오로지 자신이 일본 국왕으로 책봉되는 것이며 그리 되면 신하로서 영구히 조공을 바치겠나이다."라고 적힌 위조僞造 사죄문을 바친 것이다. 이 사죄문이 위조임을 알 리가 없는 명나라 조정은 히데요시를 일본 국왕에 책봉하기로 결정한다.

1596년 6월에 명나라의 정사 양방형과 부사 심유경은 "도요토미 히데요시를 일본국왕에 봉한다."는 국서를 가지고 일본에 들어간다. 8월 8일에 조선도 명나라 사신 수행원 자격으로 황신을 정사로, 박홍장을 부사로 보낸다. 황신은 그동안 명군을 접대하는 일을 맡아서 그들의 실정을 잘 안다는 것이 참작되었고, 박홍장은 무관출신이라 군사정보를 캐낸다는 의도였다.

명나라 사절단이 일본에 도착하자 도요토미 히데요시는 명나라에서 자신이 요구한 강화조건을 받아들인 것으로 알고 오사카 성에서 명나라 사신을 접견한다. 이때가 9월 2일이다.

심유경과 고니시는 서로 짜고 조약담당관인 승려 쇼타이에게 국서를 조작하여 적당히 읽도록 하였다. 히데요시가 한문을 모르기 때문이었다. 그런데 심유경으로부터 국서를 전달받은 히데요시가 쇼타이에게 국서를 읽으라고 하자, 쇼타이는 진땀을 흘리면서 벌벌 떨기 시작하였다. 이상하게 여긴 히데요시가 이를 추궁하자 쇼타이는 사실 그대로 국서를 읽고 말았다. 일본이 제시한 강화 7개 요구 조건이 모조리 무시되었음을 안 히데요시는 분노하였다. 그는 책봉문을 빼앗아 내팽개치며 외쳤다.

"아니 일본 왕이야 이미 내가 하고 있는 데, 무슨 빌어먹을 명나라의 책봉이냐? 게다가 나의 요구조건은 하나도 안 들어주고."

강화회담은 즉석에서 결렬되었다. 히데요시는 자기를 속인 고니시를 당장 죽이라고 소리쳤다. 왜장들은 히데요시에게 간청하였다. 고니시 만큼 조선 사정에 밝은 장수가 없으니 공을 세울 기회를 주라고 무릎 꿇고 빌었다. 그러자 히데요시는 고니시의 목숨만은 살려주었다.

명나라와 조선의 사신들은 사색이 되어 허둥지둥 일본을 빠져 나왔다. 통역사 요시라는 황신에게 이번에 왜군이 조신을 쳐들어가면 전라도 쪽으로 진격할 것이 틀림없다고 일러주었다. 11월 23일 부산에 도착한 황신은 곧장 그간의 사정을 조정에 보고하였다.

이리하여 왜장 고니시와 명나라 심유경 사이에 벌인 4년여 간의 국제 사기극은 막을 내렸다. 심유경은 또 명나라에 거짓 보고하였으나 명나라는 이번에는 속지 않았다. 명나라 황제는 지금까지 강화를 추진해온 관계자들을 모두 처벌했다. 병부상서 석성이 실각되었고 심유경에게는 체포령이 내려졌다. 1597년 7월에 명나라 부총병 양원은 경상도 의령에서 심유경을 잡았다. 심유경은 왜군의 호위를 받으며 짐승 가죽을 말에 싣는 중이었다. 그는 명나라로 끌려가 참혹한 형벌을 받았다.

한편 일본이 재침할 것이라는 황신의 보고를 받은 조정은 시급히 대책을 마련한다. 급히 선전관을 경기 · 충청도에 보내어 왜적과 대항할 준비를 갖추게 하는 동시에 방어사 고언백을 경상도에 급히 보냈다. 또한 예조정랑 정염을 명나라에 보내어 위급한 상황을 알렸다.

도요토미 히데요시는 일사분란하게 조선 재침략 작전을 진행한다. 군대를 1번대에서 8번대로 편성하고 12만1천명을 동원하기로 하였다. 여기에는 부산일대에 잔류하고 있던 2만여 명 왜군도 합류시켰다. 그 부대는 1군이 가토 기요사마 1만 명, 2군이 고니시 유키나가 14,700명 3군 구로다 나가마사 1만 명, 4군 나베시마 나오시케 12,000명, 5군 시마즈 요시히로 1만 명, 6군 조소가베 모도지가 13,300명, 7군 와키자카 야스하루 11,000명, 8군 모리 데루토모, 우키다 히데이에 4만 명 등 도합 12만 1천 명이었다.

히데요시는 재침략을 준비하면서 1592년부터 1596년까지 5년간의 전쟁을 면밀히 분석하였다. 그 결과 조선 침략이 계획대로 이루어지지 못한 것은 첫째 이순신 장군이 이끄는 조선 수군이 제해권을 장악 한 것과 둘째 전라도를 점령하지 못하여 양곡을 제대로 마련하지 못한 것이 주된 요인이라고 분석하였다.

그리하여 그는 치밀하게 재침략 지시를 내린다. 이 지시에는 가장 먼저 이순신을 제거한 후에 조선 수군을 궤멸시킬 것, 전라도부터 공격 하고 충청도와 경기도는 정세에 따라 진격할 것, 군인과 양민 및 남녀노소를 막론하고 누구든지 참살할 것, 명나라 군대가 나오면 즉시 보고할 것 등이 포함되어 있었다.

02

일본, 이순신 제거 계획을 세우다.

일본은 먼저 삼도수군통제사 이순신 제거계획부터 세운다. 왜군은 선조가 이순신을 신임하지 않고 있고, 조선 조정이 전쟁 중에도 동인과 서인 간에 당쟁을 계속하고 있으며, 이순신과 원균의 사이가 좋지 않은 점 등을 간파하고 이순신을 제거할 반간계를 쓴다.

왜장 고니시는 통역관 요시라를 경상우병사 김응서의 진중에 보내어 밀서를 전달한다. 요시라는 대마도주 소 요시토시宗義智의 부하인데 요시라와 김응서는 1595년 봄부터 밀접한 접촉이 있는 사이였다.

이번 화의의 결렬은 가토의 탓이므로 고니시는 가토를 미워하여 죽이려 하고 있다. 가토는 다시 군사를 거느리고 조선에 상륙할 것이니 조선에서는 수군통제사로 하여금 가토를 해상에서 없애면 조선의 원수도 갚고 고니시의 마음도 좋으리라.

1월 11일에 요시라로부터 밀서를 받은 김응서는 이 밀서 내용 그대로 조정에 장계를 올린다. 1월 19일에 김응서의 장계를 본 선조는 이 기회를 놓쳐서는 안 된다는 윤근수 등 조정대신들의 주장을 좇아 이순신에게 출정 명령을 내린다.

1월 21일에 경상도위무사 황신은 한산도에 가서 이순신에게 어명을 전하고 즉시 출정하도록 명령한다. 그러나 이순신은 '바닷길이 험난하고 왜적이 필시 복병을 설치하고 기다릴 것이다. 전함을 많이 출동하면 적이 알게 될 것이고, 적게 출동하면 도리어 습격을 받을 것이다' 하고는 출전하지 않았다.(선조수정실록 1597년 2월 1일)

그런데 가토는 이미 1월 13일에 다대포에 도착한 상태였다. 일본 측의 간계였다.

한편 1차 간계에 실패한 일본 측은 다시 요시라를 김응서에게 보내어 가토가 이미 거제도에 도착하였다는 사실과 이순신이 천재일우의 기회를 놓쳤으니 원망스럽다는 말을 전한다. 고니시가 매우 통분해 하면서 '그대 나라 일은 매양 그러하니 후회해도 소용없다. 가토가 이미 바다를 건너 왔으니, 전날 내가 한 말이 가토의 귀에 들어갈까 걱정된다. 모든 일을 비밀로 하자' 라고 말하였다는 사실도 전달한다. 이 또한 왜군의 제2차 이순신 제거 작선이있다.

그런데 이 말을 철썩 같이 믿은 김응서는 다시 1월 17일에 조정에 이 사실을 아뢴다. 김응서는 참 한심한 인물이다. 도대체 누구를 위하여 싸움을 하는 사람인가.

1월 23일에 조정은 김응서의 보고를 접한다. 이 때 조정은 1월 21일 도체찰사 이원익, 1월 23일 황신의 보고를 통하여 가토가 이미 부산 다대포에 도착하였음을 알고 있었다. 특히 선조는 황신의 장계를 읽고 매우 분노한다.

1597년 1월 23일자 선조실록을 읽어 보자.

경상도 위무사 황신이 장계에, "당일에 우병영의 아병牙兵 송충인이 부산에서 돌아와서 '이달 12일에 가토의 관하 왜선 1백 50여 척이 일시에 바다를 건너와 서생포에 정박했고, 13일에는 가토가 거느리는 왜선 1백 30여 척이 비를 무릅쓰고 바다를 건넜는데 바람이 순하지 못하여 가덕도에 이르러 정박했다가 14일에 다대포로 옮겨 정박해 있는데 곧 서생포로 향한다고 한다. 고니시는 송충인을 불러 조선의 일은 매양 그렇다. 기회를 잃었으니 매우 애석하나 이 뒤에도 할 일이 있다.라고 말하였다.'고 보고하였습니다. 수군이 차단하는 계책이 진실로 좋은 계책인데, 우리의 조치가 기일에 미치지 못하여 일의 기회를 그르쳤으니 매우 통한스럽습니다.

선조는 조선 수군이 가토를 잡지 못한 탓을 이순신에게 돌리었고 수군이 출동하였다면 왜란이 일어나지 않았을 것으로 생각하였다.

1월 23일에 선조는 별전에 나아가 대신 및 비변사 유사당상을 불러서 인견하였다. 이 중 이순신 관련 부분을 읽어보자.

이산해: "요즘 와서 수군에 힘을 넣으면 의지 할 수 있을 것입니다. 신이 지난번 충청도에서 마침 원균을 만났는데, 원균이 말하기를 '왜적을 무서워할 게 무엇인가?' 하기에 신은 처음 듣고는 망령되다 여겼습니다. 지금에 와서 보니 수군을 믿고 그런 말을 한 것을 알게 되었습니다."

선조: "왜장 고니시고니시는 김응서에게 가토를 도모할 계책을 일러주었는데, 유성룡 등이 왜적의 말을 듣다가 그들의 계책에 빠질까 싶다며 경솔히 움직이지 못하게 하였다. 그래서 이런

일이 있게 된 것이다.가 손바닥을 보이듯이 가르쳐 주었는데 우리는 해내지 못했으니 우리나라야말로 정말 천하에 용렬한 나라이다. 오늘 장계를 보니 고니시 역시 조선의 일은 매양 그렇다 한다. 이렇게 조롱당하고 있으니 우리나라는 고니시보다 훨씬 못하다. 한산도의 장수이순신을 말함는 편안히 누워서 어떻게 해야 할 줄을 모르고 있다."

윤두수: "이순신은 왜적을 두려워해서 그런 것이 아니라 실로 나가 싸우기에 싫증을 낸 것입니다."

이산해: "이순신은 정운과 원균이 없기 때문에 그렇게 머뭇거리는 것입니다."

김응남: "이순신이 싸우려 나가지 않으려 하자, 정운이 목을 베려고 하였더니 이순신이 무서워서 어쩔 수 없이 억지로 나가 싸웠습니다. 그러므로 해전에서 이긴 것은 사실은 정운이 격려해서 된 것입니다."

선조: "이번에 이순신에게 어찌 가토의 목을 베어 오기를 바라겠는가. 단지 배로 시위하며 해상을 순회하라는 것뿐이었는데 끝내 아무 일도 하지 못했으니 참으로 한탄스럽다. 오늘 도체찰사의 장계를 보니, 군사를 이끌고 시위하기로 약속이 이미 되어 있다고 하였더라면…"

선조: 한참동안 한탄하다가 길게 한숨지으며 말하기를 "우리나라는 이제 끝났다. 어떻게 해야 하는가, 어떻게 해야 하는가."

(선조실록 1597년 1월 23일)

선조는 이순신 때문에 나랏일이 그르쳤다고 단언하고 있다. 이순신이 출전하지 않아 우리나라가 이제 끝났다는 극언까지 한다. 이런 선조의 의중을 간파하고 윤두수와 이산해, 김응남 등은 임금의 비위를 맞추며 사실도 날조하면서 이순신을 모함하고 있다.

그런데 선조가 이순신을 더욱 불신하게 만든 것은 1월 22일에 전라도 병마절도사 원균이 올린 장계가 한 몫을 하였다. 원균은 장계에서 '우리가 믿을 것은 수군인데 수군이 나서서 선제적인 공격을 하면 왜군을 막을 수 있다' 고 주장한다. 원균은 자기 같으면 바다에 나가서 싸우겠노라고 하면서 출전하지 않는 이순신을 우회적으로 비난하고 있다.

"신이 외람되게도 무거운 책임을 맡고 남쪽 변경을 지키고 있으면서 우둔하나마 힘을 다하여 만세의 원수를 갚고자 하였습니다. 그러나 스스로 생각건대 몸이 이미 매우 쇠약하여 나라에 보답하는 것이 많지 못하니, 하늘을 바라보고 전하를 우러러 단지 통곡만 할 뿐입니다. 지금 변방 일에 어려움이 많아 군사를 일으키고 백성을 움직이기에 겨를이 없습니다. 여러 고을에 신칙하여 군사와 말을 정비하고 신이 군사들의 앞장을 서서 일거에 적을 섬멸하고자 합니다.

그런데 수군과 육군에 대하여 말한다면, 임진년 초기에 적의 육군은 기세를 떨쳐 한 달 사이에 평양까지 침입했으나, 바다의 적들은 한 해가 지나도록 패전만 하여 끝내 남해 바다 서쪽으로는 오지 못하였습니다. 그러므로 우리나라 군사 위력은 오로지 수군에 달려 있습니다.

신의 어리석은 생각에는 수백 척의 수군으로 영등포 앞으로 나가 가덕도 뒤에 몰래 주둔하면서 경쾌선을 골라 뽑아 삼삼오오 짝을 지어 절영도 밖에서 무력시위를 하는 한편, 1백 척이나 2백 척이 큰 바다에서 위세를 보여야 한다고 봅니다. 그러면 원래 해전에서 이기지 못하여 겁을 먹고 있는 가토가 반드시 군사를 거두어 돌아갈 것입니다.

바라건대 조정에서는 수군으로써 바다에 나가 싸움으로서 왜적들이 육지로 상륙하지 못하게 한다면 반드시 걱정할 것이 없을 것입니다. 이는 신이 함부로 하는 말이 아닙니다. 신이 전에 바다를 지킨 적이 있어서 이 문제를 잘 알기 때문에 감히 잠자코 있을 수가 없어 전하에게 아룁니다." (선조실록 1597년 1월 22일)

03

선조, 이순신에게 분노하다.

1월 27일에 선조는 대신들과 함께 오전과 오후 두 번에 걸쳐 수군의 작전통제권에 대하여 논의한다. 이 날의 첫 번째 회의를 살펴보자. 참석자는 영의정 유성룡, 판중추부사 윤두수, 지중추부사 정탁, 좌의정 김응남, 영중추부사 이산해, 호조판서 김수, 병조판서 이덕형 등이었다. 이 날의 선조실록 1번째 기사를 읽어보자.

선조: "적선이 비록 2백 척이라 하나 매우 많은 것이다."

영의정 유성룡: "16진陣이 거의 다 나온 모양입니다. 고니시의 군사들이 두치豆耻: 광양시 진상면 섬거리의 길로 가서 정탐한 것을 보면 전라도를 엿보는 것 같습니다."

선조: "전라도 등은 방비가 전혀 없고, 수군도 하나도 오는 자가 없다는데 어떻게 해야 하겠는가?"

유성룡: "그곳은 명령이 잘 통하지 않기 때문에 군사들이 곧 나오지 않는 것입니다. 그동안 간사한 아전들이 권세를 농락하여 여러 장수들의 명령이 하나도 시행되지 않습니다. 혹시 한번 명령이 떨어져도 수개월이 지나 오는 자도 있고, 아예 오지 않는 자도

있으니 참으로 한심합니다."

전쟁이 일어났다 하여도 국가의 기강이 엉망이다. 전라도 등에서는 장수들의 명령이 통하지 않고 있다.

판중추부사 윤두수: "이순신은 조정의 명령을 듣지 않고 전쟁에 나가는 것을 싫어해서 한산도에 물러나 지키고 있어 큰 계책을 시행하지 못하였던 것이니, 이에 대하여 신하들로서 어느 누군들 통분해 하지 않겠습니까."

지중추부사 정탁: "이순신은 참으로 죄가 있습니다."

서인의 거두이고 원균의 친척인 윤두수는 이순신을 공개적으로 비난하고 있다. 정탁도 죄가 있다고 동조한다. 판중추부사 정탁은 나중에 이순신 구명운동을 벌인 사람이다.

선조: "이순신이 어떠한 사람인지 모르겠다. 이순신이 부산 왜영倭營을 불태웠다고 조정에 속여 보고하였는데, 영의정이 이 자리에 있지만 이런 일은 반드시 없어야 할 일이다. 지금 비록 그의 손으로 가토의 목을 베어 오더라도 결코 그 죄는 용서해 줄 수 없다."

선조는 이순신에게 몹시 분노하고 있다. 가토를 잡기 위하여 수군을 출동시키지 않는 일 뿐만 아니라, 부산왜영 화재사건의 허위 보고에 대하여도 엄청 화가 나 있다. 심지어 선조는 "지금 비록 그의 손으로 가토의 목을 베어 오더라도 결코 그 죄는 용서해 줄 수 없다" 하는 극언까지 한다.

그러면 부산왜영 화재사건 보고의 진상을 좀 더 자세히 살펴보자.

1596년 12월 27일 이순신은 김난서 · 안위 · 신명학의 포상을 청하는 장계를 조정에 올렸다. 1596년 12월 12일에 부산왜영에서 불이 일어나 가옥 1천여 호와 화약이 쌓인 창고 2개, 군기軍器와 군량 2만 6천여 섬이 든 곳집이 타고 왜선 20여 척이 잇따라 탔으며 왜인 24명이 불에 타 죽었는데, 이는 그의 부하인 안위 · 김난서 · 신명학의 공이라는 보고였다. 이순신의 보고에 조정은 크게 기뻐하였다.

그런데 다음 날 체찰사 이원익의 선전관인 이조좌랑 김신국이 같은 내용의 장계를 올렸다. 김신국은 "통제사 이순신이 부산왜영을 불태운 일을 이미 장계하였다는데 이는 사실과 다르다. 이 일은 도체찰사 이원익이 군관 정희현에게 작전을 명하였고, 군관 정희현이 심복인 허수석과 모의하여 부산왜영을 불태웠다. 이순신의 군관이 물건을 운반하는 일로 부산에 도착했었는데 이 날이 마침 왜영이 불타는 날이었고, 그가 돌아가 이순신에게 보고하여 자기의 공으로 삼은 것이다. 이순신은 이번 사정을 모르고 보고한 것"이라고 보고한다. 김신국의 보고서를 읽은 선조는 이순신이 남의 공을 가로 챈 사실을 알고 분노하였다.

한편 선조가 격앙되자 유성룡이 말을 바꾼다.

유성룡: "이순신은 신과 같은 한동네 사람이어서 어려서부터 아는데, 직무를 잘 수행할 자라 여겼습니다. 그는 평소부터 꼭 대장이 되기를 희망하였었습니다."

선조: "그가 글은 아는가?"

유성룡: "그는 성품이 강직하여 남에게 굽힐 줄을 모릅니다. 그래서 신이 그를 수사로 천거하여 임진년에 공을 세워 정헌대부까지 주었는데 너무 지나치게 되었습니다. 무릇 장수는 바라는 대로 되면 반드시 교만하고 게을러집니다."

유성룡도 이순신을 전적으로 감싸지 못한다. 선조의 눈치를 보는 말투이다.

선조: "이순신은 용서할 수가 없다. 일개 무장인 주제에 어찌 조정을 업신여기는 마음을 갖는가. 우의정이원익을 말함이 내려가면서 말하기를 '평일에는 원균을 장수로 삼아서는 안 되나 전시에는 써야 한다.'고 하였다."

선조는 이순신을 죄주겠다고 공언한다. 그리고 원균을 장수로 삼을 뜻을 비추인다.

좌의정 김응남: "수군 중에는 원균만한 사람이 없으니, 이제 버려서는 안 됩니다."

유성룡: "원균은 나라를 위하는 마음이 깊습니다. 상당산성上黨山城: 청주 산성을 쌓을 때, 원균은 흙집을 짓고 몸소 성 쌓는 것을 감독하였다 합니다."

선조: "그를 수군의 선봉을 삼고자 한다."

김응남: "지당하십니다."

김응남은 원균을 다시 기용하라고 선조에게 청하고 선조는 원균을 수군의 선봉으로 삼겠다고 말한다.

영중추부사 이산해: "임진년 수전 때 원균과 이순신이 천천히 장계를 올리기로 약속하였다 합니다. 그런데 이순신이 밤에 몰래 혼자서 장계를 올려 자기의 공으로 삼았기 때문에 원균이 원망을 품었습니다."

이산해는 이순신을 비난한다. 원균의 공로를 가로챈 자로 매도한다.

윤두수: "이순신을 전라충청 통제사로 삼고, 원균을 경상 통제사로 삼으면 어떻겠습니까?"

선조가 원균을 기용하려는 의중을 읽은 윤두수는 원균을 경상도 수군통제사로 임명하도록 청한다. 그리하여 수군의 통제권을 양분시키고 실제 권한을 원균에게 주려 한다.

윤두수와 김응남: "이순신은 조용한 사람인 것 같지만 속임수가 많고 앞으로 나서지 않는 사람입니다."

선조: 병조판서 이덕형에게 이르기를, "원균의 일을 급히 처리하도록 하라."

병조판서 이덕형: "원균을 처음 수군으로 보내려고 하였으나 의논이 일치되지 않아 이에 이르렀습니다. 근래 변방 장수의 일을 보건대, 이운룡 같은 경우는 한두 명의 도적을 보고도 나아가서 싸우지 않고 단지 문서로 보고만 하고 있습니다. 이런 사람이 평시 같았으면 어찌 처벌을 받지 않을 수 있겠습니까. 원균을 좌도左道로 보내는 것이 무방할 것 같습니다."

선조: "좌도에는 보낼 수 없다."

선조는 원균에게 수군 장수 벼슬을 주라고 병조판서에게 채근한다. 그러나 이덕형은 원균을 불신하고 있다. 그래서 경상좌도 수사로 삼으려고 한다. 경상좌도는 이미 왜군의 수중에 있어 이순신과 부딪힐 일이 없었다. 그런데 선조는 단호하게 안 된다고 한다. 원균을 중용하려는 의도가 역력하다.

호조판서 김수: "서성이 술자리를 마련하여 두 사람이 화해하도록 했는데, 원균이 이순신에게 말하기를 '너에게는 다섯 아들이 있다.' 다섯 아들이란 권준, 배흥립, 김득광 등

을 말한다하였으니, 그가 얼마나 원망을 품고 불평하는지를 알 수 있습니다."

이덕형: "군사 일이란 반드시 기강이 선 연후라야 앞뒤를 알 수 있는 것인데, 전라도의 일은 문란하기 짝이 없습니다. 신이 군사 중에 군사 공부를 한 사람이 얼마나 되는지를 팔도로 하여금 병조에 올리게 하였더니, 황해도 등은 이미 올려 보냈는데 전라도는 감감 무소식입니다. 매우 허술합니다." 하였다.

이덕형은 다시 원균이 전라병사인 전라도 군대 지휘부를 은근히 비난한다. 원균을 중용하여서는 안 된다는 간접적 의사표시이다.

이 어전 회의내용을 살펴보면 선조는 이순신의 통제사 지위를 빼앗고자 하는 마음을 굳히고 원균을 중용하려고 한다. 그런데 병조판서 이덕형은 원균을 은근히 불신하고 있다. 한편 서인의 윤두수와 김응남은 원균을 옹호하고 이순신을 비난하고 있으며, 유성룡은 드러내 놓고 이순신을 감싸지 못하는 난처한 입장이었다.

04

선조, 원균을 경상우수사로 임명하다.

1월 27일 오후에 선조는 별전에서 또 한 번의 어전 회의를 연다. 참석한 대신들은 영돈녕부사 이산해, 영의정 유성룡, 판중추부사 윤두수, 좌의정 김응남, 지중추부사 정탁, 경림군 김명원, 호조판서 김수, 병조판서 이덕형, 병조참판 유영경, 이조참판 이정형, 상호군 노직, 좌승지 이덕열 등이었다. 이 회의에서 이순신과 관련된 부분을 살펴보자.

윤두수: "지난번에 비변사에서 이순신의 죄상을 이미 아뢰었으므로 상께서도 이미 통촉하시겠지만 이번 일은 온 나라의 인심이 모두 분노해 하고 있으니, 고니시가 지휘하더라도 역시 할 수 없을 것입니다. 위급할 때에 장수를 바꾸는 것이 비록 어려운 일이지만, 이순신을 체직시켜야 할 듯합니다."

정탁: "이순신은 사실 죄가 있습니다만 위급할 때에 장수를 바꿀 수는 없습니다."

오후 회의에서 윤두수는 이순신을 체직시키자고 발언을 한다. 윤두수는 아침에는 이순신을 전라 · 충청 통제사로 원균을 경상통제사로 임명하여 통제권을 양분하자고 하였는데 이번에는 이순신을 아예 체직시키자고 말 한 것이다. 이에 대하여 정탁은 비록 이순신이 죄가 있기는 하나 전시에는 장수를 바꾸어서는 안 된다는 입장이다.

선조: "나는 이순신의 사람됨을 자세히 모르지만 성품이 지혜가 적은 듯하다. 임진년 이후에 한 번도 거사를 하지 않았고, 이번 일도 하늘이 준 기회를 이용하지 않았으니 법을 범한 사람을 어찌 매번 용서할 것인가. 원균으로 대신해야 하겠다. 이순신은 비록 가토의 목을 베어 오더라도 용서할 수가 없다."

선조는 이순신을 용서할 수 없다는 강경한 입장이다. 이순신을 처벌할 뜻을 분명히 하고 원균에게 통수권을 맡길 생각을 굳히고 있다.

이산해: "임진년에 원균의 공로가 많았다고 합니다."

선조: "공이 없었다고 할 수 없다. 앞장서서 나아가는 것을 귀하게 여기는 것은 사졸들이 보고 본받기 때문이다."

이산해는 원균을 옹호하고 있다. 선조도 이산해의 의견에 동조한다. 원균의 용감성에 대하여 치하하고 있다.

유성룡: "거제에 들어가 지켰다면 영등포 · 김해의 적이 반드시 두려워하였을 것인데 오랫동안 한산도에 머물면서 별로 하는 일이 없었고 이번 바닷길도 역시 출격하지 않았으니 어찌 죄가 없다고 하겠습니까. 다만 교체하는 동안에 사세가 어려울 것 같기

때문에 전일에 그렇게 건의하였던 것입니다. 비변사로서 어찌 이순신 하나를 비호하겠습니까."

선조: "이순신은 조금도 용서할 수가 없다. 무신이 조정을 가볍게 여기는 습성은 다스리지 않을 수 없다."

유성룡은 자세를 낮추면서 이순신에 대한 변명을 조심스럽게 한다. 이순신을 교체하여서는 안 된다고 완곡하게 말한다. 그러나 선조는 이순신을 용서할 수 없음을 분명히 한다.

이조참판 이정형: "이순신이 말하기를 '거제도에 들어가 지키면 좋은 줄은 알지만, 한산도는 선박을 감출 수 있는데다가 적들이 깊은 실정을 알 수 없고, 거제도는 그 속이 비록 넓기는 하나 선박을 감출 곳이 없을 뿐더러 또 건너편 안골포의 적과 상대하고 있어 들어가 지키기에는 어렵다.'고 하였으니, 그 말이 합당한 듯합니다."

선조: "들어가 지키는 것이 어렵다고 했는데, 경의 생각은 어떤가?"

이정형: "신 역시 자세히 알 수가 없습니다. 그 사람의 말이 그렇습니다. 원균은 사변이 일어난 처음에 강개慷慨하여 공을 세웠는데, 다만 군졸을 돌보지 않아 민심을 잃었습니다."

이조참판 이정형은 이순신을 가장 적극적으로 옹호한다. 그는 이순신의 전략이 타당하다고 말하면서 원균은 민심을 잃어 장수로서 자격이 없다고 폄하한다. 원균의 성품에 대하여 선조가 다시 묻는다.

선조: "성품이 그처럼 포악한가?"

이정형: "경상도가 파괴된 것은 모두 원균에게서 말미암은 것입니다."

선조: "우의정이원익이 내려갈 때 원균은 적과 싸울 때에나 쓸 만한 사람이라 하였으니, 여기에서 짐작할 수 있다."

김응남: "인심을 잃었다는 말은 지금은 덮어두고, 수군에 기용하여야 합니다."

이정형은 원균이 포악하여 인심을 잃었다고 말한다. 선조도 원균의 포악성을 인정한다. 그런데 김응남은 원균의 단점은 덮어두고 그를 수군 장수로 기용하여야 한다고 말한다.

선조: "이억기는 내가 전에 본 적이 있는데 쓸 만한 사람이다."

이정형: "원균만은 못합니다."

선조: "원균은 자기 소견대로만 하고 고칠 줄을 모른다. 체찰사가 비록 논리적으로 깨우쳐 주어도 고치지 않는다고 한다."

유성룡: "대개 나라를 위하는 데는 성심이 있습니다. 상당산성上黨山城을 쌓을 때 움막을 만들고 자면서 역사를 감독해 수축하였습니다."

이산해: "상당산성을 수축할 때에 위력으로 역사를 감독했기 때문에 원망하는 사람이 많았습니다."

이정형: "상당산성의 공사를 완공하기는 하였지만 비가 와서 곧 무너지고 말았습니다."

선조: "체찰사가 이순신과 원균에게 명령하면, 비록 온당하지 못하더라도 이순신은 그런대로 복종을 하지만 원균은 성을 내며 듣지 않는다고 한다. 이는 그가 공을 빼앗겨서인가? 원균을 좌도 수장에 임명하고, 또 누군가를 시켜서 두 사람을 진압하게 하는 것이 어떻겠는가?"

이정형: "이순신과 원균은 서로 어울릴 수 없는 형세입니다."

김수: "원균은 매양 이순신이 공을 빼앗았다고 신에게 말하였습니다."

이덕열: "이순신이 원균의 공을 빼앗아 권준의 공으로 삼으면서 원균과 상의하지도 않고 먼저 장계한 것입니다."

여기에서 원균의 약점이 여실하게 드러난다. 원균이 강압적이고 고집스러우며 상사와 화합하지 못하고 독단적으로 일을 처리하는 단점이 부각된다. 이 점은 선조도 잘 알고 있다. 그리고 대신들은 이순신과 원균 두 사람은 서로 어울릴 수 없다는 점을 염려하고 있다.

윤두수: "이순신과 원균을 모두 통제사로 삼아, 서로 힘을 합치도록 하는 것이 좋겠습니다."

그럼에도 윤두수는 이순신의 지위를 일부 빼앗아 원균에게 주도록 하는 수군통제권 양분론을 주장한다. 윤두수는 이순신을 체직시키자고 한 종래의 주장에서 한 발짝 물러선다. 일단 이순신의 통제권을 약화시키는 것이 긴요하다는 입장이다.

선조: "비록 두 사람을 나누어 통제사로 삼더라도 반드시 화해시키고 견제할 사람이 있어야 한다. 원균이 앞장서서 싸움에 나가는데 이순신이 물러나 구하지 않는다면 형편이 어려울 것이다."

김응남: "그렇게 한다면 이순신을 중죄에 처해야 합니다."

선조: "반드시 문관으로 하여금 두 사람을 조절하게 하여 그들이 어렵게 여기는 데가 있게 해야 한다."

선조: "원균에게 수군을 나누어 통제하게 하는 일을 판서는 어떻게 생각하는가?"

병조판서 이덕형: "그 사람이 하고자 하면 신의 생각에도 좋다고 봅니다. 그런데 서

로 제지하고 방해하는 폐단이 있을까 싶으니, 중국 제도에서 참장參將이 싸우는 경우 싸움을 감독하는 사람이 있는 것과 같이 해야 합니다."

윤두수: "종사관으로 하여금 싸움을 감독하게 하면 됩니다."

선조: "반드시 전적으로 조절할 사람을 보내야 한다."

유성룡: "한효순부체찰사에게 독전하게 하면 됩니다."

선조: "할 수 있는 일은 빨리 해야 한다. 원균은 오늘 임명할 수 있는가?"

이정형: "원균을 통제사로 하면 일이 이루어지지 않을까 싶으니, 경솔히 하지 말고 자세히 살펴서 해야 합니다."

여러 대신들은 수군 통수권을 양분하는 것에 우려를 표시한다. 폐단이 많을 것이라고 걱정한다. 그럼에도 선조는 병조판서에게 원균을 경상우수사로 빨리 임명하라고 채근한다.

이산해: "요시라와 고니시는 후대厚待하지 않을 수 없습니다. 이 뒤에도 기대하는 바가 있기 때문입니다."

(선조실록 1597년 1월 27일 3번 째 기사)

이런 망발이 어디에 있는가? 영의정까지 하였던 사람이 왜군 장수와 첩자를 조정에서 포상 할 것을 선조에게 건의하다니. 정말 국가관, 안보관에 문제가 있다.

이 회의 내용을 보면 이정형 등 일부 대신들은 원균의 기용에 대하여 깊은 우려를 표시한다. 그럼에도 불구하고 윤두수 등 서인들은 이순신을 폄하하고 원균을 수군 장수로 기용할 것을 주장하며 수군 통제권을 이순신과 원균에게 양분하자고 선조에게 건의한다. 선조 또한 윤두수의 의견을 수용하여 이 날 전라병사 원균을 경상우수사로 임명한다.

다음날인 1월 28일에 선조는 좌부승지 유영순에게 비망기를 적어주며 원균에게 전달하라고 한다. 여기에는 원균을 경상도 수군통제사의 임무를 부여하니 이전의 유감을 깨끗이 씻고 이순신과 합심하여 왜적을 다 섬멸하여 충성을 보이라고 적혀 있었다.

05

선조, 이순신을 하옥시키다.

이순신이 조선에 상륙하려는 가토를 잡으려 하지 않았다는 소식이 알려지자 이순신에 대한 비방이 벌떼처럼 일어난다. 경상도 현풍사람으로서 현감을 지낸 박성은 상소를 올려 이순신을 목 베어야 한다는 극단적인 주장까지 한다. 2월 4일에 사헌부는 이순신을 잡아들어 죄를 물어야 한다고 탄핵한다.

사헌부가 아뢰기를, "통제사 이순신은 막대한 국가의 은혜를 받아 차례를 뛰어넘어 벼슬을 올려 주었으므로 관직이 이미 최고에 이르렀는데, 힘을 다해 공을 세워 보답할 생각은 하지 않고 바다 가운데서 군사를 거느리고 있은 지가 이미 5년이 경과하였습니다. 군사는 지치고 일은 늦어지는데 그는 방비하는 모든 책임을 다하지 않고 한갓 남의 공로를 빼앗으려고 기망하여 장계를 올렸으며, 갑자기 적선이 바다에 가득히 쳐들어 왔는데도 오히려 한 지역을 지키거나 적의 선봉대 한 명을 쳤다는 말은 듣지 못하였습니다. 뒤늦게 전선을 동원하여 적로로 나오다가 거리낌 없는 적의 활동에 압도되어 도모할 계책을 세우지 못했으니, 적을 토벌하지 않고 놓아두었으며 은혜를 저버리고 나라를 배반한 죄가 큽니다. 잡아오라고 명하여 율에 따라 죄를 정하소서."

이 탄핵에 대하여 선조는 천천히 결정하겠다고 답하였다. 그런데 탄핵이 있은 지 이틀 후인 2월 6일에 선조는 이순신을 잡아오도록 우부승지 김홍미에게 은밀히 전교한다.

"이순신을 잡아올 때에 선전관에게 표신과 밀부를 주어 보내고 원균과 교대한 뒤에 잡아오라고 말하라. 또 이순신이 만약 군사를 거느리고 적과 대치하고 있다면 잡아오기에 온당하지 못할 것이니, 전투가 끝난 틈을 타서 잡아올 것도 선전관에게 말하여라."

이순신을 잡아들이라는 어명이 내려졌다는 말을 듣고 가장 놀란 이는 진주에 머물고 있던 우의정 겸 도체찰사 이원익李元翼 1547~1634이었다. 이원익은 급히 장계를 올려 "왜적들이 가장 두려워하는 것은 이순신의 수군입니다. 이순신을 가두어서는 안 됩니다. 원균을 대신 보내서는 안 됩니다."라고 말하였다.

그런데 선조는 들은 체도 안하였다. 이원익은 거듭 이순신의 무죄를 역설하였으나 선조가 듣지 않자 "이 사람이 죄를 받으니 국사는 다 틀렸다"하며 탄식을 연발하였다.

2월 26일에 선조가 보낸 금부도사는 이순신을 한산도에서 서울로 압송하였다. 이순신은 수군을 거느리고 부산 가덕도의 바다로 나가 있었는데 그를 잡아오라는 어명이 내려졌다는 소식을 듣고 곧 한산도로 돌아왔다. 이 때 원균도 한산도에 와서 이순신으로부터 인수인계를 받았다. 이순신은 순순히 진중의 물품을 원균에게 인계하였다. 군량이 9천914석, 화약이 4천근, 총통이 300자루 등이었다.

함거에 갇힌 이순신이 소달구지에 실려 서울로 올라가자, 남녀노소 모든 백성들이 에워쌌다. 그들은 "사또 어디로 가시오. 이제 우리들은 다 죽었습니다."라고 말하며 울부짖었다.

1593년 7월에 여수에서 한산도로 진을 옮긴 이후 만 3년 8개월 동안 바다를 지킨 이순신. 그는 수군들과 함께 훈련하고 토론하고 눈물 흘리던 일이 얼마나 많았던가? 한산 섬 달 밝은 밤에 수루에 홀로 앉아 나라와 백성을 생각한 적이 그 얼마였던가? 이런 한산도를 뒤로 하고 이순신은 죄인이 되어 떠나갔다.

이순신이 잡혀가자 호남도 위태롭게 되었다. 전라도 백성들은 한산도를 보장保障으로 삼고, 이순신을 간성干城으로 믿었는데 그가 잡혀갔다는 말을 듣고서 서둘러 피난 짐을 꾸렸다.

한편 영의정 유성룡은 2월 28일에 선조에게 사직서를 제출한다. 명분은 건강 때문이었다. 선조는 사퇴하지 말고 조용히 몸조리하면서 근무하라고 전교하였다. 2월 29일에 유성룡은 다시 한 번 사직서를 제출한다. 선조는 다시 윤허하지 않았다.

아이러니컬하게도 선조도 2월 28일에 양위 소동을 또 벌였다. 선조가 양위하겠다고 한 것이 어디 한 두 번이었는가? 국난 중에는 임금이 중심을 잡아야 하는데 걸핏하면 그만둔다고 하였으니.

한편 이순신이 의금부에 갇히자 여러 사람들이 면회를 왔다. 어떤 사람이 말하기를 "임금의 노여움이 극에 달하였고, 또 조정의 중론도 엄중하여 사태를 알 수 없으니 어찌 하면 좋겠는가."라고 걱정하였다.

이순신은 차분하게 말하기를, "죽고 사는 것이야 운명이지요, 죽어야 한다면 죽어야지요." 하였다.

이윽고 선조는 어사 남이신을 한산도로 내려 보내어 이순신의 죄상에 대하여 다시 한 번 사실 조사를 시켰다. 남이신이 전라도에 들어서자 수많은 군사와 백성들이 길을 가로막고 이순신이 무고하게 잡혀갔다고 호소하였다. 원통해 우는 사람들이 헤아릴 수 없었다.

그러나 남이신은 이 사실을 알고도 이순신에게 불리한 거짓 보고를 하였다. 그는 선조에게 "들으니 적장 가토가 바다를 건너오다가 배가 섬에 걸려서 7일간이나 꼼짝 못하여 우리 군사가 가기만 가면 잡을 수 있었는데 이순신은 머뭇거리고 나가서 잡지 않았다고 합니다."라고 보고하였다.

이날 경림군 김명원이 임금을 모시고 경연에 참석하였다가 그 보고를 듣고 "왜군들은 배를 부리는데 익숙한데 7일간이나 배가 섬에 걸렸다는 것은 믿기가 어렵습니다." 하자, 선조도 이를 수긍하였다.

훗날 남이신이 옥당의 당직이 되었을 때 어떤 친구가 와서 그에게 물었다. "자네는 왜선이 7일 동안이나 돌섬에 걸렸더라는 말을 어디에서 들었는가? 나도 그때 마침 전라도를 순시하고 있었지만 그런 말은 전혀 들어보지 못하였다네." 하니 남이신이 부끄러워했다 한다.

3월 12일에 이순신은 한 차례의 고문을 받는다. 그가 어떤 고문을 얼마나 당하였는지에 대하여는 기록이 없다. 다만, 당시 병조판서 이덕형의 문집 '한음문고'에는 '거의 죽게 되었다' 라고 기록되어 있을 뿐이다. 1596년 8월에 팔도의병장 김덕령이 모함과 거짓증언 속에 의금부 옥에서 죽었듯이 이순신도 죽음을 면하기 어려운 상황이었다.

3월 13일에 선조는 이순신의 죄상을 논하면서 이순신을 죽여야 마땅하다고 말한다. 그러면서 대신들에게 의논하라고 전교한다.

비망기로 우부승지 김홍미에게 전교하였다.

> "이순신이 조정을 기망한 것은 임금을 무시한 죄이고, 적을 놓아주고 치지 않은 것은 나라를 저버린 죄이며, 심지어 남의 공을 가로채고 남을 무함하기까지 하여 방자한 것이 거리낌 없는 죄이다. 이렇게 허다한 죄상이 있고서는 법으로 용서할 수 없는 것이니 율을 적용하여 죽여야 마땅하다. 신하로서 임금을 속인 자는 반드시 죽이고 용서하지 않는 것이므로 지금 형벌을 끝까지 시행하여 실정을 캐어내고, 어떻게 처리할 것인지를 대신들에게 의논하게 하라."
>
> (선조실록 1597년 3월 13일)

선조가 말한 이순신의 죄목은 세 가지이다. 즉 (1) 조정을 속여 임금을 업신여긴 죄 즉 부산왜영 화재 사건의 허위보고, (2) 적을 놓아주어 나라를 저버린 죄 즉 수군이 출전하지 않은 죄, (3) 남의 공로를 빼앗고 남을 무함한 죄 즉 원균의 공을 이순신이 가로챘다고 하는 죄이다. 이 3가지 죄 중에 두 번째 죄가 가장 중하다.

선조의 용인술은 하수 중에 하수이다. 도요토미 히데요시는 자기를 속인 고니시 유키나가를 죽이지 않고 다시 기용하였는데, 선조는 이순신을 전장戰場에 한 번 안 나갔다고 하여 죽이려고 하니.

한편 2월 26일에 삼도수군통제사가 된 원균은 2월 28일에 선조에게 장계를 보낸다. 그 내용은 이순신이 부산 앞바다에 시위한 것이 백해무익하였다는 보고였다. 전임자 이순신을 비난 하는 일이 원균이 한산도에서 한 첫 번째 일이었다. 정말 한심하다.

06

정탁, 이순신을 살려 달라고 상소하다.

이순신이 옥에 갇히자 많은 사람들이 탄식을 하였다. 뜻있는 선비들은 그를 구명하려고 백방으로 노력하였다.

병조판서 이덕형은 혼자 선조 앞에 나아가 이순신의 목숨만은 구해달라고 애걸하였다. 전라우수사 이억기는 사람을 보내어 옥에 갇힌 이순신에게 편지를 전달하고 안부를 물었는데, 울면서 말하길, "수군은 얼마 못 가서 패배할 것입니다. 우리들은 어디서 죽을지 모릅니다."하였다. 이억기의 말대로 원균이 이끄는 조선 수군은 1597년 7월 16일 칠천량 해전에서 몰살하고 이억기도 전사한다.

또한 함경도에서 과거를 보러 온 지방 군사 몇 명도 비분강개하여 이순신을 석방시켜 함경도 북병사로 임명하여 주기를 청하는 상소를 올리기도 하였다.

특히 이순신의 종사관을 한 장흥출신 정경달丁景達 1542~1602은 선조에게 "이순신의 애국심과 적을 방어하는 재주는 일찍이 그 예를 찾을 수 없습니다. 전쟁에 나가 싸움을 미루는 것은 병가의 승책인데 어찌 적세를 살피고 싸움을 주저한다 하여 죄로 돌릴 수 있겠습니까? 임금께서 이 사람을 죽이면 나라가 망하겠으니 어찌하겠습니까?"라고 아뢰고 이순신의 석방을 간절히 주청하였다.

아울러 정경달은 유성룡과 이항복을 찾아가 이순신의 구명운동을 하였다. 유성룡과 이항복은 정경달에게 "그대가 남쪽에서 왔으니 원균과 이순신의 옳고 그름에 대하여 말해 줄 수 있겠는가?"라고 물었다. 정경달은 "누가 옳고 누가 그른지는 말로 해명할 일이 아닙니다. 제가 보니 이순신이 붙잡혀 가자 모든 군사들과 백성들 중에서 울부짖지 않는 이가 없었으며, '통제사가 죄를 입었으니 우리는 어떻게 살꼬.' 하였습니다. 이것을 보면 그 시비를 알 것입니다"라고 답변하였다.

한편 이순신이 옥에 갇히자 이순신의 가족들은 유성룡에게 그 무렵의 '난중일기'와 '임진장초' 등을 건네주며 구명운동을 벌였다. 그러나 유성룡은 어찌 할 수 없는 처지였다. 유성룡은 이미 2월 28일과 2월 29일 두 번에 걸쳐 사직서를 선조에게 올린 상태였다. 더구나 유성룡은 이순신을 천거한 장본인이었다.

3월 13일에 선소는 이순신을 치형하라고 전교하였다. 이순신이 국문을 당한 다음 날이었다. 이제 이순신은 도저히 살아날 수 없는 형국이었다. 1596년에 김덕령이 선조의 말 한마디로 옥중에서 죽은 전례도 있었다.

이 때 72세의 원로대신 정탁鄭琢 1526~1605이 이순신의 구명에 나섰다. 그는 소위 신구차伸救箚라고 불리는 1,298자에 달하는 장문의 상소문을 선조에게 올렸다. 정탁은 이미 1월 27일의 어전회의에서 이순신이 죄가 있으나 지금은 전쟁 중이니 통제사를 교체하여야 할 때가 아니라고 말한 바 있었다. 그는 유성룡과 마찬가지로 퇴계 이황의 문인이었고 이원익과 더불어 이순신의 강력한 지지자였다. 또한 정탁은 김덕령과 곽재우를 천거한 바 있고, 김덕령이 옥중에 있을 때 그를 구하려고 했던 원로대신이었다.

판중추부사 정탁은 이순신의 목숨만은 건져야 한다는 생각에서 정치적 수완을 발휘하여 노련한 문장으로 상소문을 올렸다.

먼저 정탁은 선조의 비위를 건들이지 않고 선조를 최대한 추켜세우면서 이순신이 죄 있음을 강조하였다. 상소문의 첫 머리는 이렇게 시작한다.

> '엎드려 아뢰나이다.
>
> 이순신은 그 몸이 큰 죄를 지어 죄명조차 엄중하지만 전하께서는 즉각 극형에 처하지 않으시고 너그러이 문초하시다가 나중에는 엄격히 추궁하도록 허락하시니, 이는 다만 옥사를 다스리는 체모와 순서만으로 그러시는 게 아니라 실은 전하께서 인자함을 행하시려는 일념으로 기어이 그 진상을 밝혀냄으로서 혹시나 살릴 수 있는 길을 찾아보시려고 그렇게 하신 줄로 아옵니다. 살리기를 좋아하시는 전하의 큰 덕이 죄를 범하여 죽을 자리에 놓여 있는 자에게까지 미치고 있사오니 이에 신은 감격함을 이길 길이 없사옵니다.'

이어서 정탁은 심문관으로 문초를 해 보면 진상을 더 밝혀야 할 사람도 이미 숨이 끊어져 안타까운 적이 여러 번 있었다고 하면서, 이순신이 이미 한차례 국문을 받았는데 또 다시 문초를 당하게 되면 목숨을 잃을 수도 있음을 크게 우려한다. 그러니 더 이상 이순신을 고문하지 말아달라고 호소한다. 이어서 정탁은 임진왜란 초기에 이순신이 공이 있어 품계가 올라갔음을 강조하면서 이순신이 죄가 있긴 하나 이순신이 나가 싸우지 않는 것은 반드시 그만한 까닭이 있을 것이라고 해명한다.

'요즘 왜적들이 또 다시 쳐들어 왔는데 이순신이 미쳐 손을 쓰지 못한 것도 거기에는 필시 무슨 그럴만한 사정이 있을 것입니다. 대개 변방의 장수들이 한 번 움직이려고 하면 반드시 조정의 명령을 기다려야 되고, 장군 스스로는 제 맘대로 못하는데, 왜적들이 바다를 건너오기 전에 조정에서 비밀히 내린 분부가 그때 곧바로 전해졌는지도 모를 일이며, 또 바다의 바람사정이 좋았는지 어떠했는지, 그리고 뱃길도 편했는지 어떠했는지 알 수 없는 일이옵니다.

그리고 수군의 각자 담당에 어쩔 수 없는 사정이 있다는 것은 이미 도체찰사 이원익의 장계에서도 밝혀진 바이거니와, 군사들이 힘을 쓰지 못했던 것도 사정이 또한 그러했던 만큼, 모든 책임을 단지 이순신에게만 돌릴 수는 없사옵니다.'

이어서 정탁은 지금은 전쟁 중이니 한 사람의 장수라도 필요하다고 하면서 왜적이 가장 무서워하는 장수는 이순신인데, 그를 죽이는 일은 나라에도 손해라고 완곡하게 아뢴다. 또한 정탁은 일찍이 국법에 저촉되었으나 조정에서 특별히 용서하여 주었더니 1596년 이몽학의 난 때 큰 공을 세운 충청방어사 박명현처럼 이순신이 다시 공을 세울 수 있도록 살려주라고 청하면서, 상소문을 끝맺는다.

"비옵건대 온혜로운 전교를 내리시어 문초를 덜어주시고, 그로 하여금 공로를 세워 스스로 보람있게 하신다면 전하의 은혜를 천지부모와 같이 받들어 목숨을 걸고 갚으려는 마음이 반드시 저 박명현만 못하지 않을 것이오니, 전하 앞에서 나라를 다시 일으켜 공신각에 초상이 걸릴 만한 일을 하는 신하들이 어찌 오늘의 죄수 가운데서 일어나지 않을 것이랴 하오리까.

그러하오니 전하께서 장수를 거느리고 인재를 쓰는 길과, 공로와 재능을 헤아려 보는 법제와, 허물을 고쳐 스스로 새로워지는 길을 열어 주심이 일거에 이루어진다면 전하의 난리 평정하는 정치에 도움 됨이 어찌 적다고 하오리까.'

70세가 넘은 원로대신의 간곡한 청원이 선조 임금에게 먹혀 들어갔을까. 일본과의 전쟁이 시작되어 나라가 위기에 처한 마당에 수군 최고책임자였던 이순신을 당장에 죽인다는 것이 선조도 겸연쩍어서였을까. 여러 신하들의 상소가 있자, 선조의 마음이 다소 돌아섰다. 선조는 이순신의 관직을 삭탈하여 도원수 권율 밑에서 백의종군하게 하였다.

그리하여 4월 1일에 이순신은 옥에서 풀려난다. 하옥된 지 28일 만이었다. 이날, 이순신이 쓴 '난중일기' 에는 이렇게 적혀 있다.

'4월 1일 맑다.

옥문 밖을 나왔다. 남대문 밖에 있는 윤간의 종의 집에 이르러 조카 봉, 분, 아들 울, 사행 원경등과 한 방에 같이 앉아 오래도록 이야기를 나누었다. 지사 윤자신이 와서 위로해 주었고, 비변랑 이순지가 와서 만나 보았다. (중략) 영의정 유성룡, 판부사 정탁, 판서 심희수, 좌의정 김명원, 참판 이정형, 대사헌 노직, 동지 최원, 동지 곽영 등이 사람을 보내어 안부를 물었다. 술에 취하여 몸이 땀으로 흠뻑 젖었다.'

07

이순신, 백의종군 길을 걷다 (1)

모친 변씨가 별세하다

4월 1일에 의금부 감옥을 나온 이순신은 4월 2일에는 하루 종일 비가 와서 남쪽으로 못 떠나고 여러 조카들과 이야기를 하면서 지냈다. 이 날 밤 이순신은 성안으로 들어가 유성룡을 만나 밤새 이야기 하였다. 4월 3일에 이순신은 서울을 떠나 도원수 권율이 있는 경상도 초계까지 백의종군 길을 걸었다. 5일에 이순신은 아산 선영에 도착하여 성묘를 하였다. 저녁에는 외가로 내려가 사당에 곡하였다. 아산은 모친 변씨 부인의 친정이었다. 그는 저물어서 아산 집에 이르러 장인 · 장모의 신위 앞에 절하였다. 이후 이순신은 며칠간 아산에 머물면서 친척들과 함께 지냈다.

그런데 4월 11일에 이순신은 뒤숭숭한 꿈을 꾸었다. 이 날의 일기를 읽어보자.

4월 11일 맑다.

새벽에 꿈자리가 몹시 산란하여 마음이 극히 불안했다. 병드신 어머님을 생각하니 나도 몰래 눈물이 흘러내렸다. 그래서 종을 보내어 소식을 알아보게 하였다. 금부도사는 온양으로 돌아갔다.

4월 12일에 이순신은 종 태문으로부터 어머니 소식을 들었다. 어머니가 법성포를 지나면서 배가 떠내려가는 바람에 고생하였지만 무사하다는 전갈이었다.

4월 12일 맑다.

종 태문이 안흥량충남 태안군 근흥면에서 들어와 편지를 전하였다. 어머니의 기운은 아주 쇠약하시나 초9일 전후로 하여 무사히 안흥에 도착하였다 한다. 길을 떠나 법성포에 이르러 자고 있을 때 닻이 풀어지는 바람에 떠내려가서 배에 머무른 지 엿새 만에 서로 떨어져 있다가 만났는데 무사하다고 한다. 아들 울을 먼저 바닷가에 보냈다.

그런데 4월 13일에 이순신은 너무나 놀랍게도 어머님의 임종 소식을 들었다. 이순신은 가슴이 찢어지는 듯하였다.

4월 13일 맑다.

일찍 아침을 먹고 어머니를 마중하려고 바닷가로 가는 길에 홍 찰방 집에 들렀다. 잠깐 이야기를 나누는 동안 울이 종 애수를 보내어 아직 배가 도착하였다는 소식이 없다고 전하였다. 황천상이 술을 가지고 홍백의 집에 왔다고 하여 홍 찰방과 헤어져서 홍백의 집에 갔다.

조금 있자니 배에서 달려온 종 순화가 어머님이 돌아가셨다는 소식을 전하였다. 방을 뛰쳐나가 슬퍼 뛰며 뒹굴었더니 하늘에 솟아있는 해조차 온통 캄캄하였다. 곧장 해암충남 아산시 인주면 해암리으로 달려가니 배가 벌써 와 있었다. 길에서 바라보니 슬픔으로 가슴이 찢어지는 듯하여 모두 다 적을 수가 없다.

이순신의 어머니 변씨 부인1515~1597은 1593년부터 5년간 전라좌수영 본영인 여수의 고음천지금의 웅천동 송현마을에서 지내고 있었다. 이순신은 임진왜란 중에 어머니를 여수로 모시었는데 그의 어머니는 부하 정대수의 집에 기거하였다.

그런데 변씨 부인은 아들이 잡혀갔다는 소식을 듣고 서울로 올라갔다. 부랴부랴 배를 타고 고향 아산까지 올라오는 도중에 서해 해상에서 풍랑을 만난 것이다. 변씨 부인은 결국 고통 끝에 배 위에서 숨을 거두었다. 향년 83세이었다.

이순신 모친이 사시던 여수 집을 찾았다. 그런데 변씨 부인이 살았던 집은 문이 닫혀 있고 '문화재 조사 중'이라는 팻말이 붙어 있었다. 집 앞에는 이충무공 사모비와 '충무공 이순신장군 어머니 사시던 곳'이라고 적힌 안내판과 '이충무공의 효성', '자당공원조성계획' 안내판이 세워져 있다. 기거지에 들어가지 못하여 너무나 아쉽다.

집 앞에 세워진 '이충무공의 효성' 안내판이라도 자세히 읽었다.

'난중일기'를 보면 이충무공이 어머니에게 얼마나 효성스러웠는지를 알 수 있다. 이충무공은 임진왜란이 일어난 다음해인 1593년 6월에서 12월말 사이에 팔순에 가까운 어머니를 여수 웅천동 송현마을 정대수 장군의 집에 모셔다 놓고 수시로 문안을 드렸다. 하루는 아침 일찍부터 어머니를 뵙기 위해 배를 타고 송현마을에 왔는데, 기운이 많이 떨어진 어머니의 모습을 보고 사실 날이 얼마 남지 않았다는 생각에 하염없이 눈물을 흘렸다. 또 하루는 어머님을 뵙기 위해 송현마을로 가기 전 자신의 흰머리를 뽑았는데, 이는 늙어가는 아들을 보며 마음 아파할 어머니를 생각해서였다. (중략) 이처럼 한 결 같이 효성스러웠던 이충무공은 백의종군 길에 어머님이 돌아가셨다는 소식을 전해 듣자 그날 하늘에 뜬 해조차 어두워진 듯 깜깜하다며 슬피 울었다.

이어서 여수 진남관 앞 이순신 장군 광장에서 '이순신과 여수이야기' 와 '송현마을과 난중일기' 부조를 보았다. 여기에서 모친과 관련된 이순신의 난중일기를 읽어 보자.

1594년 1월 11일 흐렸으나 비는 내리지 않음.

아침에 어머님을 뵈려고 배를 타고 바람을 따라 바로 고음천에 도착하였다. 어머니는 아직 주무시고 계셨다. 웅성대는 소리에 놀라 깨셨는데 기운이 가물가물해 앞이 얼마 안 남으시듯 하다. 오직 애달픈 눈물이 흐를 뿐이다. 그러나 말씀 하시는 것은 착오가 없으셨다. 적을 토벌하는 일이 급하여 오래 머물지는 못했다.

1월 12일 맑음

아침 식사 후 어머니께 하직을 고했다. "잘 가거라. 부디 나라의 치욕을 씻어야 한다"라고 두 세 번 타이르셨지만, 조금도 슬퍼하지 않으셨다.

1596년 윤 8월초 이순신은 체찰사를 따라 연해안을 순시하기 위해 두 달 가량 한산도를 떠나 있을 때 여러 차례 어머니를 뵈었다.

1596년 윤 8월 12일 맑음

하루 종일 노를 저어 밤 10시쯤에 어머니 앞에 엎드렸다. 백발이 부수수하신 어머니가 나를 보고 놀라 일어서시는데, 기운이 쇠약해져 아침저녁을 보전하시기 어렵다. 눈물을 머금고 서로 붙들고 앉아 밤새도록 어머니를 위로하여 마음을 풀어드렸다.

윤 8월 13일 맑음

몸소 옆에 앉아 아침진지를 떠드리니 대단히 기뻐하시는 빛이었다. 늦게 하직인사를 드리고 본영으로 돌아왔다. 오후 6시경에 작은 배를 타고 밤새도록 노를 재촉하였다.

1596년 10월 7일에는 이순신은 어머니의 수연 잔치를 베풀었고 10월 10일에 생애 마지막 이별을 하였다.

10월 7일 따뜻하고 맑음

일찍 어머님을 위한 수연을 베풀고 종일토록 즐기니 다행 다행이다.

10월 10일 맑음

정오에 어머님을 하직하고 오후 2시경에 배를 탔다. 바람 따라 돛을 달고 밤새도록

여수시 이순신 광장 전경

노를 재촉해서 왔다.

이렇듯 이순신의 '난중일기' 에는 어머니에 대한 이야기가 80회 이상 나온다. 그만큼 이순신은 효자였다.

다시 이순신의 백의종군 이야기로 돌아가자. 4월 14일에 여수에서 관이 올라왔다. 관은 배로 오는 동안에 전혀 흠이 없었다. 15일 늦게 입관을 하였다. 이순신과 친한 오종수가 입관 일을 맡았고 천안군수가 상여를 준비하여 주었다. 4월 16일에는 궂은비가 내렸다. 배를 끌어 중방포충남 아산시 염치읍 중방리로 옮겨 대고 영구를 상여에 올려 싣고 집으로 돌아오며 마을을 바라보니, 이순신은 너무 슬퍼서 가슴이

이순신과 여수이야기 (전남 여수시)

찢어지는 듯하였다. 빨리 죽고 싶은 심정이었다.

이순신은 집에 빈소를 차리자마자 길을 떠나야 하였다. 금부도사가 재촉하였기 때문이다. 부모가 돌아가시면 3년 상을 치러야 하는 것이 당시의 예법인데도 49제도 드리지 못하는 죄인의 몸이었으니 얼마나 한스러웠을까. 4월 19일에 이순신은 어머니 영전에 엎드려 곡하고 하직하여야 했다. 이 날 일기에는 '천지간에 나와 같은 이 또 어디 있으랴. 차라리 일찍 죽은 것만 못하다' 라고 적혀 있었다.

이순신 현창사업에 가장 앞장 선 노산 이은상은 이 무렵의 '난중일기' 에서 글귀들을 뽑아 시를 남겼다. 이 시가 바로 이순신의 마음이었으리라.

> 나라에 충성코자 했지만 죄가 이미 이르렀고
> 어버이에게 효도하고자 했건만 어머님마저 돌아가셨네.
> 이제 내 죽을 날만 기다려야 한단 말인가.
> 퍼붓는 빗속에 빈소를 마련하고
> 금부도사 길 재촉 받아 동구 밖을 나서니
> 하늘과 땅 사이에 나 같은 이 또 있을까.

08

이순신, 백의종군 길을 걷다 (2)

전남 순천과 구례의 백의종군로

4월 19일에 이순신은 모친상도 제대로 치르지 못한 상태에서 다시 백의종군 길을 떠나야 했다. 그리하여 한 달 반 뒤인 6월 4일에 도원수 권율이 있는 경남 합천군 초계에 도착한다.

이 시기에 이순신은 구례까지 남하한 후에 도원수 권율을 만나기 위해 순천으로 갔다가 다시 구례로 가서 도체찰사 이원익을 만난다.

이순신은 TV 드라마에 나오듯이 노역을 하면서 백의종군 한 것이 아니었다. 백의종군 길을 가는 동안에 여러 고을 수령으로부터 조문과 대접을 받고, 전라도 감사와 전라병사, 부체찰사도 만나고 도체찰사 이원익과도 두 번에 걸쳐 깊은 대화를 나눈다. 또한 여러 사람으로부터 원균과 조선 수군 소식도 전해 듣는다.

그러면 이순신의 백의종군 길을 날자 별로 자세히 살펴보자.

이순신은 4월 19일에 충남 공주군 일신역, 20일에 공주군 이산, 4월 21일에 전북 익산시 여산에 머문다. 4월 22일에는 전주에서 전주부윤의 후한 대접을 받는다. 이순신은 4월 23일에 임실에 머물고 24일에는 남원 부근 15리쯤에서 정철 등을 만난다. 여수 출신 정철은 이순신의 부하로서 여수 오충사에 배향된 인물이다. 두 사람은 남원 5리 안까지 같이 걸으면서 이야기를 나눈다.

이순신은 24일에는 남원에서 25일에는 운봉에서 머무는데 여기에서 도원수 권율이 순천으로 떠났다는 소문을 듣는다.

4월 26일에 이순신은 구례현 손인필의 집에서 머문다. 이 날 이순신은 구례현감 이원춘의 융숭한 대접을 받는다.

4월 27일 아침에 이순신은 순천으로 떠난다. 송치순천시 서면를 지나 송원에 이르렀고 저녁에 정원명의 집에 도착한다. 도원수 권율은 이순신이 온 것을 알고 군관 권승경을 보내 조문을 하고 안부를 묻는다. 저녁에 순천부사 우치적이 찾아왔다. 우치적은 1592년 4월 임진왜란이 일어났을 때 영등포 만호를 한 수군 맹장이다.

늦은 밤에는 정사준이 찾아왔다. 정사준은 순천 사람으로 왜군의 조총보다 성능이 우수한 정철총통을 만든 이순신의 심복이었다. 정사준은 이순신에게 원균이 망령된 짓을 많이 하고 있다고 말한다.

이후 이순신은 5월 13일까지 17일간 순천에 머무른다. 4월 28일 아침에 도원수 권율은 다시 군관 권승경을 보내어 문안하여 전하되, '상중에 피곤할 것이니 몸이 회복되는 대로 나오라' 하였고, 이순신을 보좌할 친분이 있는 군관도 배정하여 주었다.

4월 30일 아침에 이순신은 전라병사 이복남을 만난다. 이복남은 원균의 일에 대하여 많은 이야기를 하였다. 5월1일에는 도원수와 전라도 순찰사 그리고 전라병사가 정사준의 집에서 함께 모여 술을 마시면서 전쟁 상황을 논의한다.

5월 2일에 도원수 권율은 보성으로 가고 전라병사 이복남은 본영으로 갔으며 전라도 순찰사 박홍로는 담양으로 가는 길에 이순신을 만난다. 순천부사 우치적도 이순신을 찾아왔다.

한편 여수로부터 진흥국이 와서 눈물을 흘리면서 원균의 일을 이야기 하였다. 원균이 수군통제사가 된 지 불과 3개월인데 여수 본영과 한산도 진영 사이에 심각한 갈등이 일어나고 있었다.

5월 4일은 별세하신 모친 생신이었다. 이순신은 비통함을 견디지 못하였다. 이날과 5월 5일 단오절의 난중일기를 읽어보자.

> 5월 4일 비오다.
>
> 어머님 생신이다. 슬프고 애통함을 참을 길이 없었다. 닭이 울 무렵에 일어나 앉아 눈물만 흘렸다. 오후에 비가 몹시 퍼부었다. 정사준이 와서 하루 내내 돌아가지 않았다. 이수원도 왔다.
>
> 5월 5일 맑다.
>
> 새벽꿈이 매우 어지러웠다. 아침에 순천부사가 보러 왔다. 늦게 충청우후 원유남이

한산도에서 왔는데 원균이 못된 짓을 많이 한다고 했다. 또 진중의 장졸들이 다 그를 따르지 않으므로 앞일을 예측하기 어렵다고 했다. 오늘은 단오인데, 어머니 영전을 떠나 천리 밖 먼 곳에 종군하고 있어서 예를 못 드리고 곡도 마음대로 못하니 무슨 죄로 이런 일을 당하는가? 나와 같은 운명은 고금을 통해 찾아보기 힘든 일이니 가슴이 찢어지는 듯 아프다. 다만 때를 못 만난 것을 한탄 할 따름이다.

5월 6일에는 정원명이 한산도에서 와서 원균의 못된 짓에 대하여 이야기 하였다. 이 날 이순신은 전라우수사 이억기의 조문 편지를 받았다.

5월 8일에는 원균이 편지를 보내어 조문하였는데 이는 도원수 권율의 명령에 따른 것이었다. 이경신이 한산도에서 와서 원균이 저지른 일에 대하여 많이 말하였다. 이순신은 이 날의 일기에 '원균이 온갖 계략을 써서 나를 모함하려고 하는 데 이 역시 운수이다' 라고 적고 있다. 5월 12일에 이순신은 부체찰사 한효순을 만난다. 부체찰사는 도체찰사 이원익이 원균의 일에 대하여 많이 탄식하더라는 말을 전하였다.

5월 14일에 이순신은 순천을 떠났다. 정사준과 정사립, 양정언도 동행하였다. 지물녘에 구례에 도착하여 다시 손인필의 집에서 머물렀는데 구례현감 이원춘이 찾아왔다. 5월 19일에 이순신은 도체찰사 이원익이 구례로 온다는 소식을 듣는다. 이순신은 성인에 있기기 미안하여 동문 밖 장세호의 집으로 거처를 옮겼다. 저녁에 도체찰사가 고을에 들어왔다.

5월 20일에 이원익은 사람을 보내어 조문을 하고 저녁에 이순신을 만난다. 이원익은 흰옷을 입고 이순신을 맞았다. 부담을 주지 않으려는 배려였다. 이순신과 이원익은 밤이 깊도록 이야기를 하였다. 이 이야기 중에 이원익은 '음흉한 원균이 무고가 극심한데 하늘이 그것을 굽어 살피지 못하니 장차 나랏일을 어찌 하겠는가?' 라고 말하였다.

5월 23일에도 이순신은 도체찰사를 만난다. 이원익은 이 때 시국이 이미 잘못 돌아가고 있음을 분하게 여기면서 단지 죽을 날만을 기다린다고 하였다.

24일에는 도체찰사가 군관 이지각을 보내어 안부를 묻고, 경상우도 연해안 지도를 그리고 싶으나 그릴 방도가 없으니 그려서 보내주면 고맙겠다고 하였다. 이순신은 거절할 수가 없어서 지도를 그려서 보내주었다.

이순신은 5월 25일에 초계로 떠나려 하였으나 비가 많이 와서 구례에 머문다. 5월 26일에 그는 비가 많이 쏟아지는데도 불구하고 길을 떠났다. 석주관구례군 토지면에 이르니 비가 퍼붓듯이 왔다. 간신히 악양경남 하동군 악양면 평사리의 이정란의 집에 이르렀으나 사는 사람이 문을 닫아걸고 기숙을 거절하였다. 이 집에는 김덕령 아우 김덕린이 빌려서 들어와 살고 있었다. 이순신은 아들 열을 시켜 억지로 사정하여 들어가 하룻밤을 잤다. 난중일기에는 김덕보가 김덕린으로 기록되어 있다.

악양은 박경리의 대하소설 '토지' 의 배경인 최참판댁이 있는 곳으로 널리 알려져 있는데, 이순신은 이곳에서 충장공 김덕령의 동생 김덕보를 만났다.

김덕보1571~1627는 1596년 8월에 형 김덕령이 억울하게 옥사하자 세상이 싫었다. 그는 1597년에 화순군 동복의 어느 마을에 은거하다가 지리산 백운동으로 다시 숨는다. 이순신과 김덕보가 만난 것이 바로 이 시기이다.

김덕보는 백의종군 중인 이순신을 만나고 싶지 않았으리라. 만일 두 사람이 만났다면 이순신의 입장도 난처하였을 것이니까. 이후 김덕보는 1602년에 광주로 돌아와서 무등산 원효 계곡아래에 조그만 집을 짓고 죽을 때까지 지낸다. 이 집이 바로 풍암정楓巖亭이다.

이순신은 5월 27일에 두치에서 지내고 5월 28일에 하동에 이르러 하동현감을 만난다. 하동현감도 원균이 하는 짓 가운데 미친 짓이 많다고 하였다. 6월 1일에 이순신은 단성에서 자고 6월 2일에는 삼가현 빈 관아에서 유숙한다.

6월 3일에는 비로 하루 더 머물다가 6월 4일에 괴목정에서 아침 식사를 하고 초계 모여곡에 도착하였다.

모여곡은 지금의 경남 합천군 율곡면 낙민리 2구 매실마을이다. 이순신은 이곳 이어해의 집에서 6월 5일부터 7월 18일까지 머물렀다. 바로 인근 초계현지금의 합천군 초계면 사무소에 도원수 진영이 있었다. 이순신은 도원수 권율 휘하에서 백의종군을 하면서 수시로 권율을 만났다.

경남 합천 초계 모여곡 이어해의 집 (경남 합천군 율곡면 낙민리 낙민2구 매실마을)
이순신은 1597년 6월 5일부터 7월 18일까지 한 달 보름정도를 이곳에 기거하였다.

09

보성군수 안홍국, 안골포해전에서 전사하다.

여수 충민사에서

여수 충민사를 간다. 충민사는 이순신이 죽은 후 3년 뒤인 1601년에 세워진 이순신을 모신 최초의 사액사당이다. 통영의 충렬사보다 62년, 아산 현충사보다 103년 먼저 건립되었다.

홍살문을 들어가기 전에 '호남국가지보장 약무호남 시무국가' 라고 적힌 표석을 보았다. 나라를 구한 것은 호남이었다. 1597년 7월 16일 칠천량 해전으로 수군이 몰살한 지 두 달 후인 9월 16일에 치른 이순신의 명량대첩. 이 승리가 없었다면 조선은 어찌 되었을까?

이어서 내삼문인 충의문을 지나 사당으로 들어간다. 사당 안에는 가운데에 이순신, 왼편에는 보성군수 안홍국安弘國 1555~1597, 오른편에는 전라우수사 이억기李億祺 1561~1597의 영정과 신위가 배향되어 있다. 안홍국은 1597년 6월 19일 안골포 해전에서, 이억기는 7월 16일 칠천량 해전에서 전사하였다.

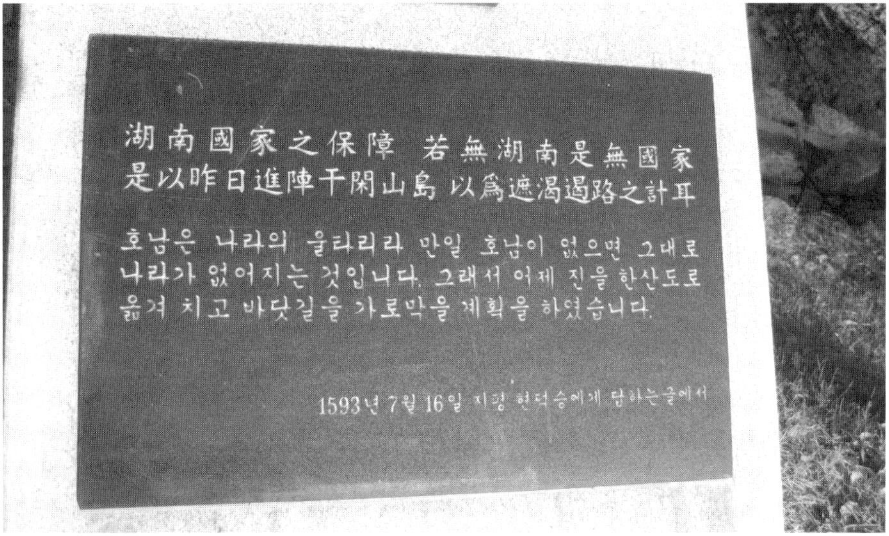

호남국가지보장, 약무호남 시무국가 표석 (여수시 충민사)

먼저 원균이 이순신으로부터 삼도수군을 인계받은 1597년 2월 26일 이후의 조선 수군 동향을 살펴보자.

3월 8일에 통제사 원균은 거제도 기문포에 일본의 전선 3척이 상륙했다는 소식을 듣는다. 다음날 조선 수군이 출병하여 살펴보니 왜군은 상륙하여 밥을 짓는 중이었다. 원균은 투항한 왜군 남여문 등을 보내어 이들을 회유하자 숨어 있던 왜적 20여 명이 나왔고, 남여문이 왜군 우두머리와 대화를 하자 숨어 있던 왜적 80여 명이 모두 나왔다. 안골포 만호 우수, 고성현령 조응도, 거제 현령 안위 등이 왜선에 올라가 항복을 받았고, 그 중 왜군 우두머리는 왜군 7명을 거느리고 통제사의 배로 올라갔다. 원균은 그들에게 술을 주고 배를 타고 떠날 것을 허락하니 왜군들은 여러 번 감사하면서 2대의 배에 나누어 타고 바다로 나아갔다.

왜군들이 돛을 달고 바다로 나가려는 즈음에 원균은 공격을 지시하였다. 고성현령 조응도가 가장 먼저 적선을 공격하니 왜군 20여명이 조응도의 배로 올라와 백병전을 벌이었다. 그 결과 조응도와 수군들이 부상당하였는데 이들은 물로 뛰어들어 헤엄을 쳐서 나오기도 하고 혹은 다른 배에 구제되기도 하였다. 물로 뛰어든 조응도는 안골포 만호의 배가 건졌으나 잠시 뒤에 죽었다.

이윽고 왜군들은 고성현령의 배를 타고서 달아났다. 그 때 조선 함선이 포위하여 포를 쏘아대고, 적선에 불을 지르니 왜적들이 모두 배에서 뛰어내렸고 18명이 죽었다.

이 전투는 참으로 엉성하기 짝이 없는 전투였지만 전공을 보고 받은 선조는 매우 흡족해 하였다. 선조는 원균이 임명을 받자마자 이순신과는 달리 적극적으로 싸운 것을 칭찬하면서 원균과 그 부하들을 포상하도록 전교를 내린다.

그런데 이 전투는 상당한 논란이 일어났다. 왜군은 전투를 하려는 것이 아니라 밥을 짓고 있었는데, 원균이 일부러 술을 먹여 상대를 방심시키고는 뒤에서 공격하는 비겁한 수를 쓴 것이다. 또한 고성현령이 탄 판옥선이 탈취당하는 상황까지 발생하였다.

게다가 일본 측은 이 전투에 대하여 강력히 항의하였다. 희생당한 왜군들은 조선과 우호관계에 있는 고니시 유키나가의 부하들이었고, 이들은 사전에 양해를 받고 거제도로 나무를 베러갔다는 것이다. 고니시는 동원 가능한 여러 외교 채널을 통해 강한 유감을 표명하였다.

더구나 일본의 항의 내용은 조선 수군이 거두었다는 전과와는 상당한 차이가 있었다. 조선수군은 적선 3척을 포획했다고 했지만 일본은 1척이라고 했으며, 조선수군은 왜군이 80명이라고 했지만 일본은 32명이었다고 주장하였다. 일본이 주장한 피해 규모는 조선에 보낸 공식항의였기에 일본이 자신들의 피해를 축소할 이유가 없어 보인다.

결국 원균은 승전하였다고는 하나 아군의 피해도 적지 않았고 왜군의 격렬한 항의도 있었던 만큼 포상 논의도 없던 일이 되고 말았다.

한편 3월 29일에 수군통제사 원균은 조정에 장계를 올려 수륙 양군의 동시 출병을 청한다. 그는 육군 30만 명을 동원하여 안골포와 가덕도의 적을 공격한 뒤에 수군이 부산을 공격하겠다고 보고한다.

"육군이 안골포와 가덕도 두 곳의 적을 친다면 수군 섬멸이 쉬울 것이요, 그 뒤로 우리 군사가 전진하여 장수포 등지에 신을 친다면 조금도 뒤를 돌아볼 염려가 없게 됩니다. 저의 망령된 생각에는 우리나라 군병은 그 수가 매우 많아서 노쇠한 자를 빼고 정병精兵을 추리더라도 30여만 명은 될 수 있습니다. 빈드시 4~5월 사이에 수륙 양군을 대대적으로 출동시켜 한 번 승부를 겨루어야 합니다. 만약 시일을 지연시키다가 7~8월께 비가 개지 않아 토지가 질척거리면 기병이나 보병이나 다 불편할 것이니 이때는 육전도 되지 않을 듯합니다. 조정에서 속히 선처하소서." (선조실록 1597년 4월 19일)

원균의 이러한 태도는 그가 삼도수군통제사가 되기 전과는 너무나 다르다. 출전에 신중한 이순신을 비난하면서 적극적인 해상작전을 펼치겠다고 호언장담한 원균 아니었던가?

원균의 장계를 받은 비변사는 황당해 한다. 먼저 30만 명의 정병을 4~5월내에 소집한다는 것은 너무나 비현실적임을 지적한다. 전쟁 조짐이 농후해진 6월 15일에 병조가 명나라 장수에게 보고한 조선의 병력을 보면 육군이 12,600명이었고 수군은 5천명이었다. 전라병사를 한 원균이 이러한 조선군의 병력을 모를 리 없을 것인데 한 달 만에 30만 명 동원 운운 하였으니 너무나 터무니없다. 다음으로 안골포는 포구이어서 육군이 진격할 수 있겠지만, 가덕도는 섬이라 수군이 아니고서는 전투를 할 수가 없는데 가덕도 점령도 육군보고 하라 하였으니 이 또한 무책임 한 것이다.

비변사는 이 문제는 도체찰사와 도원수가 처리할 일이지 조정에서 통제할 수 없다고 선조에게 보고한다. 선조는 전교하기를, "나의 뜻은 안 된다고 여긴다. 그러나 시험하여 보라고 하유하는 것도 괜찮겠다." 하였다. 선조도 원균의 장계가 현실성이 전혀 없는 무모한 일임을 알았다. 어떻게 30만 명의 군사를 한 두 달 만에 모을 수 있단 말인가?

비변사의 지시를 받은 도원수 권율은 안골포와 가적도의 적세가 약한 것은 원균이 말 한 바와 같지만, 섣불리 싸우는 것은 옳지 않다고 보고하면서 수륙병진 전략에 반대하였다. 여기에서 권율과 원균간의 견해 차이를 엿 볼 수 있다.

그러면 이 무렵 왜군의 동향은 어떠했을까. 도요토미 히데요시는 조선에 왜군을 계속 보내고 있었다. 4월 30일에 시마즈 요시히로가 가덕도에 주둔하였고, 와카사카 야스히로, 카토 요시야키가 부산에 도착하였다. 5월에는 도도 다카도라가 조선으로 들어왔고 5월 22일에는 전 군대가 오사카를 출발하여 조선으로 들어올 준비를 하고 있었다.

고니시는 다시 간첩 요시라를 경상우병사 김응서에게 보내어 6월설, 7월설 등 정보를 무수히 흘렸다. 이에 김응서는 일본이 대 병력을 출동시켜 전라도를 유린할 계책이 있음을 조정에 보고하였다. 왜적의 공격목표는 호남이었다.

도요토미가 보낸 문서를 보면 5월 5일에 출발하여 4개 부대로 나누어 장수를 정했는데 고니시는 공을 세워 속죄하게 하기 위하여 선봉으로 정해졌고 가토는 두 번째 부대로 안골포 · 가덕도의 왜병을 이끌고 차례로 진격하기로 했으며, 고니시는 의령과 진주의 길을 거치기로 하였고 가토는 경주와 대구의 길을 거쳐 이들 부대가 모두 호남으로 집결하여 전라도 지방을 모두 짓밟고 난 다음 다시 화평을 요구하기로 했다 한다.

새로 파견되는 군사 15만 명이 6월 초순에 나오면 진격할 것인데, 선봉부대는 6월1일에 출발하기로 하였으나 장수들의 의견은 병기와 장비가 준비되지 못하였으니 갑자기 출발할 수 없다 하여 7월 보름으로 결정했다. (선조실록 1597년 5월 18일)

한편 5월 12일에 비변사는 도원수 권율의 장계를 바탕으로 수군의 단독작전을 선조에게 건의하였다. 당시 조선수군의 배는 187~188척으로 판옥대선板屋大船이었다. 구체적으로는 한산도에 정박한 배가 1백 34척이고, 이미 출발하였으나 아직

도착하지 못한 배가 5~6척, 건조가 곧 끝나는 배가 48척이었다. 이밖에도 수군의 형세를 도울 병선이 더 있었다.

비변사는 수군 세력이 이처럼 모아졌으니 통제사 원균을 시켜 다시 형세를 살피어 거제도와 옥포 등지에 진주시키고 부산과 대마도의 바닷길을 살피게 해서 중로를 막아 끊는 계책을 세워야 할 것이라고 선조에게 보고하였다.

이어서 비변사는 설령 크게 싸우지는 못한다 할지라도 배를 3등분해서 절영도 앞바다를 번갈아 오가며 전선의 왕래가 끊이지 않게 하면 부산과 서생포에 상륙해 있는 왜적들은 모두 군량미 수송로가 끊길까 걱정할 것이고, 뒤를 이어 나오는 적선들도 반드시 두려워하고 주저하여 함부로 건너오지 못할 것이라고 아뢰었다.

이렇게 되면 적의 형세는 선두와 후미가 단절되어 조선수군에게 유리할 것이라고 비변사는 덧붙였다. 그런데 선조는 비변사의 의견은 지당하나 체찰사가 재량대로 지휘하도록 체찰사에게 지시는 하지 말라고 전교한다.

같은 날 도체찰사 이원익은 조정에 왜적의 정세를 보고하였다. 이원익은 경상좌도 방어사 권응수의 비보에 의거하여 조선이 만일 강화하지 않으면 일본의 대군이 6~7월 사이에 바다를 건너와 먼저 전라도를 약탈하고 마음껏 분탕질을 할 것이라고 보고한다. 이 보고는 간첩 요시라의 정보와 일치하는 것으로 왜군이 우선 전라도를 침범하여 군량을 확보하겠다는 전략이었다.

한편 선조는 5월 15일에 대신과 비변사 유사당상을 인견하고 수군과 육군의 운용방안에 대한 논의를 하였다. 이 회의에는 영의정 유성룡, 판중추부사 윤두수, 좌의정 김응남, 형조판서 김명원, 병조판서 이항복 등이 참석하였다.

이 회의에서 좌의정 김응남은 도체찰사 이원익과 도원수 권율의 견해를 보고한다. 김응남은 '우리나라는 스스로 떨쳐 일어날 형세가 없으니 곧바로 적의 소굴로 쳐들어갈 수는 없을지라도 중국군대로 성원을 삼고 때때로 출병하여 출몰하는 적들을 공격한다면 좋겠다.' 는 것이 이원익의 의견이고, 권율의 견해는 '한쪽으로는 육병으로 소란스럽게 적을 침략하고, 또 수병을 3등분하여 번갈아 오가다가 외로이 떨어져 돌아다니는 적들을 만나게 되면 포획하는 것' 이라고 아뢴다.

그러자 선조는 "수군이 어느 길을 따라 드나들 수 있는가?" 라고 묻는다. 유성룡이 아뢰기를, "옥포에서 배를 띄워 가덕도 외양을 따라 드나들 수 있습니다." 하였다.

이에 대해 이항복은 "현지 수군 장수들은 불가능하다" 고 하자, 선조가 "어찌하여 불가하다 하는가?" 라고 물었다.

이에 이항복이 "외양에는 배를 띄울 수 없는 까닭에 이 점을 어려워하는 것입니다" 라고 아뢰었고, 유성룡은 "수로로 적의 소굴과는 30리 정도입니다. 50척의 배로 번갈아 들고 난다면 좋을 듯도 합니다." 라고 하였다.

선조가 유성룡의 의견에 동조하여 "그렇다면 지금 거사할 수 있겠는가?" 하니, 유성룡은 "기회를 보아 하는 것이 좋을 것입니다" 라고 아뢰었다. 이렇듯 선조는 수군이 앞장서서 왜군을 공격하기를 원하였다.

반면에 선조는 육군의 공격에는 회의적이었다. 선조가 “육군으로 침범하는 일에 대해서는 대신들의 뜻은 어떠한가?”라고 묻자. 이항복이 “지세가 불편한 곳에 진격했다가 차질을 빚으면 말할 수 없는 지경이 될 것입니다”라고 말하였다. 선조가 “육군으로 소란스럽게 적을 침략하자는 말은 무엇을 두고 하는 말인가?”라고 물으니, 윤두수가 답하기를 “전에는 우리의 군세가 미약해서 거사할 수 없었지만 지금은 중국군대로 성세를 삼아 협력하여 저들을 친다면 성공할 수 있을 듯도 합니다.”라고 하였다.

그러자 선조는 “마치 잠자는 범의 꼬리를 건드리는 격이 되지 않겠는가.”라고 대꾸하였다. 선조의 이 말은 왜군을 잠자는 호랑이로 비유한 것이다. 이렇듯 선조는 육군은 왜군에게 상대가 되지 않는다고 생각하였다.

그런데 선조가 가장 믿는 수군의 부산 앞바다 진공작전은 여전히 지지부진한 모습을 보이고 있었다. 수군통제사 원균이 전혀 나서지 않았기 때문이다.

6월 10일에 도체찰사 이원익은 수륙 양군의 전투계획을 보고한다. 그의 보고서를 읽어 보자

> “왜군의 대군이 건너오기 전에 한 번 군사들을 총집결해 결전해보고 싶으나 우리와 저들의 힘을 헤아려 보건대 크게 우려되는 바가 있습니다. 도원수 권율 역시 군사를 내어 책을 공격하는 일은 결코 할 수 없다고 하는데 밤낮으로 생각해도 좋은 계책이 없습니다. 오는 적을 막아 죽이는 것은 오직 수군만을 믿고 있는데, 근일에는 수군이 한 번도 해양에 나아가지 않고 있습니다. 아무리 사세가 그렇게 만들었다고는 하지만 역시 매우 염려됩니다.

따라서 수군강화를 위하여 새로 배 37척을 건조하는 한편 제석산성에 서 근무하게 되어 있는 군사 5천 명 중에서 격군格軍을 충원하도록 하였고, 신의 종사관 남이공으로 하여금 한산도로 달려가 신구의 전선을 모두 합쳐 절반은 한산도 등에 머물러 있고 반은 운도 등의 해양에 출몰하게 하였습니다.

안골포 등에 왜적이 있지만 본진의 선박으로 배후를 도모할 계책을 세울 수 있고 바다를 건너오는 적이 있더라도 해양의 선박으로 즉시 처치케 할 수 있으므로, 통제사 원균 등 각 장수와 상세히 의논하여 시행하라고 남이공에게 지시하여 보냈습니다."

이에 대하여 비변사는 해로를 차단하는 일은 이전부터 힘써 왔는데도 그 계책이 아직 한 번도 효과를 거두지 못하였으니 매우 개탄스러우나, 이번에는 기회를 잃지 말라고 주문하였다.

그런데 바로 다음날인 6월 11일에 원균은 또 다시 육군이 안골포와 가덕도를 점령하여야만 수군의 부산 공격이 가능하다는 보고를 조정에 올린다. 원균의 보고는 이원익과 권율의 작전과 정면 배치되는 보고였다.

"거제의 왜적은 안골포로 들어가 점거하고 김해의 왜적은 죽도로 들어가 점거하여 목을 막고 서로 의지하면서 우리나라의 뱃길을 막고 있습니다. 따라서 부산 앞바다로 나아가 적의 무리를 차단하여 공격할 방도가 다시없게 되었는데, 설사 대거 이를 수 있다 하더라도 나아가서는 배를 머무를 곳이 없고, 물러나서는 뒤를 돌아다보아야 할 근심이 있습니다.

신의 계책으로는 반드시 수륙으로 병진하여 안골포의 적을 도모한 연후에야 차단할 방도가 생겨 회복하는 형세를 십분 우리에게 유리하게 전개시킬 수 있으리라 여겨집니다. 조정에서도 방도를 강구하지 않는 것은 아니겠으나, 신이 변방에 있으면서 적을 헤아려 보건대 금일의 계책은 이보다 나은 것이 없으니, 조정으로 하여금 각별히 처치하여 속히 지휘하게 하소서."

이에 비변사는 "원균의 뜻은 반드시 육군이 먼저 안골포와 가덕도의 적을 공격해야 한다는 것이고, 도원수와 체찰사의 뜻은 수군을 나누어 다대포 등을 왕래시키면서 해양에서 요격하려는 계획입니다. 이는 대사이니, 여러 장수의 계책을 하나로 결정하여 처리해야지 서로 달라서 기회를 잃게 해서는 안 됩니다." 라고 보고한다.

그러면서 "지도로 형세를 살피고 해변의 형세를 자세히 아는 사람의 말을 참조하건대 안골포는 김해 · 죽도와 매우 가깝고 지형이 바다 가운데로 뻗어 나왔으므로 군사가 육로로 공격하면 적에게 뒤에서 엄습당할 염려가 없지 않으니, 도원수가 진공을 어렵게 여기는 것이 또한 반드시 소견이 있을 듯합니다."라고 말하여 권율의 의견에 찬동한다.

끝으로 비변사는 일선 장수들의 지휘문란에 대해 일침을 가한다.

대저 군중의 일을 제어하는 권한이 체찰사와 도원수에게 있으니, 제장諸將으로서는 품하여 지휘를 받아서 진퇴하는 것이 마땅한데도 근일 남쪽의 장수들이 조정에 처치해 달라고 자청하는 일이 다반사여서 체통을 유지시키는 뜻이 도무지 없습니다. (선조실록 1597년 6월 11일)

1597년 6월 중순에 도체찰사 이원익은 종사관 남이공을 한산도에 파견시켜 원균에게 출전명령을 내린다. 원균은 마지못하여 6월 18일에 안골포와 가덕도 앞 바다로 출전한다. 이때 도원수 권율이 조정에 올린 장계를 읽어 보면 원균이 어쩔 수 없이 출전한 사실이 여실히 드러난다.

"통제사 원균은 매양 육로에서 먼저 안골포 등의 적을 치라고 미루면서 바다로 나가 군사 작전을 벌여 오는 왜적을 막을 생각이 없으니, 신은 분한 마음을 이기지 못하겠습니다. 그래서 혹은 전령으로 혹은 회송하면서 호되게 나무랐고 세 번이나 도체찰사에게 군관을 보내어 원균을 압박하도록 요청하기까지 하였습니다.

결국 도체찰사 이원익의 종사관 남이공이 체찰사의 명을 받들고 한산도에 내려가서 원균에게 독촉하고서야 부득이한 나머지 18일에 비로소 전선을 출발시켜 크고 작은 배 1백여 척이 가덕도 앞바다를 향했으니, 이는 남이공의 힘이었지 어찌 원균의 마음이었겠습니까."

(선조실록 1597년 6월 28일)

조선수군의 부산 공격에 대한 권율과 원균의 갈등은 이순신의 '난중일기' 에도 적혀 있다. 6월 17일과 6월 19일의 '난중일기' 에는 권율의 불편한 심기가 그대로 표현되어 있다.

6월 17일에 이순신이 아침을 먹은 후 도원수에게 갔더니, 권율은 이순신에게 원균의 정직하지 못한 점을 여러 번 이야기 하였다. 또 비변사에서 내려준 공문을 보여 주는 데 원균의 장계에는 "안골포를 장악한 후에 부산을 쳐야 한다"고 수장한 내용이 적혀 있었고, 권율이 작성한 장계에는 "통제사 원균이 앞으로 나가지 않고 오직 안골포의 적을 먼저 공격해야 한다고 한다. 수군 여러 장수들은 이와는 다른 생각을 가지고 있는데 원균은 안으로 들어가 나오지 않으므로 여러 장수들과 절대로 합의하지 못할 것이므로 일을 그르칠 것이 뻔합니다."라고 적혀있었다.

6월 19일에 이순신은 도원수진에서 권율을 만난다. 이 자리에서 권율은 원균에 대하여 극도로 불신에 찬 말을 한다.

"통제사의 일은 도저히 말로 할 수가 없소. 그는 조정에 청하여 안골과 가덕의 적을 모조리 무찌른 뒤에 수군이 나아가 토벌해야 한다고 하니 이것이 정말 어떤 마음이겠소? 질질 끌다가 나아가지 않으려는 뜻에 불과한 것이오. 그래서 나는 사천으로 가서 세 수사를 독촉하여 진격하도록 할 작정이요. 통제사는 내가 지휘하지 않을 것이요."

그러면 여기에서 삼도수군통제사 원균의 한산도에서의 생활을 살펴보자. 이에 대하여는 유성룡의 '징비록', 이긍익의 '연려실기술', 신경의 '재조번방지' 등에 나와 있다. 가장 자세하게 서술되어 있는 문집이 '징비록'이다. 징비록의 관련 부분을 읽어 보자.

"한산도에 부임한 원균이 맨 처음 한 일은 이순신이 시행했던 규정을 폐지하고 바꾼 것이다. 부하 장수와 수군들 중에서 이순신에게 신임 받았던 사람들은 모조리 골라내어 쫓아버렸다. 원균이 특히 미워하였던 자는 이영남 이었다. 왜 그렇게 미워했는가 하면 그는 전에 자기가 패하여 도망간 것을 그 누구보다도 자세히 알고 있었기 때문이었다. 군사들은 드러내놓지는 못했지만 원균의 그러한 처사에 다 같이 미워했고 분노하였다."

사실 이순신은 한산도에 있을 때 집을 한 채 지어 운주당이라 이름 짓고 거기에서 지내면서 밤낮없이 여러 장수들과 함께 전쟁에 관한 일을 의논하였다. 비록 지위가 낮은 군졸일지라도 전쟁에 관한 의견을 말하고자 하는 자에게는 그곳에 들러 밝히게 끔 했다. 그러니 자연 군중의 여러 사정에 밝았었다. 전쟁을 하기에 앞서 번번이 부하 장수들을 불러 계책을 묻고 전략을 세운 뒤 싸움에 임했으므로 패전하는 일이 없었던 것이다.

그런데 원균은 첩과 함께 거처하느라 울타리로 운주당 안팎을 다 막아버렸다. 따라서 장수들조차 원균의 얼굴 보기가 힘들 지경이었다. 게다가 원균은 날마다 술이 취해 주정을 하고 화를 내며 형벌을 내림에도 법도를 지키지 않았다.

진중에서는 이렇게들 수군거렸다. "만약 왜적과 맞닥뜨리게 된다면 도망가는 게 상책이야."

장수들은 장수들대로 함께 원균을 비난하고 비웃었다. 전쟁이나 군사에 관한 일을 얘기해 주지도 않았다. 또 그의 명령에 잘 따르지도 않았다.

한마디로 이순신은 소통의 리더십을 발휘하였고, 원균의 리더십은 불통이었다. 원균은 용맹하기만 하고 꽉 막힌 독불장군이었다. 권율 등 상사와도 사이가 안 좋고 휘하의 수군 장수나 병졸들과도 화합하지 못하였다.

아무튼 삼도수군통제사 원균은 도체찰사 이원익의 종사관 남이공의 독촉에 따라 안골포와 가덕도 전투에 임하였다. 전투 경과를 살펴보자.

6월 18일에 원균은 대소 군선 90여척을 이끌고 한산도를 출발하여 거제도 장문포에서 하룻밤을 보냈다. 다음날인 6월 19일에 조선수군은 안골포로 진격하였다.

안골포는 지금의 경남 진해시 웅동면에 있는 포구이다. 그때 왜군들은 해안에 잠복해 있으면서 암석 사이에 기계를 설치하고 있었다. 여러 장수들이 군사를 거느리고 북을 울리면서 전진했더니 적들도 배를 타고 싸움을 걸어와 서로 응전하였는데, 포탄과 화살이 함께 쏟아져 해안이 진동하였는데도 군사들은 조금도 물러날 뜻이 없었다. 마침내 조선 수군이 적선에 육박하여 많은 왜적을 살상하니, 왜적은 버티지 못하고 간신히 해안 위로 도망하였고 조선수군은 왜선 2척을 빼앗았다.

이어서 원균은 가덕도지금의 부산광역시 강서구 천가동로 향하였는데 그곳의 왜군은 이미 섬으로 피신한 후였다. 조선 수군들이 추격하였지만 종적을 찾을 수 없었다. 아군은 별수 없이 추적을 그만두고 돌아오려 할 즈음에 안골포의 왜군들이 또 다시 배를 타고 역습해 왔다. 아군은 다시 돌아서 접전하였다. 왜군들은 조금도 두려워하지 않고 배의 좌우를 협공하며 비처럼 탄환을 쏘아대었다. 아군 역시 방패에 의지하여 화살을 다발로 쏘아대며 응전하였다.

이 전투로 평산만호 김축이 눈 아래에 탄환을 맞았는데 즉시 뽑아냈고 그밖에 졸병들은 하나도 중상을 입지 않았다. 다만, 보성 군수 안홍국이 이마에 철환을 맞아 뇌를 관통하여 그 자리에서 죽었다.

안골포 해전에서 전사한 보성군수 안홍국은 1583년에 무과에 급제하여 1592년 임진왜란 때에는 선조를 모시고 의주까지 따라갔고 영흥에 있는 임해군에게 왕의 명령을 전달하였으며, 소식이 두절된 삼남의 각 진을 다니며 왕명을 알렸다. 이 해에 그는 삼도수군통제사 이순신의 휘하에 들어가 선봉장으로 공을 세웠다. 안홍국의 신위는 여수 충민사와 보성 정충사에 모셔져 있다.

결국 원균은 부산포까지 진출하지도 못 한 채 한산도로 돌아왔다. 원균은 또 다시 출전하기 싫은 듯 주저하는 모습을 보였다. 그러나 이원익은 안골포 전투를 조정에 장계하면서 조선 수군이 해로를 계속 왕래하면서 왜군을 교란시켜야 함을 강조하였다.

"요즈음 왜군이 대마도에 많이 모여 있는데 그들이 바다를 건너는 것은 반드시 6~7월 동남풍이 부는 때를 벗어나지 않을 것입니다. 이런 기회를 당하여 수군이 해로를 왕래하면서 혹 적과 서로 마주쳐 막아 죽이고 혹은 의심하고 꺼려 나오지 못하게 한다면 모두 유익할 것입니다. 전선을 정제하여 해양을 출입하게 하되, 가덕도·안골포 등의 적진이야말로 출입하는 길목에 해당되니 그들과 서로 접전하게 하지 않을 수 없는데, 보성군수 안홍국이 탄환에 맞아 죽은 것은 매우 놀랍고 참혹한 일입니다."

(선조실록 1597년 6월 29일)

여수 충민사

여수 충민사에 모셔진 안홍국 신위

10

삼도수군통제사 원균,
도원수 권율에게 곤장을 맞다.

안골포 및 가덕도 해전을 수행한 조선수군은 일단 한산도로 귀환하였다. 이후 조정에서는 안골포에 주둔한 왜적의 전투력이 그리 강하지 않으니 계속 공격할 것을 주문하였다. 그러나 원균은 조정의 지시를 묵살한 채 출전을 기피하고 있었다.

7월초에 새로 건조한 일본전선 600여척이 부산 앞바다에 정박하였다. 이 전선 가운데 일부가 웅천으로 들어가자 도원수 권율은 원균에게 왜군을 공격하도록 명령한다.

7월 4일에 조선 수군은 다시 출전을 단행하였다. 이 때 통제사 원균은 한산도 본영에 머무르면서 직접 출전하지 않고 경상우수사 배설이 주축이 되어 휘하 수사들이 연합하여 출전하였다.

이 출전에 경상우수군 외에 나머지 어느 수군이 출전하였는지는 알 수 없으나 전체 수군의 절반 정도인 100여척이 전투에 나선 듯하다. 전라좌수군이 출전하지 않은 것은 확실하다. 원균이 전라좌수사를 겸하였기 때문이다.

조선수군은 7월 4일 한산도에서 출발하여 7월 5일에 칠천도에 정박하고 6일에 옥포에 들어갔다가 7월 7일 밤에 부산시 사하구에 있는 다대포에 도착하였다. 이때 다대포에는 적선 8척이 정박하고 있었는데 왜군들이 모두 육지로 도주하여 빈 배만 남아 있었다.

8일에 조선 수군은 왜선 8척을 부수고 군량미 2백 여 섬을 빼앗는 전과를 올리었다. 도체찰사 이원익은 매우 고무되어 이런 전과를 조정에 보고하였다.

하지만 조선 수군은 이 전투에서 적지 않은 피해를 입었다. 도원수 권율 막하에서 수군에 대한 상세한 정보를 얻을 수 있었던 이순신은 이때의 전투상황을 비교적 자세하게 '난중일기' 에 기록하고 있다.

7월 14일자 '난중일기' 에는 왜군에게 달라붙은 김해사람 김억의 보고가 소개되어 있다. 여기에는 '7월 7일에 왜선 5백 여척이 부산으로 나오고 9일에는 왜선 1천척이 합세하여 절영도 앞바다에서 우리 수군과 싸웠는데, 우리 전선 5척이 표류하다가 동래 땅 두모포에 도착하였고 또 7 척은 간 곳이 없다' 고 적혀있다.

7월 15일에 이순신은 중군장 이덕필로 부터 조선 수군 20척이 적에게 패하였다는 소식을 들었는데, 이순신은 일기에 '참으로 통탄할 노릇이다. 통제하고 방어할 길이 없으니 지극히 한스럽다' 고 적고 있다.

한편 일본의 수군은 7월 9일의 절영도 바깥 바다에서의 전투에서 짐짓 싸우지 않고 시간만 질질 끈 것으로 보인다. 그렇다 보니 조선 수군은 지쳤고 먼 바다에서 풍랑마저 세차서 배가 표류하고 만 것이다. 7월 16일자 난중일기에는 표류한 일곱 척의 행방을 알 수 있는 기록이 있다. 영암 송진면에 사는 사노비 세남의 증언이 그것이다.

저녁에 서생포로부터 맨 몸으로 도착한 세남에게 그 까닭을 물었더니, "7월 4일 전 병사의 우후가 타고 있던 배의 격군이 되어 5일에 칠천량에 이르러 자고 6일 옥포로 들어갔습니다. 7일 새벽에 말곶을 거쳐 다대포에 이르렀더니 왜선 8척이 정박하고 있어서 여러 배들이 바로 돌격하였습니다. 그러자 왜놈들은 하나도 남김없이 뭍으로 올라가고 빈 배만 떠 있었습니다.

우리 수군들은 그것을 끌어내어 불 지르고, 그 길로 부산 절영도 바깥 바다로 향하였습니다. 때 마침 적선 1천여척이 대마도로부터 건너와서 싸우고자 하였으나 왜선이 흩어져 피하므로 끝내 잡아 없앨 수가 없었습니다.

제가 탄 배와 다른 배 여섯 척은 배를 멈추지 못하고 서생포 앞 바다에까지 표류하였습니다. 그러다가 뭍으로 올랐는데 거의 다 왜적에게 죽음을 당하였습니다. 저만은 혼자서 수풀 속에 들어가 엎드려 기어서 목숨을 구하였습니다. 그리고 간신히 여기까지 왔습니다"라고 하였다.

듣고 나니 참으로 놀랄 일이다. 우리나라가 믿는 것은 수군뿐인데 수군이 이러하니 다시 더 무엇을 바랄 것인가. 생각할수록 분하여 가슴이 찢어질 것 같다. (난중일기 1597년 7월 16일)

조선 전선이 표류한 것은 절영도 바깥 바다 멀리까지 항해하여 바다 길을 벗어난 까닭으로 보인다. 세남이 구사일생으로 살아온 서생포는 가장 악독한 왜장 가토가 주둔하고 있는 포구였다.

아무튼 조선 수군은 부산으로 들어오는 왜군을 막기 위하여 출전하였지만 상당한 피해를 입었다. 이 절영도 외양해전은 7월 22일의 어전회의에서 상호군 노직이 '7월 9일의 전투에서는 군졸들이 겁을 먹고 화살 하나를 제대로 못 쏘았다고 합니다.' 라고 표현 했을 정도로 사실상 패전과 다름없는 무기력한 해전이었다.

이런 상황에서 선조는 원균이 직접 나가서 싸우지 않은 것을 크게 질책한다. 7월 10일의 선조실록을 읽어보면 선조는 원균에게 후퇴하지 말고 왜적을 공격하라고 엄중 경고한다.

비변사가 아뢰기를, "적병이 비록 해안에 나누어 점거하고 있으나 군량을 조달하고 병사를 보충하는 길은 바다에 있습니다. 우리나라의 수군을 왜적이 무서워하니 부대를 나누어 번갈아 나가 바다에 왕래하면서 적의 보급로를 끊는다면 이는 곧 적의 허점을 공격하는 것임과 동시에 요해처를 장악하는 것이니 현재의 계책으로는 이보다 나은 것이 없습니다.

다만 염려되는 것은 제장들이 명령을 잘 이행하지 않아 부득이 출병하였다가 앞다투어 돌아옴으로써 그게 형세를 이루어 적의 사기를 떨어뜨리지 못하는 것뿐입니다. 지금 양총병의 분부가 이와 같으니, 접견할 때 문답한 내용을 자세히 거론하여 미리 도체찰사와 도원수에게 하유하되 시급히 전일 분부한 대로 수군 제장을 엄하게 독려하는 한편 기회를 살펴가며 도모하여 기회를 잃어 대사를 그르치지 않도록 하는 것이 어떻겠습니까?" 했다.

이에 선조가 전교하기를, “아뢴 대로 시행하라. 원균에게도 아울러 말을 만들어 하유하기를, ‘전일과 같이 후퇴하여 적을 놓아준다면 나라에는 법이 있고 나 역시 사사로이 용서하지 않을 것이다’ 라고 하라” 하였다.

선조는 원균에게 전에 없이 강경한 어조이었다. 선조가 이순신을 구속한 것은 이순신이 출전을 안 한 탓인데, 왜군을 공격하겠노라고 큰 소리 친 원균이 계속 머뭇거리고 있으니 엄청 화가 난 것이다. 그의 질책에는 ‘원균의 실패는 이순신을 끌어내린 선조 자신의 실패를 의미한다’ 는 속내도 작용하였으리라.

절영도 외양 해전이 실패로 끝나자 도원수 권율은 통제사 원균을 곤양의 도원수 진영으로 부른다. 권율은 선조의 명을 받들어 출전을 독려하여야 하는 입장이었다. 원균이 계속 지지부진한 모습을 보이자 권율은 극약 처방을 써야겠다고 마음먹는다.

7월 11일에 권율은 이번 출정을 휘하 수사들에게 맡기고 원균이 직접 출정하지 않은 점, 일본 함대를 보고도 그냥 물러난 점, 조선 수군이 피해를 입은 점에 대하여 질책하면서 “국가에서 너에게 높은 벼슬을 준 것이 어찌 한갓 편안히 부귀를 누리라 한 것이냐? 임금의 은혜를 저버렸으니 너의 죄는 용서받을 수 없는 것이다” 라고 엄하게 나무란다.

그리고 원균이 직접 전투에 나서라고 하면서 곤장을 친다. 조선의 해군 총사령관이 볼기를 까고 곤장을 맞은 치욕적인 사건이 벌어진 것이다.

권율에게 곤장을 맞은 원균은 장졸들이 휴식을 취할 필요가 있고 이미 장마가 시작되어 출항이 용이하지 않기 때문에 장마가 그치면 출항하겠다는 뜻을 개진하였지만 권율은 받아들이지 않았다. 권율과 원균은 이미 신뢰관계가 깨진 상태였다.

7월 12일에 원균은 수군 전체를 이끌고 출전한다. 권율과 이원익은 수군을 나누어서 교대로 왜적을 견제하도록 하였지만, 원균은 권율에게 볼기를 맞은 분풀이라도 하려는 듯 수치심과 분노에 가득 차서 모든 함선을 출전시킨다.

12일에 칠천량에서 밤을 보낸 수군은 13일에 옥포에 도착하여 이틀 밤을 보내고 14일에 부산에 이르러 일본에서 오고 있는 천 여척의 배와 마주친다. 조선 수군이 부산에 도착한 7월 14일에 이순신은 이상한 꿈을 꾼다. 이 날의 '난중일기' 를 읽어 보자.

"새벽에 꿈을 꾸었는데 내가 체찰사가 함께 어떤 곳에 이르렀더니 시체가 많이 널려 있어서 혹은 밟기도 하고 혹은 목을 베기도 하는 꿈이었다."

11

조선수군, 칠천량 해전에서 전몰하다.

삼도수군통제사 원균은 권율에게 볼기를 맞은 분풀이라도 하려는 듯 수군 전 병력을 이끌고 한산도에서 부산으로 향하였다. 군졸들은 휴식도 취하지 못한 채 다시 전투에 임하였다. 7월 12일에 조선수군은 칠천량에서 하룻밤을 보내고 13일에는 옥포에서 이틀 밤을 지낸 다음, 14일에 부산에 이르렀다.

부산 앞바다에 도착한 조선 함대는 마침 일본에서 나온 왜선 1천 여척과 마주쳤다. 원균은 왜선을 좇았다. 그런데 왜군은 접전을 회피한 채 도주하였다. 원균은 이들을 계속 추격하였다. 그 결과 조선 함대는 부산 앞바다의 물마루水嶺을 지나서 너무 멀리 가고 말았다. 이런 사실을 깨달은 원균은 후퇴를 지시하였다. 돌아가는 길에 조선 함대는 갑자기 일어난 풍랑 때문에 대오를 유지하지 못하고 흩어지고 말았다. 배 7척이 물길을 제어할 수가 없어 표류하였다. 다행히도 이 전함들은 경상좌도 조선군 관할지역에 도착하였다.

함대를 겨우 수습한 조선 수군은 밤새도록 노를 저어 15일 아침에 가덕도에 도착하였다. 제대로 쉬지도 못하고 갈증에 시달리던 병사들은 물을 구하려고 섬에 상륙하였다. 하지만 가덕도에는 다카하시 나오스쿠, 스쿠시 히로카도 등이 이끄는 일본 육군이 매복하고 있었다. 이들은 조선 수군이 상륙하자마자 일시에 공격하여 조선군 400여명을 살해했다.

조선 수군은 큰 손실을 입은 채 물도 얻지 못하고 다시 배를 돌려 거제도 북단의 영등포로 물러났다. 이곳에도 시마즈 요시히로의 일본 육군이 매복하고 있었다. 왜군은 조선 수군을 공격하기 위하여 가덕도와 거제도 및 남해의 연안 일대에 육군을 배치하여 수륙합동작전을 펼친 것이다.

칠천량은 조선 함대를 왜군이 포위하여 백병전을 벌인 곳이다. 경상남도의 해양탐사선이 이 주변을 탐색하여 거북선을 찾고 있으나 아직 성과가 없다.

왜군 복병은 또 다시 사방에서 나타나 조선군을 공격하였다. 원균은 어쩔 줄을 몰라 이들을 구할 생각을 하지 못하고 급히 배를 끌고 물러나 칠천도로 후퇴하였다.

조선함대가 칠천도에 도착한 것은 15일 밤 9시경이었다. 원균의 움직임을 정확히 파악하고 있었던 왜군은 함선 500여척을 칠천량에 배치시켰다. 왜군은 도도 다카도라와 구키 요시다카, 와키사카 야스나루가 이끄는 정예 수군이었다.

원균은 밤늦게 휘하 장수를 소집하여 작전회의를 열었다. 원균은 왜군의 기세가 너무 커서 당해낼 수 없는 지경에 이르렀음을 한탄하면서 죽기를 각오하고 싸울 것을 강조하였다.

이러한 원균의 지시에 대해 경상우수사 배설이 팔을 걷어붙이며 큰소리로, “용맹을 낼 때는 내고, 겁낼 때에 겁낼 줄 아는 것은 병가의 긴요한 계책입니다. 우리가 부산 바다에서 기선을 잡지 못하여 군사들이 의기소침하게 되었고 영등포에서 패하여 왜적의 기세를 돋구어주어 적의 칼날이 박두하였는데, 우리의 세력은 외롭고 약하여 용맹을 쓸 수 없으니 오늘은 겁내어 싸움을 회피하는 전략이 타당합니다.”라고 말하였다.

배설의 말을 듣자 원균은 노하여 “죽고 나면 그만이니 너는 많은 말을 말라”고 배설에게 고함쳤다. 이에 배설은 자기 배로 돌아가서 은밀히 소속 장수와 더불어 퇴각할 것을 꾀하였다.

이날 밤은 보름이었는데 비가 크게 내렸다. 원균은 전선 4척으로 왜군을 경계하도록 하였다. 일본 수군은 가만히 왜선 10여 척으로 우리 배 사이를 뚫고 형세를 정탐하였다. 밤 10시를 넘어서 왜선 5~6척이 불시에 내습하여 우리 배에 불을 질렀다. 우리 배 4척이 모두 불타고 침몰되었다. 원균은 크게 놀라 북을 치고 바라를 울리고 화전火箭을 쏘아 왜군의 내침을 알리었고 조선 수군들은 겨우 진을 칠 수 있었다.

한마디로 삼도수군통제사 원균은 전투에서 가장 기본인 경계에 실패한 것이다. ‘작전에 실패한 지휘관은 용서할 수 있어도 경계에 실패한 지휘관은 용서할 수 없다’ 는 말이 다시금 생각나게 한다.

1597년 9월 하순에 포로가 되어 일본에 잡혀갔다가 돌아온 영광 출신 강항의 〈간양록〉에도 칠천량 해전을 본 조선인들의 증언이 실려 있는데, 이를 읽어 보면 조선수군의 경계가 얼마나 취약하였는지를 알 수 있다.

> 정유년 7월 15일에 왜장이 날쌘 군졸들을 이끌고 우리 진영의 동정을 살피러 다녔다. 우리 전함의 군사들은 깊은 잠에 빠져 코까지 골고 있었다. 이 모습을 본 왜적은 화포 두발을 쏘았고, 우리 군사들이 당황해 하자 우리 진영으로 일시에 진격하여 한산도를 무너뜨렸다.

야간 기습에 성공한 왜군은 16일 새벽이 되자 500여척의 왜선으로 조선 수군을 서너 겹으로 에워싸고 총 공격을 하였다. 조선 수군도 닻을 내린 가운데 응전하였으나 중과부적이었다. 이어서 왜군은 일본 배 5~6대로 조선 배 1대를 포위하고 조선 배에 올라와 육박전을 벌였다. 왜군은 상대적으로 높은 판옥선에 오르기 위해 배의 돛대를 눕혀 사다리로 사용하여 기어 올라왔다. 육박전은 왜구들이 사용하는 전술로서 이는 왜군들의 주특기였다.

본격적으로 백병전이 벌어지자 원균은 후퇴하지 못하도록 수군을 독려하였으나 조선 수군은 계속 밀렸다. 마침내 조선수군은 더 이상 지탱하지 못하고 흩어져 달아나기 시작하였다. 맨 먼저 배설이 자기 휘하의 전선 12척을 이끌고 도망쳤고, 전라우수사 이억기와 충청수사 최호는 고성 방면으로, 원균의 전라좌수군은 추원포 쪽으로 퇴각하였다.

이 와중에도 필사적으로 저항한 장수도 있었다. 조방장 김완이 그러하였다. 김완은 다른 배들이 도망치는 상황에서 홀로 왜군과 맞서 싸웠다. 이를 본 원균이 김완에게 외쳤다. "두려움 없이 죽을 각오로 싸우는 모습을 보니 가히 충성을 다하는 임금의 신하라고 할 만하다."

그러자 김완이 대답하였다. "이처럼 급한 상황에 다른 진의 장수들은 어물쩍거리며 달아나기만 합니다. 빨리 장수 한 명을 베어 위엄을 보이십시오."

그러나 원균은 김완을 보고 용맹하다는 말 만 할 뿐 싸우려 들지 않았다. 김완은 고군분투하며 적선 수척을 분멸시켰으나 결국 부상을 입고 물에 빠지고 말았다.

이후 김완은 포로가 되어 일본까지 끌려갔다가 이듬해인 1598년에 간신히 탈출하여 조선으로 돌아왔다. 도체찰사 이원익은 "중론을 참고하여 보니 힘을 다하여 싸우다가 바다 가운데에서 전사한 이는 조방장 김완 뿐 이었습니다."라고 그를 높이 평가하고 있다. 이 당시 이원익은 김완이 전사한 것으로 알았다.

전라우수사 이억기李億祺 1561~1597와 충청수사 최호도 끝까지 싸우다가 적진에 고립되자 스스로 물에 빠져 죽었다. 전라우수사 이억기의 죽음은 참으로 안타깝다. 그는 17세에 무과에 합격하여 경흥부사로 여진족과 싸워 공을 세웠고, 임진왜란 때는 전라우수사로 이순신을 도와 한산도, 부산포해전 등에서 공이 컸다. 그는 이순신이 잡혀가자 이항복 · 김명원 등 조정대신들에게 서신을 보내 무죄를 적극 변론하였다. 스스로 바다에 뛰어 들어 순국의 길을 택한 이억기는 당시 37세였다. 그의 신위는 여수 충민사에 이순신, 안홍국과 함께 배향되어 있다.

한편 원균元均 1540~1597이 도망 친 추원포秋原浦는 서쪽으로의 뱃길이 막힌 육지였다. 원균은 추원포에서 배를 버리고 육지로 도망갔다. 조선 수군의 최고지휘관이 이러하였으니 휘하의 전라좌수군들도 판옥선을 버려 둔 채 도망쳤다. 육지로 도망간 조선수군은 미리 기다리고 있던 일본 육군에 의해 무참히 살육 당하였다. 원균도 왜군의 칼날에 목숨을 잃고 말았다.

칠천량 해전 표석 – 거제시 칠천도 입구

조경남의 '난중잡록'에는 원균의 죽음에 대하여 이렇게 기록하고 있다.

원균은 체구가 비대하고 건장하여 한 끼에 밥 한 말, 생선 50마리, 닭과 꿩 3~4마리를 먹었다. 평상시에도 배가 무거워 행보를 잘하지 못하였는데, 이때에 이르러 싸움에 패하고는 앉은 채 죽음을 당하였다.

그래서 사람들이 모두 비웃었는데 곡성에 사는 생원 오천뢰가 이런 시를 지었다.

한산도 섬은 나라의 남쪽 관문인데	閑山一島國南門
무슨 일로 조정에서는 장수를 자주 바꾸었나.	底事朝廷易將頻
원균이 나라를 저버린 것이 아니라	不是元均初負國
원균의 배가 원균을 저버렸네.	元均之腹負元均

(난중잡록 1597년 7월 16일)

2부

전라도, 남원성 함락으로 초토화되다.

01

선조, 칠천량 해전 패전에 따른 대책을 논의하다.

선조가 칠천량 해전의 패전 소식을 들은 것은 전투가 일어난 지 6일째 되는 7월 22일이었다. 추원포에서 도망친 선전관 김식은 밤낮으로 달려 선조에게 패전 보고를 한다.

"적세가 하늘을 찌를듯하여 우리나라 전선은 모두 침몰되었고 여러 장수와 군졸들도 모두 죽었습니다. … 많은 배들은 불타서 불꽃이 하늘을 덮었으며, 무수한 왜선들이 한산도로 향하였습니다."

선조는 즉시 대책회의를 연다. 이 회의에 참석한 사람은 영의정 유성룡, 행 판중추부사 윤두수, 우의정 김응남, 행 지중추부사 정탁, 행 형조 판서 김명원, 병조 판서 이항복, 병조참판 유영경, 행 상호군 노직, 좌승지 정광적 등 이었다. 그러면 어전회의 내용을 자세히 살펴보자.

선조는 선전관 김식의 보고서를 대신들에게 내 보이면서 말한다.

"수군이 모두 대패하였으니 이제는 어찌 할 도리가 없다. 충청과 전라 두 도에 남은 배가 있는가? 지금으로서는 남은 배를 수습하여 방어할 계책을 세우는 길뿐이다."

대신들은 선조가 수습책을 내놓으라는 지시에도 불구하고 말 한마디 없이 한참 동안 침묵을 지키고 있었다. 그러자 선조는 목소리를 높여 대신들을 질책한다.

"경들은 어찌하여 대답들을 하지 않는가? 이대로 방치한 채 아무런 대책도 세우지 않을 셈인가? 대답을 않는다고 왜적이 물러나고 군사가 무사하게 될 것인가."

그때서야 영의정 유성룡이 아뢴다.

"답변을 드리지 않으려는 것이 아니고, 너무도 민망하고 죄송한 나머지 아무런 대책도 떠오르지 않아 미처 말하지 못하는 것입니다."

선조는 다소 누그러졌다.

"수군이 전몰한 것은 천운이니 어찌하겠는가. 통제사 원균이 죽었더라도 어찌 사람이 없겠는가. 각 도의 배를 수습하여 속히 방비해야 할 뿐이다."

선조는 칠천량 전투의 패전을 천운으로 돌린다. 패전에 대한 통렬한 반성이 있어야 대책이 세워지는 것인데, 패전을 하늘의 탓으로 돌리니 정말 어설프다. 이러하니 대책이 제대로 마련될 수 있을까?

한편 선조가 원균의 책임론을 거론하지 않자, 이순신 교체론을 주장했던 윤두수

등은 한 시름 놓는다.

이어서 선조는 한 마디 더 한다.
"척후병도 설치하지 않았단 말인가? 왜 후퇴하여 한산도라도 지키지 못했는가?"

선조의 눈에도 조선수군이 경계에 소홀한 것이 확연히 드러났다. 싸우다가 전세가 불리하면 후퇴를 하여 한산도라도 지켰어야 했는데 참으로 안타깝다.

유성룡이 다시 아뢴다.
"한산도와 매우 가까운 칠천도에 도달했을 때가 밤 10시 경이었는데 왜적은 어둠을 이용하여 잠입하였다가 불의에 포를 쏘아 우리 배 4척을 불태우니 너무도 다급한지라 추격하여 포획하지도 못하였고, 다음날 날이 밝았을 때에는 이미 왜선이 사면으로 포위하여 아군은 부득이 고성으로 향하였습니다. 육지에 내려 보니 왜적이 먼저 도착하여 이미 진을 치고 있었으므로 우리 군사는 미처 손쓸 사이도 없이 모두 죽음을 당하였다고 합니다."

다시 선조가 말한다.
"한산도를 고수하였어야 했는데 기어코 출병을 독촉하여 이와 같은 패배를 초래하게 하였으니 이는 사람이 한 일이 아니고 실로 하늘이 그렇게 만든 것이다. 말해도 소용없지만 어쩔 수 없는 일이라고 방치한 채 아무런 대책도 세우지 않을 수 있겠는가. 남은 배만이라도 수습하여 전라도와 충청도를 지켜야 한다."

그러면 조선 수군 배는 몇 척이나 전몰하였을까? 참전한 수군 배는 어림잡아

170여 척 정도이었다. 이는 삼도수군 전체 전함 190여척 중에 6월 말과 7월초에 있었던 두 번의 해전으로 행방불명된 20여척을 제외한 숫자이다. 이 중에서 경상우수사 배설 휘하의 12척은 한산도로 도망을 갔으니 158척이 피해를 입은 것이다.

그 당시 칠천량 전투에는 거북선도 5~7척 있었다 한다. 이 거북선도 모두 침몰되었다. 2008년 6월부터 경상남도는 침몰된 거북선을 찾기 위하여 수년간 탐사를 하였다. 그러나 아직까지 거북선을 찾았다는 소식이 없다.

이윽고 병조판서 이항복이 아뢴다.

"지금의 계책으로는 통제사와 수사를 차출하여 계책을 세워 방어하는 길밖에 없습니다."

선조는 "그 말이 옳다"고 하면서 다시 묻는다.

"왜적의 수가 매우 많았으니 당초에 풍파에 쓸려 죽었다는 설은 헛소리였다. 그들을 감당하지 못하더라도 한산으로 후퇴했더라면 형세가 좋고 막아 지키기에도 편리하였을 것인데 이런 요새를 버렸으니 매우 잘못된 계책이다. 원균이 일찍이 절영도 앞바다에는 나가기 어렵다고 하더니 과연 이 지경에 이르렀다. 도대체 왜적의 배가 전보다 대단히 크다고 하는데 사실인가?"

선조의 물음에 우의정 김응남이 "그렇습니다."라고 대답하였다.

일본은 도요토미 히데요시풍신수길의 특명으로 조선을 다시 침략하고자 전선을 건조하였다. 조선의 판옥선에 대항하기 위하여 배를 크게 만들었는데 그 배가 바로 아타케부네안택선이다. 길이 70척, 너비 40척의 큰 배는 대포도 쏠 수 있었다.

이어서 선조는 탄식한다.

"풍신수길이 항상 말하기를 '먼저 수군을 격파한 다음에야 육군을 노획할 수 있다' 고 했다 하더니 과연 그렇게 되었다."

지금까지 조선 수군은 왜군에게 한 번도 진 적이 없었다. 조선 수군은 명나라도 인정하는 막강 군대였다. 그런 조선 수군이 일본의 기습 전략에 허둥대다가 모두 죽고 말았다. 너무 자만한 탓이었을까. 선조 말대로 천명이었을까.

하기야 천하무적이라는 스페인 함대도 1588년에 해적 출신 드레이크가 이끄는 영국 함대의 기습 작전에 패하였다. 이로 인하여 영국은 유럽의 해양강국이 되었다.

선조는 조선 수군의 전몰이 믿기지 않은 듯 병조판서 이항복에게 다시 묻는다.

"전군이 모두 패몰되었는가, 혹 도망하여 살아남은 자도 있는가?"

이항복이 대답하였다.

"넓은 바다라면 패전하였더라도 혹 도망하여 나올 수 있지만 지금 이 상황은 그렇지 않아 비좁은 지역에 정박하였다가 갑자기 적선을 만나 궁지에 몰려 하륙하였으니 대체로 전군이 패몰되었을 것입니다."

선조는 해도海圖를 살펴보며 이항복에게 가리켜 보이면서 말하길, "후퇴해 나올 때, 견내량에 이르기 전에 고성에서 적병을 만나 이와 같이 패배를 당했단 말인가? 저쪽을 경유하였다면 한산으로 쉽게 퇴진하였을 것인데 이곳을 경유하여 패배를 당하였는가?"

이항복은 "그렇습니다." 하였다.

다시 유성룡이 아뢴다.

"한산을 잃는다면 남해는 요충지인데 지금 이곳도 필시 왜적에게 점거 되었을 것입니다."

경상우수사 배설은 견내량을 통과하여 한산도로 향하였다. 배설은 한산도에서 섬 주민을 육지로 피신시키고 군량과 무기창고 등을 모두 불태운 뒤에 남해 쪽으로 도망하였다. 한산도를 손아귀에 넣은 왜군은 운주당을 불태우고 미처 도피하지 못한 남녀노소 백성들을 모두 살육하였다.

왜군의 잔악상은 극에 달하였다. 조경남의 〈난중잡록〉을 읽어 보자.

당초에 풍신수길이 금오를 보낼 때에 명령하기를, "해마다 군사를 보내어 그 나라 사람을 다 죽여 빈 땅을 만든 연후에 일본 서도의 사람을 이주시킬 것이니, 10년을 이렇게 하면 성공할 수 있을 것이다. 다만 사람은 귀는 둘이고 코는 하나뿐이니 사람 한 명 죽인 것을 표시하는 의미로 코 하나를 베어 바치고, 코를 한 되씩 채운 뒤에야 생포하기를 허락한다. 운운"하였으므로, 왜군은 이번에 조선에 나와서는 사람만 보면 번번이 코를 베었다. 그 뒤 수십 년간 조선에서는 코 없는 사람을 매우 많이 볼 수 있었다.

02

선조, 이순신을 전라좌수사겸 삼도수군통제사로 임명하다

1597년 7월 22일에 선조가 주재한 어전회의 내용을 계속하여 살펴보자.

경림군 김명원이 "장수를 보낸다면 누가 적임자가 되겠습니까?"라고 선조에게 아뢰었다. 이어서 병조판서 이항복은 "오늘의 할 일은 단지 적절한 인재 선발에 있습니다."라고 말하였다.

그런데 선조는 수군 장수 임명에 대한 답변은 하지 않고 아예 화제를 바꾸어 버린다.

"원균은 처음부터 가려고 하지 않았으나 남이공의 말을 들으면 배설도 '비록 군법에 의하여 나 홀로 죽음을 당할지언정 군졸들을 어떻게 사지에 들여보내겠는가.' 라고 했다고 한다. 이번 일은 도원수 권율이 통제사 원균을 독촉했기 때문에 패배가 있게 된 것이다."

그런데 1597년 7월 1일의 선조수정실록에는 "경림군 김명원과 병조 판서 이항복이 '현재의 계책으로는 이순신을 다시 통제사로 삼아야만 된다.' 고 선조에게 아뢰니 선조가 따랐다"고 적혀 있다. 선조가 김명원과 이항복의 건의에 동의한 것이다.

김명원과 이항복이 아뢰니 선조가 따랐다는 사실은 유성룡의 '징비록' 과 신경의 '재조번 방지' 에서도 확인된다.

그러면 '징비록' 에서 관련 기록을 읽어 보자.

당연한 것이지만 한산도의 패전 소식에 조정에서는 물론 모든 백성들의 놀라움이 참으로 컸었다. 임금께서 비변사의 신하들을 불러 앞으로의 대책을 물었다. 놀랍고도 당황스러워 할 뿐 아무도 의견을 내놓지 못했다. 그 때 경림군 김명원과 병조판서 이항복이 나직이 아뢰었다.

"이번의 패전은 원균 탓입니다. 생각건대 마땅히 이순신을 다시 기용하여 삼도수군통제사로 삼는 길 뿐이옵니다."

선조 임금께서는 그 말에 그대로 따르셨다.

그러면 여기에서 선조가 말한 도원수 권율 책임론에 대하여 살펴보자. 7월 22일의 어전회의에서 선조는 처음에는 칠천량 해전의 패전을 천운 즉 하늘 탓으로 돌리었다. 그런데 이번에는 도원수 권율이 책임이 있다고 말하고 있다. 사실인즉, 도원수 권율이 수군통제사 원균을 독촉한 것은 선조의 어명이 있었기 때문이었다. 부산으로 출정하지 않은 원균에게 강력한 경고까지 한 선조가 아니었던가?

그런데 조선 수군이 전몰하자 선조는 권율에게 책임을 지우고 자신은 슬쩍 발을 빼고 있다. 이 얼마나 약삭빠른 임금인가. 책임 질 생각은 안하는 임금. 이런 임금을 믿고 왜적과 싸워야 하니 참 답답하다.

한편 선조는 권율 책임론을 거론하면서 원균을 옹호하고 있다. 원균 책임론은 선조 책임론과 맞물려 있다. 아무튼 선조의 원균에 대한 애정은 남달랐다. 나중 일이지만 1604년선조 37년에 선조는 대신들의 반대에도 불구하고 패장인 원균을 이순신, 권율과 함께 선무1등 공신으로 최고 예우를 하였다.

이렇게 선조가 원균 책임론을 희석시키려 함에도 불구하고 비변사와 사관은 칠천량 패전 책임이 원균에게 있음을 분명히 하고 있다. 그 근거가 바로 1598년 4월 2일자 선조실록이다. 이 날의 실록을 살펴보자.

선조가 비변사에 하명하였다.

"지난해 한산 싸움의 패배에 있어 수군 제장들에 대하여 즉시 공과 죄를 가려내어 법대로 처리했어야 했는데도, 아직까지 고식적인 습관에만 젖어 위엄을 밝히는 교훈을 보여줄 생각을 않고 있다. 지금까지 한 사람의 죄도 바로잡지 않고 한 사람의 공도 포상하지 않고서 그들로 하여금 죄를 진 채 공을 세워 속죄하도록 하자는 것에 불과한데, 이에 대하여 비변사는 어떠한 소견을 가지고 있는지 모르지만 그렇게 하다가는 비록 한신韓信과 백기白起 같은 명장이 되더라도 싸움을 승리로 이끌지는 못할 것이다. 도원수마저도 대수롭잖은 일로 보아 한 명의 교위라도 목을 베어 군율을 크게 진작시키지 않고 있으니, 어떻게 일을 성사시킬 수 있겠는가. 옛사람이 삼군으로 하여금 죽는 것을 영광으로, 살아 있는 것을 치욕으로 생각하게 할 수 있었던 것은 오직 상벌이

분명했기 때문이다.

지금 한산도 해전 싸움에 대하여 실시한 상벌은 어떠한가. 이 일은 그냥 둘 일이 일이 아니니 서둘러 공과 죄를 가리어서 상벌을 시행해야 할 것이다. 세월이 점점 오래되고 나면 사실을 밝히기가 쉽지 않을 것이다."

비변사는 선조의 하명에 대하여 다음과 같이 아뢰었다.

"원균이 주장으로서 절제를 제대로 하지 못하여 적들로 하여금 불의에 기습을 감행하도록 하여 전군이 함몰되게 하였으니 죄는 모두 주장에게 있다 하겠습니다. 그러나 그 아래 각 장사들의 공죄에 대해서도 신상필벌을 행하여 군기를 바로잡지 않으면 안 됩니다."

비변사가 이번 패전의 책임은 수군 총수인 원균에게 전적으로 있다고 선조에게 말하자 선조는 "원균 한 사람에게만 핑계대지 말라"라고 답한다. 선조는 끝까지 원균을 옹호하고 있다. 선조가 이렇게 말 한 것은 원균을 천거한 이산해와 윤두수가 그렇게 말하도록 임금에게 아뢴 탓이다.

한편 1598년 4월 2일의 실록 말미에는 사관의 평가가 붙어 있다.

'사신은 논한다. 한산의 패배에 대하여 원균은 책형磔刑: 기둥에 묶어 놓고 창으로 찔러 죽이는 형벌을 받아야 하고 다른 장졸들은 모두 죄가 없다. 왜냐하면 원균이라는 사람은 원래 거칠고 사나운 하나의 무지한 위인으로서 당초 이순신과 공로 다툼을 하면서 백방으로 상대를 모함하여 결국 이순신을 몰아내고 자신이 그 자리에 앉았기 때문이다.

겉으로는 일격에 적을 섬멸할 듯 큰소리를 쳤으나, 지혜가 고갈되어 군사가 패하자 배를 버리고 육지로 올라와 사졸들이 모두 어육이 되게 만들었으니, 그때 그 죄를 누가 책임져야 할 것인가.

한산에서 한 번 패하자 뒤이어 호남이 함몰되었고, 호남이 함몰되고서는 나랏일이 다시 어찌할 수 없게 되어버렸다. 세상 돌아가는 것을 주의 깊게 살펴보건대 가슴이 찢어지고 뼈가 녹으려 한다.'

그러면 여기에서 다시 7월 22일의 어전회의로 돌아가서 선조와 신하들의 발언을 살펴보자.

선조가 말하였다.

"만약 왜적이 움직인다면 수천에 불과한 중국 군사가 방어할 수 있을 것인가. 그들이 이런 말을 들으면 반드시 나를 겁쟁이라 여겨 그들의 조소를 받을 것이나 명나라 마귀 도독의 군사는 만 명도 채 못 되고 양원의 군사도 3천 명 정도이니 어떻게 남원을 지킬 수 있겠는가. 만약 왜적이 돌아서 호남 연해에 정박한다면 남원 지방 정도는 마치 큰길 가운데 손가마를 놓아둔 것과 다름이 없는데 양원이 홀로 방어할 수 있겠는가. 만약 중국의 군사가 많이 집결되면 서로西路는 그런대로 보존할 수 있을지도 모르나 하삼도下三道, 경상 · 전라 · 충청도는 수습하기가 어려울 것이다."

병조판서 이항복이 아뢰었다.

"왜적이 혹 광양 · 순천으로 향하면 양원이 혼자 지킬 수가 없습니다."

사실 그랬다. 왜군은 수륙 양군이 광양, 순천을 거쳐 구례를 지나 남원으로 진격하였다. 그리하여 8월 16일에 명나라 장수 양원이 지키는 남원성은 함락되고 말았다.

다시 유성룡이 아뢴다.

"지금은 중국의 군사를 믿을 만하지 못하니, 마땅히 남은 배로 강화도 등지를 수비해야 합니다."

유성룡은 서울 수비를 걱정하고 있다. 이 말은 뒤집으면 전라도는 왜적의 수중에 들어가도 방어 능력이 없어서 어쩔 수 없다는 의미이기도 하다.

이어서 이순신 모함에 앞장선 전 좌의정 윤두수가 아뢴다.

"비록 잔여 선박이 있다 하더라도 군졸을 충당하기가 어려우니 아직은 통제사를 차출하지 말고 각도의 수사로 하여금 우선 그 지방의 군졸들을 수습하여 각기 지방을 지키게 하는 것이 어떻겠습니까?"

윤두수가 삼도수군통제사 차출을 미루자고 선조에게 아뢰는 것은 이순신이 통제사가 되는 것을 다시 한 번 막고자 함이다. 이 발언에는 이순신이 통제사가 되면 자신들이 보복을 당할 수 있다는 두려움이 스며있다.

그런데 윤두수는 현실과 너무 동떨어진 말을 하고 있다. 원균, 이억기, 최호 등 수군사령관이 이미 실종되어 수군 지휘에 공백이 생긴 상황에서 어떻게 수군 차출이 가능하단 말인가. 더구나 조선의 전함들이 모두 침몰된 상태인데 어떻게 수군 진용을 재정비할 수 있단 말인가.

요즘 같으면 대통령이 주재하는 국가비상안보회의에서 안보 부총리가 발언한 군사전략치고는 너무나 유치하고 하수이다.

윤두수의 발언이 이렇다 보니 선조 임금이나 다른 대신들도 윤두수의 말에는 전혀 관심을 보이지 않고 이야기를 아예 다른 곳으로 돌린다.

이윽고 선조가 말한다.

"내 말이 지나친 염려인 듯하지만, 명나라 장수들은 늘 우리 수군을 믿는다고 했는데, 지금 이 같은 패전 보고를 들으면 중국 군대가 혹 물러갈 염려가 있으니, 만약 그렇게 될 경우에는 어떻게 해야 하는가?"

선조는 명나라 군대의 철수를 우려한다. 이어서 이항복이 아뢴다.

"아마도 경솔하게 물러가지는 않을 것입니다."

다시 선조가 말한다.

"한산은 왜적과 가까운 거리에 있으므로 외로운 군사로는 지킬 수 없을 것이니 조금 후퇴하여 전라우도를 지키게 하는 것이 좋을 것이다."

유성룡이 아뢴다.

"그렇게 하면 결국 남해를 빼앗기고 말 것입니다."

조선 수군이 전멸하였으니 왜군의 남해안 진출은 파죽지세이다. 선조는 남해를 아예 포기하고 멀찍이 전라우도를 방어선으로 설정하고 있다.

이어서 선조가 말한다.

"내가 확실히 알지는 못하나 지금 수군이 전몰하였다는 소문이 퍼졌다면 남방 인심이 이미 놀라 흔들릴 것이니 다시는 어떻게 할 도리가 없을 것이다. 그러나 어떻게 할 수 없다고 하여 아무런 계책도 세우지 않을 것인가. 어찌 죽기만을 기다리고 약을 쓰지 않을 수 있겠는가. 단지 민망하고 송구스러움만 부르짖는다고 왜적이 물러나 도망하겠는가."

유성룡이 대답한다.

"남해와 진도를 지키다가 감당하지 못하면 물러나서 다른 요새지를 택하여 지키는 것이 옳을 것입니다."

남해와 진도는 해상 요충지였다. 남해는 전라도로 가는 초입이고 진도는 서해안으로 가는 길목이다. 진도가 무너지면 서해안은 무사통과이다. 강화도까지는 금방 간다. 이러면 서울도 위험하다.

끝으로 선조가 마무리 발언을 한다.

"우리나라는 위로 중국이 있으니 왜적의 소유가 될 리는 없다. 그러하니 나라 지키는 일에 할 수 있는 데까지 힘을 다하여야 할 것이다."

오늘따라 선조의 의기가 대단하다. 신하들의 사기를 돋우려는 말을 자주 하고 있다.

한편 선조는 어전회의가 끝나자마자 대신들의 무기력을 질책하고 분발을 촉구하는 비밍기를 비변사에 내린다. 이는 7월 22일 선조실록 4번째 기사에 실려 있다.

비망기로 승정원에 전교하기를,

"오늘날 조정의 대신들이 사기를 잃고 소리도 제대로 내지 못하고 있으니, 아, 슬프도다. 평일에는 사리를 논의하는 데에 날카롭고 국사를 계획하는 데에도 있는 계책을 다하여 심지어 모두가 서울을 지키자고 하고 나를 겁쟁이라고 기롱하더니 오늘에 이르러서는 어찌하여 이와 같이 사기가 상실되었는가. 마음속으로 근심만 한다고 왜적이 저절로 물러갈 것인가. 옛날에 육수부는 애산에 표류해 있을 때도 오히려 국사를 도모하였다."

육수부는 남송 말기의 대신이다. 1276년에 원나라가 송나라를 침입하여 중국 대륙이 거의 함락되고 황제 공제도 사로잡혀 송나라의 국운이 이미 기운 때에, 육수부는 복주에서 장세걸 등과 함께 단종을 황제로 옹립하고 계속하여 원나라에 대항하였다.

그는 1278년에 단종 황제가 죽자 8세밖에 안 된 어린 임금 위왕을 옹립하고 자신이 좌승상이 되어 끝까지 송나라의 명맥을 지키다가 1279년 2월에 애산厓山: 지금의 광동성 신회의 남쪽에서 원의 장수 장홍범의 침공을 받아 위왕을 등에 업고 바다에 뛰어들어 죽었다. 그리하여 남송은 멸망하고 말았다.

"오늘날 국사가 비록 절박하다고 하나 위로는 부모와 같은 중국이 있고 또 중국 장수가 중외에 배치되어 있으니 어찌 우리나라가 끝내 일어나지 못할 리가 있겠는가.

그리고 싸움에서 이기고 지는 것은 병가의 상사이니 한산에서 전패한 것은 근심할 필요가 없다. 한나라 고조는 열 번 싸워 아홉 번 패하였으나 끝내 천하를 차지하였으며, 팽성 전투에서 50만 군이 초나라 항우에게 전멸을 당했어도 한나라 조정 대신들이 이 때문에 사기가 꺾였다는 말을 듣지 못했다. 또한 옛 제왕과 장상들 중에 혹 단기로 도망하여 여러 날 먹지 못해 죽을 지경에 이른 자도 많았으나 대부분은 넘어졌다가도 다시 일어나서 성공을 거두었다.

내가 비록 불민하기는 하나 중국 장수의 뒤를 따라 동서로 치빙馳騁: 여기저기 부산하게 돌아다님하기를 원할 뿐이요 사민들로 하여금 홀로 죽게 하지는 않을 것이다. 지금과 같은 상황에서 대신들이 무기력한 태도를 가져서는 안 되니 어쨌든 이런 때일수록 여러 가지 처사를 허술함이 없이 치밀하게 행하지 않을 수 없다. 이런 뜻을 비변사에 이르라."

선조는 한나라를 세운 유방 이야기를 들먹이고 있다. 유방은 항우에게 72번이나 연속 패하였지만 단 한 번의 전투에서 이김으로서 항우를 자살케 하고 천하를 통일하였다. 누구나 한번은 읽었음직한 소설 초한지가 바로 유방과 항우의 패권 다툼 이야기이다.

선조의 편지를 받자 비변사가 응답한다.

"삼가 하교를 받드니 임금님의 그 분발하신 뜻은 군신들의 위축된 사기를 다시 일으키기에 충분합니다. 이에 신들은 너무도 감격되고 부끄러운 마음 금할 길 없어 도리어 아뢸 바를 모르겠습니다. 신들은 극히 어리석으나 오늘의 상황은 나가면 한 번 죽는 것이요 물러나더라도 돌아갈 곳이 없으니, 자신을 독려하고 분발함으로써 죽을 띵에서 삶을 찾는 것 외에 다른 선택이 없다는 것을 알고 있습니다.

다만 신들이 외람하세도 국가 기밀을 담당하는 중책에 있으면서 계책을 잘못 써서 국사를 이 지경에 이르게 하였으니, 이 때문에 망설이며 사기가 저하되어 물음을 받고도 답할 바를 모른 것입니다.

그러나 지금 상의 교지를 받들고 보니 중외의 인심이 어느 누가 사기를 돋우지 않겠습니까. 옛날에 대업을 이룬 자는 백 번 싸워 백 번 패하더라도 지기는 꺾이지 않았습니다. 성상의 뜻이 이와 같으니 왜적의 환난은 염려할 것도 없습니다. 다만 신들이 어리석은 탓으로 밝으신 상의 교지를 받들어 이 어려운 상황을 헤쳐 나가지 못할까 두려울 뿐입니다."

다시 선조가 화답한다.

"임금과 신하는 죽게 되면 같이 죽는 것이다. 경들은 별로 실책한 일이 없을 뿐더러 더구나 성패는 하늘에 달려 있는 것이니, 경솔하게 좌절하지 말고 더욱 계획을 치밀하게 구성하고 조치하도록 하라."

한편 선조는 이 날 경상도 초계에서 백의종군중인 이순신을 전라좌수사 겸 삼도수군통제사로, 권준權俊 1541~1611을 충청수사로 임명한다.

03

이순신, 백의종군 중에 선조의 임명장을 받다.

경상남도 합천군 초계의 도원수 권율 밑에서 백의종군 하고 있던 이순신은 칠천량 해전이 있은 지 이틀 뒤인, 7월 18일 새벽에 조선수군이 전몰하였다는 소식을 듣는다. 그는 통곡한다.

조금 있다가 도원수 권율이 이순신을 찾아왔다. 두 사람은 한참동안 말이 없다가, 권율이 먼저 말을 꺼내었다. "일이 여기에 까지 이르렀으니 어찌하면 좋겠소?" 오전 10시가 되어서까지 두 사람은 대책을 세울 수가 없었다. 그러자 이순신은 권율에게 "내가 해안지역으로 가서 직접 보고 듣고 한 후에 대책을 세우면 어떻겠습니까?" 라고 말하였다. 권율은 매우 반가워하며 이를 승낙하였다.

이순신은 지체 없이 송대립, 유황, 윤선각, 방응원, 현응진, 임영립, 이원룡, 이희남, 홍우공 등 군관 9명과 함께 길을 떠났다. 전투 상황 파악에 나선 것이다. 패전 상황을 제대로 알아야 난국 수습책이 나올 수 있다는 판단을 한 이순신. 정말 전략가답다. 언제나 현장에 답이 있다.

이순신과 같이 대동한 군관 중에는 송대립宋大立 1550~1597이 있었다. 그는 고흥 출신으로서 임진왜란이 일어나자 동생 송희립과 함께 통제사 이순신을 모시었다.

길을 떠난 이순신은 삼가현에 이른다. 이곳에서 이순신은 곧 부임한 삼가현감과 한치겸을 만나 오랫동안 이야기를 하였다.

19일에는 하루 내내 비가 내렸다. 이순신은 단성현경남 산청군 단성면 동산산성에 올라 정세를 살피었다. 20일에도 하루 종일 비가 내렸는데 이순신은 단성현감을 다시 만났고, 진주 정개산성 아래 강정에 이르러 진주목사를 만났다.

이 날 이순신은 굴동하동군 옥종면 문암리 이희만의 집에서 잤다. 이희만은 임진왜란 때 삼부자가 군수품 조달에 힘쓴 사람이다.

7월 21일에 이순신은 진주를 떠나 오후에 노량에 이르렀다. 칠천량 해전에서 살아남은 거제현령 안위와 영등포 만호 조계종 등 10여명이 그에게 와서 통곡하였다. 또 피해 나온 군사와 백성들도 울부짖지 않는 사람이 없었다. 그러나 경상우수사 배설은 도망가고 보이지 않았다. 배설, 참 한심하다.

이순신은 경상우후 이의득이 찾아왔기에 만나서 패할 당시의 정황을 물어보았다. 사람들은 모두 울부짖으면서 말하기를 "대장 원균이 적을 보자 먼저 육지로 달아나고 여러 장수들도 모두 그를 따라 육지로 달아나 이 지경에 이르렀습니다."라고 하였다. 또한 "원균의 잘못은 말로 다 할 수가 없고 그 살점이라도 뜯어 먹고 싶다”고 하였다.

이 날 이순신은 거제 소속 배 위에서 자면서 거제현령 안위와 새벽 2시까지 이야기 하였다. 그는 잠시도 눈을 붙이지 못하여 눈병을 얻었다.

7월 22일 아침에 경상우수사 배설이 이순신을 보러 왔다. 배설은 이순신에게 원균이 패하여 죽은 사실을 장황하게 말하였다. 이 날 조정은 비로소 칠천량 패전 보고를 받고 선조의 주재 하에 어전회의를 열었다. 그리고 이순신을 다시 전라좌수사 겸 삼도수군통제사로 임명한다.

이홍훈 집 – 하동군 옥종면 청룡리 굴동 마을
(이순신은 1597년 7월 24일부터 7월 26일까지 이곳에 머물렀다.)

23일에 이순신은 공문을 작성하여 송대립에게 주어 권율이 있는 원수부에 보냈다. 패전과 관련하여 수군과 백성들을 만난 동향을 보고한 것이다. 이후 이순신은 하동군 굴동에서 지내면서 사람들을 만난다.

7월 27일에 이순신은 정개산성 건너편에 있는 손경례의 집진주시 수곡면 원계리으로 거처를 옮겨 진주목사 등과 대책을 논의하면서 6일간 머문다. 이중 7월 29일에는 정개산성 밑에서 말을 달리며 군사를 점검하여 보았는데, 한심하게도 도원수가 내어준 군사들은 모두 말도 없고 활도 없어 아무 쓸모가 없었다.

8월 2일 밤에 이순신은 이상한 꿈을 꾸었다. 임금의 명령을 받을 징조가 있는 꿈이었다. 이순신은 꿈에 현몽을 자주 하였다. 어머니 변씨 부인이 돌아가시었을 때도 꿈을 꾸었고, 아들 면이 죽었을 때도 심란한 꿈을 꾸었다.

8월 3일 이른 아침에 이순신은 선전관 양호로부터 교서와 유서 그리고 유지를 받는다. 그것은 선조가 그를 다시 삼도수군통제사로 임명한다는 것이었다.

7월 23일에 작성된 교서의 제목은 '상중에 다시 3도통제사를 임명하는 교서起復授職 三道統制使 教書'이다. 기복起復이란 원래 어버이의 상중에는 벼슬길에 나서지 않는 것이 조선의 예법인데 이런 관례를 깨고 상중이라도 벼슬을 받는다는 의미이다.

그러면 여기에서 이순신이 받은 임명장의 전문을 읽어 보자.

> "임금은 이와 같이 이르노라.
> 아! 나라가 의지하여 보장으로 생각해 온 것은 오직 수군뿐인데, 하늘이 화를 내린

것을 후회하지 않고 다시 흉한 칼날이 번득이게 함으로써 마침내 우리 대군이 한 차례의 싸움에서 모두 다 없어졌으니, 이후 바닷가 여러 고을들을 그 누가 막아낼 수 있겠는가. 한산도를 이미 잃어 버렸으니 왜적들이 무엇을 꺼려하겠는가.

초미의 위급함이 조석으로 닥쳐온 상황에서 지금 당장 세워야 할 대책 은 흩어져 도망간 군사들을 다시 불러 모으고 배들을 거두어 모아 급히 요해처에 튼튼한 큰 진영을 세우는 길 뿐이다. 그렇게 함으로써 도망갔던 무리들이 돌아갈 곳이 있음을 알게 될 것이고, 한참 덤벼들던 왜적들 또한 막아낼 수 있을 것이다.

그러나 이 일을 책임질 수 있는 사람은 위엄과 은혜와 지혜와 재능에 있어서 평소 안팎으로 존경을 받던 이가 아니고는 이런 막중한 임무를 감당해 낼 수 없을 것이다.

생각하건대 그대의 명성은 일쩍이 수사로 임명되던 그 날부터 크게 드러났고, 그대의 공로와 업적은 임진년1592년의 큰 승첩이 있은 후 부터 크게 떨쳐 변방의 군사들은 마음속으로 그대를 만리장성처럼 든든하게 믿어 왔었는데, 지난번에 그대의 직책을 교체시키고 그대로 하여금 죄를 이고 백의종군하도록 했던 것은 역시 나의 모책이 좋지 못하였기 때문에 그렇게 된 것이며, 그 결과 오늘의 이런 패전의 욕됨을 만나게 된 것이니, 더 이상 무슨 말을 하리오! 더 이상 무슨 말을 하리오!

이제 짐은 그대를 상복 중에 기용하고 또 그대를 백의 가운데서 뽑아내어 다시 옛날같이 전라좌수사 겸 충청 · 전라 · 경상 3도 수군통제사로 임명하는 바이니, 그대는 부임하는 날 먼저 부하들을 불러 어루만져 주고 흩어져 도망간 자들을 찾아내어 단결시켜 수군 진영을 만들고 나아가 형세를 장악하여 군대의 위풍을 다시 한 번 떨치게 한다면 이미 흩어졌던 민심도 다시 안정시킬 수 있을 것이며, 적들 또한 우리 편이 방비하고 있음을 듣고 감히 방자하게 두 번 다시 들고 일어나지 못 할 것이니, 그대는 힘쓸

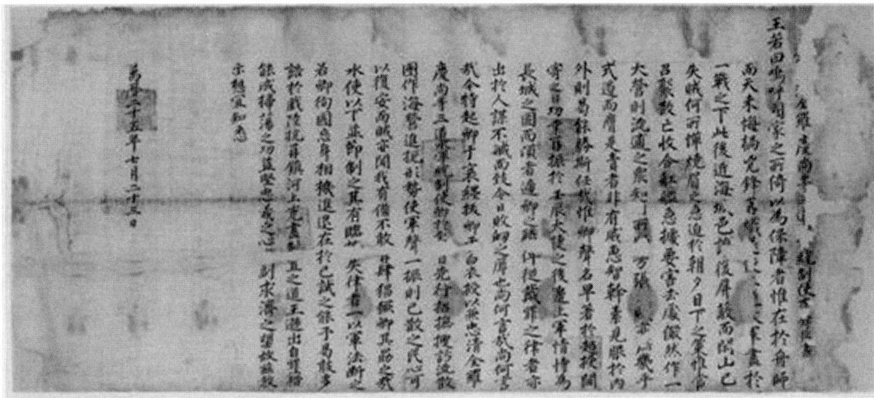

기복수직교서 – 아산 현충사 소재

지어다.

수사 이하 모두 다 그대가 지휘하고 통제하되 만약 일에 임하여 규율을 어기는 자가 있거든 누구든 군법대로 처단하도록 하라.

그대가 나라를 위해 자기 몸을 잊고 기회를 보아 나아가고 물러남은 이미 그대의 능력을 다 시험해 보아서 알고 있는 바이니, 내 어찌 감히 많은 말을 보태겠는가.

아! 저 육항중국 삼국시대의 오나라 장수이 국경의 강 언덕 고을을 두 번째 맡아서 변방의 군사 임무를 완수했으며 저 왕손명나라의 관리. 성품이 곧아 남의 모함에 빠져 귀양 갔다가 다시 풀려나 복직되었음이 죄인의 몸으로 적을 소탕한 공로를 세웠던 것처럼, 그대는 충의의 마음을 더욱 굳건히 하여 나라 구제해 주기를 바라는 나의 소망을 이루어주기 바라면서, 이에 교서를 내리노니 그렇게 알지어다."

선조는 교서에서 이순신을 통제사에서 물러나게 하여 수군 패전을 초래하게 한 점에 대하여 후회를 하고 있다. 이순신을 백의종군케 한 점도 유감을 표시한다. 그리고 나라를 구제하여 달라며 간곡하게 부탁한다.

교서를 읽은 이순신은 지난 날 자신을 죄주고 죽음직전까지 몰고 간 임금에 대한 원망은 없었다. 그에게는 오직 조속히 수군을 재건하여 나라를 구하여야 한다는 일념뿐이었다. 이순신은 선조가 내린 교서와 유서에 절을 한 뒤에 서장을 써서 봉해 올리고 곧 바로 길을 떠났다. 이제 백의종군 길은 끝났다. 지금부터는 수군 재건 길이다.

04

이순신, 전라도에서 수군 재건에 나서다.

8월 3일에 경상도 진주 손경례의 집에서 임명장을 받은 전라좌수사 겸 삼도수군통제사 이순신은 곧바로 전라도로 길을 떠난다. 수하에는 군관 9명과 졸병 6명뿐이었다.

이순신 일행은 오후 8시께 하동 땅 행보역하동군 횡천면 여의리에 이르러 말을 쉬게 하고, 자정이 넘어서 길을 떠나 두치에 이르니 먼동이 트려고 하였다. 이윽고 쌍계동하동군 화개면 탑리에 도착하니 새로 내린 비로 물이 불어 있었다.

간신히 냇가를 건너서 석주관구례군 토지면 연곡리에 이르자 구례현감 이원춘이 복명하고 있다가 이순신을 만났다. 그는 적을 토벌할 일에 대하여 많은 이야기를 하였다.

날이 저물어 구례현에 이르니 경내 전체가 적막하였다. 성 북문 밖구례군 구례읍

손경례의 집 (진주시 수곡면 원계리 소재)
– 이순신은 이곳에서 전라좌수사겸 삼도수군통제사 임명장을 받았다.

봉북리의 전날 머물렀던 집에서 여장을 풀었다.

곧 손인필이 찾아왔는데 곡식까지 지고 왔다. 손인필은 4월 26일과 5월 14일에 이순신이 백의종군하여 권율의 원수진 초계로 갈 때에 숙소를 제공한 사람이다. 구례군 구례읍 봉북리에는 손인필 비각이 세워져 있다.

손인필 비각 (구례군 소재)

한편 7월 16일 칠천량 해전으로 조선수군을 몰살시키고 남해안을 완전히 장악한 왜군은 울산 죽도성에서 회의를 열고 육군은 전라도와 충청도 지방을 점령하고 수군은 전라도 해안을 침범할 계획을 세운다.

왜군은 군대를 2개부대로 나누어 진군한다. 우키타 · 고니시 등이 이끄는 5만 6천명의 좌군은 남해안을 따라 하동, 구례, 남원을 거쳐 전주에 도착하도록 하고, 모리수원과 가토가 이끄는 6만 명의 우군은 거창, 안의, 진안을 거쳐 전주로 향하도록 하였다.

7월 28일부터 행동을 개시한 왜군은 8월 3일에 이미 진주를 함락시키고 육군은 하동으로 진격하고, 수군은 섬진강을 건너고 있었다.

8월 4일에 이순신 일행은 압록강원곡성군 죽곡면 압록리에 이르러 점심밥을 짓고 말의 여물을 먹였다. 고산현감이 군사들을 넘겨주기 위해 왔다가 수군에 관한 일을 많이 하였다. 정오에 이순신이 곡성읍에 이르니 관아와 여염집들이 텅 비어 있었다. 이순신은 곡성에서 하룻밤을 지냈다.

8월 5일 아침을 먹고 길을 떠나 옥과현곡성군 옥과면 경계에 이르니 피난 가는 사람들로 길이 가득 메워졌다. 이순신은 말에서 내려 이들을 타일렀다. 피난민들은 울부짖고 곡하면서 말하기를 "사또가 다시 오셨으니 이제 우리는 살았다"고 하였다.

백성들이 이순신을 보자 안심을 한 것이다. 옥과현으로 막 들어설 때 이순신은 이기준 부자를 만났다. 이기준은 거북선 돌격장을 한 사람이다.

고을에 이르니 정사준과 정사립이 마중 나왔다. 역전의 용사들이 이순신 휘하로 하나 둘씩 모여들고 있다. 정사준은 순천 사람으로 이순신의 종사관인데, 조선 조총인 정철 총통을 만든 과학자이다. 옥과현감 홍요좌가 병을 핑계대고 나오지 않다가 잡아내어 처벌하려고 하니 찾아왔다. 참 딱한 노릇이다. 고을 원님이 이렇게 꽁무니만 빼고 있으니.

한편 전쟁 상황은 급박하게 돌아가고 있었다. 고니시 등 선봉은 사천 · 남해 등지를 분탕질 하고, 가토는 이미 초계 · 함안을 통과하였다.

시마즈 등의 군사는 곤양의 금오산과 노량 등지에 배를 대고 산중을 수색하여 사람을 죽이고 관청과 민가를 모두 불태우며 하동을 지나 진주 · 섬진강으로 들어왔다. 진주 목사는 이미 정개 산성을 버리고 경상우병사는 악견산성을 버렸다. 전라병사 이복남은 퇴각하여 옥과로 향하였다.

8월 6일에 이순신은 옥과에서 머물렀다. 이 날 송대립은 이러한 왜적의 동태를 시시각각 파악하여 이순신에게 동향 보고하였다.

8월 7일에 이순신은 일찍 떠나 곧바로 순천으로 갔다. 이순신은 길에서 선전관 원집을 만나 밀지를 받았다. 전라병사 이복남 관하의 군사들은 모두 산성과 진지를 버리고 도망가는 데 그 행렬이 길 위에 연달아 있었다. 이순신 일행은 이들에게서 말 3필과 활과 화살 약간을 빼앗았다. 이순신은 곡성의 강정마을곡성군 석곡면 유향리에서 잤다.

8월 7일에 고니시가 이끄는 왜군은 구례를 점령하였다. 석주관을 지키고 있던 구례 현감 이원춘은 적의 기세에 눌려 남원으로 퇴각하였다.

이순신과 왜군은 간발의 차이로 다른 길을 가고 있다. 왜군은 남원으로 향하고 있고, 이순신은 곡성에 머무르고 있다. 참으로 아슬아슬하다.

한편 왜군이 본격적으로 전라 · 경상도를 침공하자, 임금과 조정대신들은 가족을 피난시키기에 급급하였다.

8월 7일에 사간원은 왕비가 서울을 떠날 준비를 하고 있다는 소문을 진정시켜 달라고 간언한다. 다음날 선조는 사간원 언관들을 질책한다. 언관들이 조정 대신들 가족을 피난시키는 것에 대하여는 아무런 탄핵도 안 하고, 유독 왕비만 피난 못 가도록 간언한 것에 못마땅해 한 것이다. 나라를 책임지는 임금과 조정대신들이 나라를 지킬 생각은 안 하고 자기 살기에만 혈안이 되어 있으니 정말 나라꼴이 말이 아니다. 이러니 어느 누구가 나라를 지킬 것인가?

8월 8일에 사헌부는 선조에게 군대의 기강 확립을 지시할 것을 건의하였다. 여러 장수들이 성을 버린 채 흩어지고, 군사들은 왜군이 온다는 소문만 듣고도 도망가는 사태가 여기저기에서 벌어지고 있었다. 이런 모습이 개탄스러워 사헌부가 나선 것이다.

선조는 도체찰사에게 군율을 엄정히 하라고 지시한다. 그런데 이런 어명이 실제로 지방 수령들에게 잘 먹혀들까. 심히 의심스럽다.

8일 새벽에 곡성을 떠난 이순신은 부유창순천시 주암면 창촌리에서 아침을 먹었다. 부유창은 전라병사 이복남이 명령하여 불을 질렀기 때문에 재만 남아 있었다. 참으로 참담하였다.

광양현감 구덕령, 나주 판관 원종익 등이 부유창 아래에 있다가 통제사 이순신이 왔다는 말을 듣고 급히 달아났다. 고을 수령들이 도망만 다니고 있다. 이순신이 화를 내면서 즉시 전령을 내리자 그들은 다시 찾아왔다. 이순신은 광양현감 등이 이리저리 옮겨 피해 다닌 것을 크게 꾸짖었다. 그들은 모두 전라병사 이복남에게 죄를 돌렸다.

이순신 일행은 곧장 길을 떠나 순천에 이르니 성 안팎에 인적이 드물었다. 이윽고 스님 혜희惠熙가 이순신을 찾아 와서 인사하였다. 이순신은 그에게 의병장 임명장을 주었다.

순천부에는 관청과 창고에 곡식과 군기 등이 그대로 있었다. 달아난 병사들이 미처 처리하지 못한 결과였다. 이 일은 오히려 이순신에게 큰 도움을 주었다. 이순신 일행은 처음으로 군수품을 얻은 것이다. 이순신은 병기 가운데 장편전은 군관들을 시켜 짊어지게 하고, 총통과 같이 운반하기 어려운 것은 깊이 땅에 묻고 표시를 하도록 하였다.

8월 9일에 이순신 일행이 일찍 길을 떠나 낙안순천시 낙안면에 이르니 많은 사람들이 5리 까지 나와서 환영하여 주었다. 백성들은 이순신이 다시 왜적을 물리쳐 주길 기대하고 있다.

이어서 이순신 일행은 도망가는 많은 백성들을 보았다. 까닭을 물어보니 모두들 말하기를 "전라병사 이복남이 왜적이 가까이 왔다고 미리 겁을 먹고는 창고에 불을 지르고 물러갔기 때문에 백성들도 흩어져 도망간 것"이라고 하였다. 관청에 들어갔더니 인기척이 전혀 없었고, 관청 건물과 창고와 병기들이 모두 다 타버린 뒤였다. 관리와 백성들은 모두 눈물을 흘리며 지켜보았다.

8월 9일 오후에 이순신 일행은 길을 떠나 십리쯤 가니 늙은이들이 길가에 늘어서서 다투어 그들에게 술병을 바쳤다. 이순신 일행이 술을 받지 않자 노인네들은 울면서 강제로 권하였다.

전라도 백성들은 이순신에게 큰 기대를 걸고 있다. 나라를 구해줄 이는 오직 이순신뿐이라는 믿음을 가지고 있다.

05

이순신, 보성에서 8일간 머무르다.

8월 9일에 이순신 일행은 낙안에서 보성으로 향하였다. 도중에 순천부사 우치적과 김제군수 고봉상이 합류하였다. 이순신의 조카 이분李芬이 쓴 이순신 행록에는 '8월 3일에 진주에서 출발할 때 군관 9명과 병졸 6명 도합 15명밖에 안 된 군사가 순천에서는 60명이 되었고 보성에 이르렀을 때는 120명으로 늘어났다' 고 적혀 있다. 이순신을 따랐던 장수와 병사들이 속속 모여들고 있다.

이 날 저녁에 이순신은 보성 조양창보성군 조성면 조성리 유천리 고내마을에 도착하였다. 다행히 창고의 곡식은 봉인된 채 그대로 있었다. 이순신은 이곳에서 많은 군량을 확보할 수 있었다. 그는 군졸 4명을 시켜 조양창을 지키게 하였다.

이후 이순신은 8월 16일까지 8일간을 보성에서 머문다. 보성은 이순신과 인연이 깊은 곳이다. 그의 장인 방진이 보성군수를 하였다. 이순신은 21세가 되던 해인 1565년에 상주 방씨와 결혼했다.

그런데 한 가지 흥미로운 것은 이순신 결혼에 당시 병조판서였던 이준경이 중매를 섰다는 사실이다. 이준경은 을묘왜변 때 전라도 순찰사로서 왜구를 소탕하였다. 을묘왜변은 1555년 5월에 왜구가 선박 70여척으로 일시에 전라남도 남해안 쪽에 침입하면서 일어난 변란이다. 왜구들은 달량포해남군 북평면를 침입하였고, 해남 어란포 · 장흥 · 영암 · 강진 등 일대를 횡행하면서 노략질을 하였다. 이 때 절도사 원적, 장흥부사 한온 등이 전사하고 영암군수 이덕견은 포로가 되는 등 사태가 매우 긴박하였다.

이에 조정에서는 호조판서 이준경을 도순찰사, 김경석 · 남치훈을 방어사로 임명하여 왜구를 토벌하였다. 또한 영의정 이준경은 1567년에 명종이 승하하자 명종비 심왕후의 뜻을 보필하여 선조를 즉위시킨 명재상 이었다.

한편 이순신의 장인 방진은 이순신에게 무과시험을 권유한 사람이기도 한데, 방진의 무남독녀인 부인 방씨 또한 대단한 여장부이었다. 그녀에 대한 일화는 '이충무공전서' 에 적혀 있다.

정경부인 상주방씨는 충무공의 부인이다. 부친의 이름은 진震인데 벼슬은 보성군수를 지냈다. 그녀는 매우 배포가 큰 여장부이었다.

이런 일화가 있나. 그녀의 나이 12세 때 화적들이 집에 쳐들어왔다. 아버지 보성공이 화살로 도둑을 쏘다가 화살이 다 떨어 졌다. 그는 집안사람들에게 화살을 가져오라고 하였다. 그러나 도둑들이 집안 여종들과 내통하여 화살을 몰래 빼 돌렸으므로 남은 화살이 없었다. 이 때 방씨부인은 기지를 발휘하였다. 베 짜는 데 쓰는 대나무 다발을 화살인양 다락에 힘껏 던지었다. 그리고 "아버님 화살 여기 있습니다."라고 소리쳤다.

이 소리를 듣자마자 도둑들은 놀라서 도망쳤다. 명사수 보성공이 화살이 두둑하니 그들 목숨이 온전하지 못하리라 생각하였기 때문이다.

8월 10일에 이순신은 몸이 불편하여 김안도의 집에서 계속 머물렀다. 동지 배흥립도 같이 있었다. 배흥립은 고부 출신인데 흥양현감으로 한산대첩에 참여하는 등 이순신을 보필한 충실한 부하였다.

8월 11일 아침에 이순신은 거처를 양산원의 집으로 옮겼다. 이윽고 송희립과 최대성이 찾아왔다. 송희립은 고흥 출신으로 임진왜란이 일어나자 형 송대립, 아우 송정립과 함께 이순신의 휘하에서 활약하였다. 1592년 5월 4일에 이순신이 첫 전투인 옥포해전에 나설 때 장수들 간에 전라좌수군의 관할권 논의가 있었는데, 이때 경상도 바다로 출전을 강력히 주장한 사람이 송희립이었다. 송희립은 1597년 9월 16일 명량 해전에서 이순신과 함께 승선하여 왜적을 물리쳤고, 1598년 11월 노량해전에서 이순신이 절명하자 이순신 대신 북을 치며 수군을 지휘하여 노량해전을 승리로 이끌었다. 순천 충무사에는 이순신과 정운 그리고 송희립의 신위가 모시어져 있다.

최대성은 보성 출신으로 임진왜란이 일어나자 이순신을 따라 옥포 · 합포 · 웅포해전 등 여러 전투에서 전공을 세웠다. 1597년 정유재란 때 최대성은 아들 언립 · 후립과 가노家奴까지 총동원하고 의병 수천 명을 모아 모의장군이란 기치를 달고 의병장으로 나섰다.

그는 순천 · 광양 · 고흥 · 보성 등 20여 곳에서 송대립 · 전방삭 · 김덕방 · 황원복 등과 함께 여러 전투에서 이겨 백성들을 구출하였다. 안타깝게도 그는 1598년

6월 전라도 보성의 안치전투에서 전사하였다.

8월 12일 아침에 이순신은 장계의 초안을 작성하면서 보성에 머물렀다. 늦게 거제현령 안위, 발포만호 소계남이 와서 이순신의 명령을 들었다. 이순신은 그들에게서 배설이 겁을 먹고 당황하고 두려워하는 모양을 전해 들었다. 이순신은 괘씸하기 짝이 없다고 탄식한다. 이런 자들이 권세 있는 자들에게 아첨이나 해서 자신이 감당하지 못할 자리에까지 승진하여 국가의 일을 크게 그르치고 있건만 조정은 이를 살피지 못하고 있으니.

13일에 거제현령와 발포만호가 인사하고 돌아갔다. 우후 이몽구가 전령을 받고 왔는데 여수 본영의 군기들을 하나도 싣고 오지 않았다. 이순신은 크게 화가 나서 곤장 80대 때려 보냈다. 다른 군인들은 그렇다 치고 이순신과 생사고락을 같이 한 장수도 이렇게 혼이 나갔으니 참으로 한심하다.

이윽고 하동현감 신진이 와서 이순신에게 전황을 보고하였다. 초 3일 이순신이 떠난 뒤에 조선군은 진주의 정개산성과 벽견산성을 모두 포기하고 빠져 나갔고 스스로 불을 지르기까지 하였단다. 이순신은 매우 통탄스러웠다.

한편 8월 12일에 선조는 후궁과 왕자를 먼저 해주로 피난시키라는 명을 하달한다. 이에 대하여 사헌부와 승정원, 홍문관이 일제히 피난 명령을 중단하라고 간언하였다. 민심이 요동치고 있는데 왕실이 먼저 피난하면 어떻게 되느냐는 것이다. 8월 15일에 선조는 별 수 없이 후궁과 왕자의 피난계획을 중단시킨다. 참, 무책임한 임금이다.

8월 14일 아침에 이순신은 여러 내용을 담은 장계 일곱 통을 봉하여 윤선각을 시켜 보냈다. 이 날 저녁에 이순신은 어사 임몽정을 만나려고 보성군에 당도하였다. 밤에 비가 크게 왔다. 이순신은 숙소를 옮겨 열선루列仙樓에서 잤다.

열선루는 보성 관아 바로 뒤에 있는 누각이다. 보성군청 바로 뒤에 보성초등학교가 있다. 보성초등학교로 들어가서 뒷길로 올라가면 제칠일안식일 예수재림교 보성교회가 있다. 이 교회가 바로 열선루가 있었던 자리이다.

보성군청은 보성관아 자리이고, 보성초등학교는 보성군수 관사와 객관이 있던 자리였다. 원래 열선루의 이름은 취음정翠陰亭이었는데 1486년성종 17년에 군수 신경이 중건을 하고 열선루로 이름을 고쳤다.

1544년에 사량진 왜변이 일어나자, 판옥선을 만들 것을 상소한 청백리 송흠1459~1547도 1504년부터 1506년까지 3년간 보성군수를 하였다. 그의 문집 '지지당유고'에는 송흠이 열선루에서 지은 시가 남아있다.

산양의 열선루에서 차운함

왜적은 은덕을 아예 저버리고 웅천을 침노하고 있고
대장은 군사를 뱀나루 가에 주둔시켰네.
노심초사하여 몸소 생각하여 보니
임금의 은혜를 갚고자 하는 마음뿐일세.

이 시를 읽으면 송흠이 얼마나 왜구의 침범에 노심초사하고 있었는지를 알 수 있다.

이순신도 마찬가지였다. 민족 명절인 추석 대보름이 바로 내일인데 나라가 이렇게 큰 위험에 처하였으니 어찌 잠이 올 것인가.

06

신에게는 아직도 12척의 배가 있나이다.

보성 열선루에서

8월 15일에 이순신은 보성 열선루에서 선조의 유지諭旨를 받는다. 선전관 박천봉이 가져왔는데 8월 7일에 작성된 것이었다. 그 내용은 "수군의 전력이 너무 약하니 권율의 육군과 합류해 전쟁에 임하라"는 명령이었다. 이는 사실상 수군을 폐지하겠다는 뜻이었다.

선조의 유지를 읽은 이순신은 착잡하였다. 조속히 수군을 재건하여 나라를 구하라고 교지를 내린 지가 보름도 채 안 지났는데 이제는 수군을 폐지하고 육군이 되라하니. 수군 재건을 위하여 홀로 혼신을 다하고 있는 이순신을 지원하여 주지는 못할망정 이런 공문을 보내어 실의에 빠지게 하고 있으니.

그러면 여기에서 8월 15일의 '난중일기'를 읽어 보자. 이순신은 불편한 심정을 일기에 적어 놓고 있다.

8월 15일

비가 계속 내리다가 늦게 개었다.

밥을 먹은 후 열선루에 나가 앉았다. 선전관 박천봉이 유지를 가지고 왔다. 그것은 8월 7일에 작성된 공문이었다. 영의정유성룡은 경기도 지방을 순찰중이라 한다. 곧 받았다는 장계를 작성하였다. 보성의 군기를 점검하여 네 마리 말 위에 갈라 실었다.

저녁에 밝은 달이 수루 위를 비추치는 것을 보았으나 마음이 매우 편하지 않았다.

여기에서 또 다른 난중일기인 '교감본'의 기록도 읽어 보자. 일기가 다소 다르게 적혀 있다.

"8.15 비가 계속 내리다가 늦게 개었다.
선전관 박천봉이 유지를 가지고 왔는데 8월 7일에 작성한 것이었다.
곧바로 잘 받았다는 장계를 작성하였다. 과음해서 잠들지 못했다."

이 두 일기를 읽으면 두 가지 공통점이 있다. 첫째는 이순신이 선조의 유지를 잘 받았다는 장계를 작성한 것과 둘째는 이순신의 마음이 편하지 않은 점이다.

이순신은 선조의 유지를 받고 그 유명한 "지금 신에게는 아직도 12척의 배가 있나이다.今臣戰船尙有十二"라는 장계를 작성한다. 이는 승지 최우해가 지은 '충무공 이순신 행장'에 나와 있다.

임진년으로부터 5, 6년간 왜적이 감히 호남과 충청에 돌입하지 못한 것은 우리 수군이 적의 진격로를 막았기 때문입니다. 지금 만일 수군을 전폐시킨다면 이것이야말로 적에게는 순풍에 돛을 달듯이 다행한 일로 왜적은 호남과 충청 연해를 거쳐 단번에 한강까지 도달할 것입니다.

바로 이것이 신이 두려워하는 바입니다.
지금 신에게는 아직도 12척의 전선이 있습니다. 今臣戰船尙有十二
죽을힘을 다하여 싸우면 적의 진격을 저지할 수 있을 것입니다.
비록 저의 전선수가 적다하나 戰船雖寡
보잘 것 없는 신이 아직 죽지 않은 한, 微臣不死
적이 감히 우리를 업신여기지는 못 할 것입니다. 則敵亦不敢侮我矣

이 장계를 쓰면서 이순신은 무척 고민하였을 것이다. 선조의 어명을 따르느냐 아니면 수군을 포기할 수 없다고 하느냐의 갈림길에서 몇 달 전에 선조에게 당했던 고초를 떠 올렸을 것이다.

그런데 이순신은 선조의 명령보다는 수군 재건을 먼저 생각하였다. 수군을 포기하는 것은 왜군이 가장 바라는 것인데 어찌 수군을 폐지할 것인가. 왜군이 두려워하는 것은 이순신이 이끄는 수군인데 어찌 육군이 된단 말인가.

이순신은 장계에서 수군을 포기 할 수 없다는 의지를 분명히 하였다. 임금의 어명을 따르지 않겠다고 한 마당에 나의 길은 오로지 조속히 수군재건을 하여 국난을 극복하는 길 뿐이라고 생각하였다.

한편 이순신은 시름을 앓았다. 술 취하지 않고서는 잠을 이룰 수 없었다. 수군을 폐지하고 육군이 되라하니 어찌 시름이 없었을까. 조선 배 12척으로 600척이 넘은

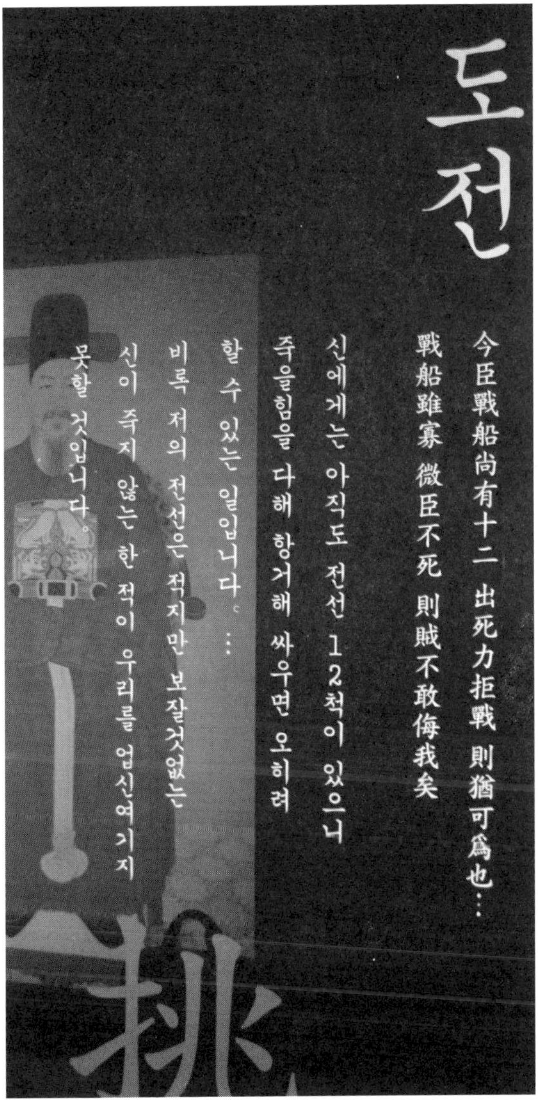

이순신의 장계 – 신에게는 아직도 12척의 배가 있나이다.
– 서울시 광화문 충무공 이야기 기념관

일본 수군과 싸워야 하니 어찌 아픈 마음이 안 생기랴. 민족의 큰 명절인 추석날, 보름달이 떠 오른 밤에 이순신은 술을 많이 마시고도 잠을 못 이루었다.

일부 학자들은 이 날 이순신이 한산도가閑山島歌를 읊었다고 주장하고 있다. '이순신과 임진왜란 제4권비봉출판사 발간' 262 페이지에는 이순신이 1597년 8월 15일에 읊었다고 하는 한산도가 친필 글씨가 소개되어 있다. 또한 1999년에 보성문화원이 주관이 되어 '이순신장군과 보성 열선루'에 대한 학술발표도 있었다.

그러면 이 날 이순신이 읊었다는 한산도가를 살펴보자.

한산도가　閑山島歌

한산섬 달 밝은 밤에 수루에 혼자 올라　寒山島明月夜上戍樓
큰 칼 불끈 잡고 깊은 시름 하는 차에　撫大刀深愁時
어디에선가 들려오는 피리 소리, 이내 시름 더해주네.　何處一聲羌笛更添愁

정유 중추 이순신 읊음　丁酉仲秋 李舜臣 吟

보성 열선루에서 지은 한산도가 친필 글씨가 있다니 이는 대서특필감이다. 일반적으로 한산도가는 이순신이 통영 한산도 수루에서 읊은 것으로 알고 있다. 그런데 또 다른 한산도가가 있다니.

여기에서 이순신이 한산도에서 읊은 한산도가를 살펴보고 보성 열선루에서 읊은 한산도가와 비교하여 보자.

한산도가　閑山島歌

한산섬 달 밝은 밤에 수루에 홀로 앉아　閑山島明月夜上戍樓
큰 칼 옆에 차고 깊은 시름 하는 차에　撫大刀深愁時
어디에선가 일성호가는 남의 애를 끊나니　何處一聲羌笛更添愁

이 두 시조를 비교하여 보면 두 시 모두 제목이 한산도가閑山島歌이고, 본문도 단 한 글자만 다르고 모두 같다. 즉 통영 한산도 수루는 본문 첫 글자 한이 한가할 한閑이고 보성 열선루는 차가운 한寒인 점 외에는 한시의 글이 모두 똑 같다.

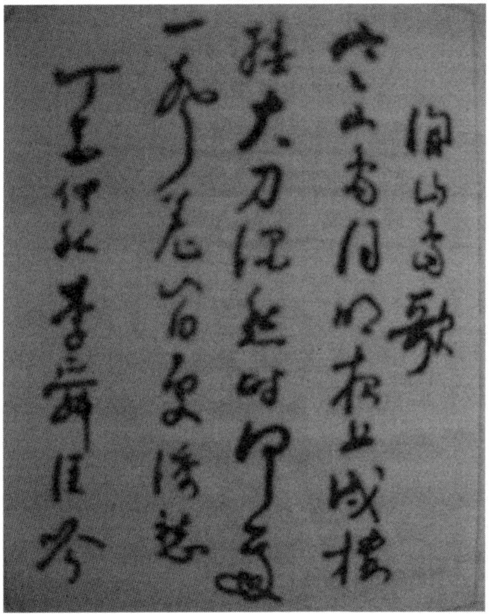

한산도가 – 보성에서 읊은 시

그렇다면 이순신이 읊은 한산도가는 어느 것이 진짜일까? 진위를 따지기에 앞서서, 곰곰이 생각하면 이순신이 예전에 한산도에서 읊었던 한산도가를 보성에서는 한가한 마음의 한閑자를 차가울 한 寒자로 바꾸어 읊었을 수도 있다.

이순신이 '난중일기'에 쓴 것처럼, 보성 열선루에서 지낸 추석날 밤에 과음하고도 잠 못 이룰 정도로 마음이 착잡하였다면 차디 찬 마음으로 한산도가를 또 다시 읊었을 만하다.

그러니 한산도가는 한산도에서 읊었느니, 아니 보성에서 읊었느니 하는 논란을 일으킬 필요가 없다. 통영과 보성 두 군데에서 모두 읊었다고 해석하면 자연스럽게 문제가 풀린다.

한 가지 덧붙일 것은 선조는 통제사 이순신의 장계에 대하여 더 이상 언급을 하지 않았다는 점이다. 이순신이 알아서 하라고 한 것이다. 선조는 어차피 없어질 수군이라고 생각하였는지도 모른다. 이 당시 왜군은 부산 본영에만 배가 600척이었다. 반면에 조선수군은 겨우 12척의 배 뿐이었다. 아무리 전쟁의 신 이순신이라도 왜군을 이길 수 없는 상황이었다.

이 자리에서 전라남도나 보성군에 한 가지 건의하고 싶은 것은 보성교회 근처에 열선루에 관한 안내판을 하나 세웠으면 한다. 열선루가 바로 이순신 수군 재건 길의 하이라이트이기 때문이다.

열선루 터 – 보성교회 근처 (보성군청 뒤에 있다.)

07

남원성 함락되다.

남원 만인의총에서

남원하면 생각나는 것이 무엇일까? 고전소설 '춘향전' 에 나오는 춘향이다. 관광객들은 춘향이가 그네를 탔다는 광한루를 가장 구경하고 싶어 한다. 그러면 역사에서 남원은 어떤 흔적을 남기고 있는가? 그것은 남원성 함락이다.

1597년 8월 16일에 남원성은 왜군에 의해 무너졌다. 명나라 총병 양원과 전라병사 이복남이 이끄는 4천명의 조명 연합군은 우키다와 고니시가 지휘하는 5만6천명의 왜군과 3박4일간 치열하게 싸우다가 전멸하였다.

남원성 전투의 흔적을 찾기 위하여 남원을 간다. 먼저 가는 곳은 남원시 향교동에 있는 만인의총이다. 입구에서 만인의총 안내판을 읽는다. 안내판에는 '남원성 전투에서 만 여 명에 달하는 민 · 관 · 군이 죽었고 파괴 또한 극심하여 성안에는 민가가 17가구 밖에 안 남았다. 광해군 때 충렬사 사당을 지었고 근래에 무덤과 사당을 이곳으로 옮겨와 성역화 하였다' 고 적혀 있다.

의롭게 숨진 조상들의 절개를 느끼면서 경건한 마음으로 안으로 들어간다. 먼저 기념관부터 구경한다. 기념관은 입구에서부터 볼거리가 많다. 입구에는 남원부지도와 왜군 남원성 침공 작전도가 전시되어 있다. 눈길이 가는 것은 왜군 남원성 침공 작전도이다. 이 지도는 남원성 침공에 참전한 왜군 가와가미 후사구니가 작성한 것인데, 그동안 일본 가고시마현 도서관에 묻혀 있던 것을 일본으로 끌려간 전라병사 이복남의 11대 후손인 이가정문李家正文이 찾아내어 1992년에 남원에 보낸 것이란다.

기념관 안으로 들어갔다. 여기에는 임진왜란침공상황도와 남원성전황도, 정기원 · 마응방 · 박계성의 교지가 벽에 붙어 있다. 남원성 전투 기록화도 있다.

남원은 호남 곡창의 관문이자 서울로 통하는 길목으로 전라도와 충청도를 지키는 전략적 요충지였다. 조정에서도 이곳의 중요성을 알고 방어를 게을리 하지 않았다.

1597년 5월에 명나라 총병 양원이 이끄는 요동군 3천명이 남원에 주둔한다. 양원은 남원성을 보수하는 등 전쟁에 대비한다.
8월초에 5만6천명의 일본 육군과 수군은 남원으로 진격을 한다. 총대장은 우키다 히데이에, 선봉장은 고니시 유키나가이고, 장수들은 시마즈 요시히로 · 하치스가 이에마사 · 조소카베 모토치카 · 이코마 가즈마사 등이었다. 또한 도도 다카도라 · 와기사카 야스하루 · 가토 요기아키가 이끄는 일본 수군도 합류하였다.

이리하여 우키다 · 고니시 등이 이끄는 육군은 남해안을 따라 하동, 구례로 진격하였고, 도도 · 와기사카가 이끄는 일본 수군은 8월 3일에 두치진전남 광양시 다압면 소재에 들어왔다.

8월 6일에 구례현감 이원춘은 왜적의 기세에 밀려 석주관에서 퇴각하여 본성으로 돌아와 창고를 불살랐다. 이윽고 그는 군사를 이끌고 남원으로 향하였다.

8월 7일에 고니시가 이끄는 왜군은 구례를 점령하였다. 구례 · 곡성 지역은 아수라장이었다. 이순신은 이 날의 난중일기에서 "옥과에서 순천으로 가는 길에서 전라병사 이복남 관하의 군사들을 만났다. 그들은 모두 산성과 진지를 버리고 도망가는 데 그 행렬이 길 위에 연달아 있었다. 이들에게서 말 3필과 활과 화살 약간을 빼앗았다"고 적고 있다.

8일에 왜군이 몰려온다는 소식을 접한 명나라 총병 양원은 명군 유격장 진우충과 전라병사 이복남에게 남원성으로 들어오라고 전갈을 보냈다. 전라병사 이복남

만인의총 기념관 입구 (전북 남원시 향교동 소재)

의 군사는 1천명, 전주를 지키고 있는 진우충은 2천명의 군사가 있었다.

이날 운봉현감은 급히 보고를 하였다. "구례의 적들이 몰려오고, 영남 좌우도의 적도 이미 거창 · 산음 등지에 이르러 모두 분탕질하였습니다."

9일에 흉악한 왜적은 둔산령屯山嶺을 넘어서 여러 마을을 불 지르며 남원 가까이 왔다. 백성들은 피난 가느라고 북새통이었다.

'난중잡록' 을 지은 조경남도 깊은 산속으로 대피하였는데 당시의 긴박한 상황을 일기에 자세히 적어 놓고 있다.

8월 10일에 총병 양원은 남원부사 임현으로 하여금 교룡산성蛟龍山城 안에 있는 가옥을 모두 불사르게 하고 남원성 밖의 민가도 전부 불태우게 하였다.

남원에는 두 개의 성이 있었다. 평지에 남원성이 있고 산에는 교룡산성이 있었다. 일찍이 명나라 참장 낙상지는 남원성을 보수하였고, 또 교룡산성도 지킬 만한 곳이라고 여겨 여러 고을의 군사를 동원하여 성을 수리하고 성가퀴를 더 쌓았다.

그런데 총병 양원은 교룡산성을 버리고자 하였다. 접반사 정기원과 남원부사 임현은 양원에게 다음과 같이 건의하였다.

"교룡산성은 천하에 험하기로 이름난 요새지이니 만약 버리고 지키지 않는다면 적의 근거지가 될 것입니다. 본부의 민병은 힘을 다하여 본성을 지키고, 다른 고을의 백성은 모두 산성으로 들어가게 해야 할 것입니다. 그리고 교룡산성과 본성인 남원성이 자모진子母陣이 되어 성세聲勢를 이루어 서로 의지한다면 어찌 좋은 계책이 아니겠습니까."

그러나 양 총병은 비웃으면서 조선군의 무능부터 비난하였다.

"근래 누국안婁國安의 말을 들으니 조선 수군이 접전할 때에 오직 한 배의 장사만이 싸움에 항거할 계책을 세웠을 뿐 그 밖에는 모두 지레 물에 뛰어들어 죽거나 혹은 해안으로 기어올라 도망하여 흩어지니, 왜적들이 비웃으며 말하기를 '우리가 조선 군사를 패망시킨 것이 아니라 조선 군사 스스로가 패망한 것이다. 만약 많은 군사를 이끌고 곧바로 남원으로 향한다면 누가 감히 우리를 대적할 것인가' 라고 말하였다."

양원의 이 말은 7월 16일 칠천량 해전의 패전을 조선 수군의 무력함 탓으로 돌리는 치욕적인 발언이었다.

이어서 양원은 "그대 나라의 사람들은 멍청하고 겁이 많으니 만약 적을 보고 붕괴된다면 장차 어떻게 할 것인가"라고 말하면서 교룡산성을 지키자는 조선 지휘관들의 건의를 아예 무시하고 평지에 있는 남원성 고수만을 결정하였다.

한편 양원이 교룡산성을 포기한 것은 하책 중에 하책이었다. 이 당시 군량 지원을 챙기러 온 호조참판 이광정이 남원성 안에 머물러 있다가 남문으로 향하여 나오면서, "우리나라 군사가 산성을 맡아 지킨다면 직책은 비록 다르나 나도 또한 죽음으로써 함께 지키려 하였는데 산성이 이미 파하였으니 여기 있어야 무슨 소용이 있으랴" 하였다.

8월 12일에 전라병사 이복남, 조방장 김경로, 교룡산성 별장 신호 등이 장사 50명과 수 백 명의 군사를 이끌고 남원성으로 들어왔다.

이복남의 군사들은 남원으로 오는 도중에 슬슬 도망을 하여 겨우 50여 명만 남았다. 이복남은 길에서 조방장 김경로를 만났다. 그는 기뻐하며 손을 잡고 같이 죽기로 맹세하고 말고삐를 나란히 하여 진군하여 비홍령飛鴻嶺을 넘어서니 왜군은 이미 남원성 가까이 도착하였다.

이복남이 이를 바라보고 눈을 부릅뜨고 말하였다.
"군부君父의 급한 환란을 구하는 것이 오늘이 아닌가, 국가의 큰 은혜를 갚는 것도 오늘이 아닌가. 병졸은 분발함으로써 날래지고 군사는 곧음으로써 강해지니 생사와 화복을 어찌 논할 것인가."

그리고는 나팔과 태평소를 불고 북을 치면서 만복사萬福寺 앞 대로를 따라 행군하여 남문으로 들어갔다.

이 때 왜적들은 놀라서 한참 동안 바라보았다. 왜적들이 묻기를 "저 사람은 누구이기에 저렇게 당돌하냐?" 하니 사로잡힌 조선 사람들이 "전라병사 이 아무개이다."라고 하였다.

한편 전주에 있는 진우충은 아예 움식이지 않고 있었다. 가토 기요사마가 전주로 쳐들어오고 있다는 소문도 진우충이 남원으로 가는 것에 부담을 주었을 것이다.

그런데 정말 어이없는 일은 갓 부임한 전라도 관찰사 황신이 전주 감영에서 부안군 변산으로 피신한 것이다. 황신은 1596년 명나라와 일본의 강화회담 결렬 때에 일본에 파견된 조선 사신이었다. 전라도를 책임지는 최고 수장이 저 혼자 살려고 도망을 갔으니 어찌 남원이 제대로 지켜질 수 있을 것인가.

만인의총 기념관에서

만인의총 기념관에서 남원성 전투 기록화를 감상한다. 이 그림은 4점인데, 1597년 8월 12일 이복남의 남원성 입성, 8월 14일 왜군의 공격과 조명 연합군의 반격, 8월 15일 총병 양원의 왜군 사신과의 면담, 8월 16일 조선군의 최후 전투상황이 설명문과 함께 전시되어 있다.

그러면 8월 13일부터 8월 16일까지의 남원성 전투 상황을 자세히 살펴보자. 이 기록은 '선조실록'과 '선조수정실록', 조경남의 '난중잡록', 이긍익의 '연려실기술', 유성룡의 '징비록' 그리고 신경의 '재조번 방지' 등에 실려 있다.

8월 13일

왜군은 성 밑까지 진출하여 선봉장 고니시의 지휘 아래 남원성을 완전 포위하였다. 먼저 고니시 등은 방암봉訪巖峰에 올라서 두 마리 용을 그린 큰 기를 세우고 포를 쏘며 대평소를 불더니 왜적들은 차례로 나뉘어 세 갈래 길로 전진하여 왔다.

조선과 명나라 연합군은 명나라 총병 양원이 지휘하였다. 양원은 이신방과 함께 동문에, 장표는 남문에, 모승선은 서문에, 전라병사 이복남은 북문에서 성을 지키고 있었다. 왜군은 남문은 우키다, 서문은 고니시, 동문은 하치수, 북문은 시마즈가 공격을 맡았다.

12시에 왜적 다섯 명이 곧장 동문으로 들어와서 돌다리 위에 늘어서므로 양원이 몰래 나가서 문밖 성안에 서서 장사를 뽑아 적을 쏘게 하였다. 조선의 명포수 김익룡 · 양득 · 정금 등이 일시에 총을 쏘니, 세 명이 그 자리에서 죽고 남은 두 명은 시체를 운반해 물러갔다.

오후 2시에 왜적 수만 명이 성 밖 백 보쯤에 와서 계속하여 총을 쏘고 고함쳤다. 성안에서는 진천뢰를 쏘았다. 그러자 왜군이 많이 다치고 퇴각하였다.

양원은 왜군이 목숨을 생각하지 않고 대낮에도 덤비니 밤에는 반드시 뛰어 넘어올 것이라고 여겨 마름쇠를 많이 박아놓고 직접 문밖에서 만일의 사태에 대비하고 있었다.

8월 14일

왜군은 성수원星宿原에서 산 가득히 내려오더니 성 밖에 이르러서는 사방으로 나뉘어 이전보다 두 배나 많은 인원으로 토목공사를 시작하였다. 긴 사다리를 많이 만들어 성에 오르는 도구로 삼고 해자를 메워서 길을 만들었다. 또한 민가의 판자를 가져다가 나무에 기대어 세우고 성 밖 민가의 담 벽을 뚫어서 총구를 만들었다. 그리하여 성안을 굽어보면서 조총을 쏘니 명나라 군사가 많이 죽어 동남쪽 성가퀴가 텅 비었다.

낮 12시 무렵에 왜군은 큰 소리를 지르며 돌진하였는데 포 소리가 천지에 울렸다. 서문 앞에 있던 왜적은 만복사의 사천왕상을 수레에 싣고 와서 성 밖에 돌며 시위하는 심리전을 펼치기도 하였다.

왜군이 이렇게 집요하게 공격하여 오자 양원은 매우 화가 났다. 양원은 말하기를, "적병이 연일 도전하고 아군은 움츠려들고 있으니 이제 군대를 내보내 공격해야 한다."하자, 중군 이신방이 말하기를, "이것은 좋은 계책이 아니니 성을 굳게 지켜 응원군을 기다리는 것만 못하옵니다."라고 하였다.

그러나 양원은 군사 천 명을 거느리고 성문을 열고 나가서 싸웠는데 적이 퇴각하므로 돌다리 밖에까지 쫓아나갔다. 잠시 후 왜적은 문밖에 잠복해 있다가 포위하려 하므로 양원은 나팔을 울려서 급히 성으로 돌아왔다.

8월 15일

왜적들은 성 밖에서 잡초와 벼를 베어 묶으며 크게 단을 만들고 있었다. 성안에서는 그것으로 무엇을 하려는지 알 수가 없었다. 양원은 전주에 있는 진우충의 군사가 오기만을 기다렸다. 그러나 아무런 기별이 없었다. 군사들은 더욱 초조하여졌다. 벌써 전투 3일째이다. 더욱이나 오늘은 한가위 보름날인데 비가 억수로 쏟아졌다.

양원은 동문의 성 위에서 바라를 두어 차례 울렸으나 성안은 고요하였다. 사람을 시켜 성 위에 올라가서 두어 번 크게 소리치게 하니, 왜적 다섯 명이 동문 밖에 와서 전갈이 있기를 청하였다. 양원은 통역관을 시켜 몇 마디 주고받게 하였다.

왜적들은 방암봉으로 달려갔다가 곧 다시 돌아와 몇 마디 말을 하였다. 양원은 그 자리에서 부하 두 사람을 내보내니 왜군들은 그들을 데리고 방암봉으로 갔다. 이후 명군은 선봉장 고니시와 만나 대화를 하였는데 고니시는 명군에게 음식을 대접하고 돌려보냈다.

저녁 때 고니시가 보낸 왜군 5명이 양원을 찾아왔다. 양원은 왜군을 용성관龍城館 자기 처소에 들어오게 하여 접견하였다. 왜군은 양원에게, “급히 성을 비우시오” 하였다. 양원은, “나는 열다섯 살 때부터 장수가 되어서 천하를 다니면서 싸워서 이기지 않은 전쟁은 없었다. 이제 정예한 군사 십만을 거느리고 와서 이 성을 지키고 있는데 물러나라고 하니 가소롭다” 하였다. 이에 왜적은 “천여 명 패잔병이 어찌 능히 백만의 군사를 당해내겠소. 명나라 장수가 조선에 무슨 은혜를 입었다고 후회할 일을 하는 것이오?”라고 하였다.

이 날 밤늦게 왜적은 짚단으로 참호를 메우고 풀단을 쌓았다. 그것은 성보다도 더 높았다. 조금 있다가 수많은 왜적들이 풀단을 딛고 성위로 올라왔다. 총력전을 펼친 것이다. 성안은 아수라장이었다. 명나라 병사들이 서로 울부짖기 시작하였고 백성들도 큰 혼란이었다.

8월 16일

왜군은 더욱 거세게 공격하여 새벽 2~3시경에 남문과 서문으로 뛰어 들어왔다. 그리고 명군과 조선군을 마구 죽였다. 살아남은 이들은 모두 북문으로 달려갔다.

이 때 왜적은 총병 양원에게 성 밖으로 나가라고 재촉하였다. 양원은 성이 결국 함락될 것을 알고 5십 명의 기병을 거느리고 포위를 뚫고 나왔다. 적군이 그를 쫓았지만 양원은 날쌔게 4, 5마리의 말을 한꺼번에 몰면서 자신이 탔던 말이 힘이 빠지면 다시 다른 말에 갈아타고 하여 무사히 성을 빠져 나갔다.

한편 명나라 총병 양원은 도망을 갔지만 전라병사 이복남이 거느린 조선군은 이복남의 진두지휘로 용감하게 잘 싸웠다. 양원은 남원성을 탈출할 때 이복남에게 사람을 보내어 성을 버리고 함께 피할 것을 권유하였다. 이에 이복남은 '나는 이 성과 더불어 운명을 같이 할 것을 맹세하였다. 어찌 죽음을 두려워하랴' 하고 거절하였다. 그는 부하에게 명령하여 나무 섶을 가져오게 하여 쌓아놓고는 언제라도 죽을 각오를 하고 오응정, 김경로와 함께 큰 칼을 뽑아 들고 독전하면서 왜적과 싸웠다.

그러나 더 많은 왜군이 몰려들어 조선군이 힘이 다하자, 전라병사 이복남은 방어사 오응정, 조방장 김경로, 구례현감 이원춘을 조용히 쳐다보며 "이제 우리 갈 길을 갑시다"하였다. 이들은 모두 태연자약하게 섶단으로 걸어가 불속에서 순절하였다. 이 광경을 지켜보고 있던 나머지 용사들도 피눈물을 흘리며 있는 힘을 다하여 왜적과 끝까지 싸우다가 모두 죽었다.

그런데 명나라 유격 진우충은 남원이 함락되자 바로 전주성을 버리고 도망쳤다. 고니시가 이끄는 왜군은 피 한 방울 흘리지 않고 전주를 점령하였다. 나중에 명나라는 총병 양원과 유격 진우충을 베어 죽이고 그 머리를 우리나라에 조리돌리었다.

남원성을 함락시킨 왜군은 정말 잔인하였다. 산하를 불태우고 사람을 닥치는 대로 죽이고 코를 베었다. 코는 전리품의 상징이었다. 이는 도요토미 히데요시의 지시에 의한 것이었다. 남원성 전투를 종군했던 일본 승려 쿄넨은 8월 16일자 '조선일기' 에 "성안 사람 남녀 할 것 없이 모두 죽여서 생포한 자는 없었다. 눈뜨고 볼 수 없는 처참한 상황이다. 알 수 없는 이 세상살이, 모두 죽어서 사라지는구나."라고 기록하고 있다.

우리나라 최초의 백과사전 '지봉유설' 을 편찬한 이수광1563~1628은 다음 시를 지어 남원성에서 순절한 이들을 위로하였다.

만인의총 기념관 내부

외로운 성에 피비血雨가 날리던 옛일을 생각하니　憶昔孤城血雨飛
서생書生은 겹겹 포위망을 깨뜨릴 힘이 없었네.　書生無力破重圍
지금 남은 자리엔 가을 풀만 쓸쓸한데　至今遺跡空秋草
흐르는 눈물이 석양의 나그네 옷 적시는구나.　淚入斜陽濕客衣

08

남원성 전투에서 순절한 사람들 (1)

팔충신 사적비, 충렬사에서

만인의총 기념관을 나와서 충렬사로 향한다. 외삼문인 충의문으로 가는 길에 팔충신 사적비가 있다. 이 비는 1872년에 세운 것으로 남원부사 이병석이 비문을 지었다.

비문에는 "1612년에 성안 동쪽에 사우를 세워 남원성 전투에서 순절한 접반사 정기원, 전라병사 이복남, 남원부사 임현, 전라방어사 김경로, 교룡산성 별장 신호, 남원부 판관 이덕회, 구례현감 이원춘 등 7충신과 따로 손공생의 위패를 모시고 춘추로 제사 지내었다. 1653년에 효종 임금이 사액하였고 1675년에 성안 서북쪽으로 이전하였으며 1836년에 사헌부 지평 오흥업을 추배하여 팔충신이 되었다"고 적혀 있다.

그러면 팔충신에 대하여 알아보자. 접반사 정기원은 1585년 문과에 급제하여 사헌부감찰, 형조좌랑 등을 역임했고 1589년에 사간원정언이 되었다. 1592년 임진왜란 때 사은사의 서장관으로 명나라에 갔다가 1594년 의주 행재소에 복명한 뒤 병조좌랑에 제수되었다. 이 해 가을에 안악현감에 제수되고, 이후 사간원 사간 · 승정원 우부승지 등을 역임하였다. 1596년 고급주문사告急奏聞使로 다시 명나라에 가서 심유경이 강화회담을 그르치고 왜군이 다시 침입해 올 움직임이 있음을 알렸다.

그는 정유재란 때 예조참판으로 명나라 총병 양원의 접반사가 되어 남원에 들어갔다. 양원은 왜군이 총공격을 하자 이기기가 어렵다고 판단해 정기원에게 피신을 권유했으나 그는 이를 거절하고, 서숙庶叔 기생己生을 통하여 "저는 이미 나라에 몸을 바쳤으니 염려하지 마십시오."라는 비장한 편지를 아버지에게 올린 뒤 왜군과 싸우다가 여러 장수와 함께 전사하였다. 그 때 나이 38세였다.

이복남은 일찍이 무과에 급제한 뒤 1592년에 나주판관이 되고 1593년에 전라방어사 · 충청조방장, 1594년 남원부사 · 전라병사, 1595년에 나주목사 등을 역임하였다. 1597년 1월에 그는 다시 전라병사가 되었는데 남원이 위험하자 군사 1천명을 이끌고 입성하였다. 그는 왜군과 결사 항전하였으나 중과부적으로 조방장 김경로, 교룡산성 별장 신호, 구례현감 이원춘 등과 함께 전사하였다.

임현은 율곡 이이와 우계 성혼의 문인으로서 일찍부터 덕망이 높았다. 1583년에 문과에 급제하여 승문원정자에서 출발하여 병조정랑이 되었다. 임진왜란이 일어나자 강원도 도사가 되어 춘천에서 왜군 400여 명을 죽이는 전공을 세워 회양부사로 승진하였다. 1594년에 길주부사를 거쳐 함경도병사를 지냈다. 정유재란 때 왜군이 호남에 침입하자 그는 남원부사가 되어 내려갔다. 이 때 명나라 장수 양원과 함께 성을 수비하였는데 양원은 도중에 도망하고 홀로 분전하다 전사하였다.

김경로는 무과에 급제하여 여러 고을의 수령을 맡았다. 임진왜란 때 경상도 조방장으로 금산의 적을 쳤다. 이어서 급히 행재소로 달려가니 선조가 가상히 여겨 황해도 방어사로 임명하였다. 정유재란 때 그는 전주의 방어를 맡고 있다가 남원을 구하려고 결사대 100여 명을 이끌고 진군하는 도중 순창에서 전라병사 이복남을 만나 함께 남원성에 들어갔다. 남원성이 함락되자 전라병사 이복남과 같이 끝까지 싸우다가 죽었다.

이덕회는 20세에 무과에 급제하였다. 임진왜란이 일어나자 선전관으로 선조를 의주까지 호종하였고 왜군의 동향을 파악하는 일을 맡았다가 특명으로 홍양통판에 올랐다. 1597년에 남원판관이 되었는데 남원이 왜군에 의해 포위되자 총병 양원, 남원부사 임현 등과 함께 남원을 수비하고 적을 기습하여 무기고를 불사르는 공을 세웠다. 그러나 전세가 위급해지자 양원은 성을 버리고 도망하였으나, 이덕회는 병사 이복남, 부사 임현 등 50여 명과 함께 끝까지 싸우다가 전사하였다.

신호는 1567년에 무과에 급제하고 조산만호가 되었으며, 그 뒤 낙안군수를 지냈다. 1592년에 임진왜란이 일어나자 한산도와 안골포 해전 등에서 전라좌수사 이순신 휘하의 좌부장으로서 활약하여 승리하는데 기여했다. 1597년 8월 남원성 전투에서 교룡산성 수어별장이 되어 북문을 지키면서 성 안으로 쳐들어오는 왜적을 활로 쏘아 죽였다. 화살이 떨어지자 칼로 맞서다가 중상을 입었는데, 물러서지 않고 끝까지 싸우다가 순절했다.

구례현감 이원춘은 만인의총 기념관의 '8월 16일 아군의 최후 전투상황' 기록화에 나온 인물이다. 그림의 해설을 읽어보자.

그는 흑각별장궁 활을 휘어서 십발개중으로 적을 쏘아 죽였고, 죽은 시체를 뛰어 넘어 큰 칼을 휘두르면서 싸웠다. 부하들도 일시에 무기를 있는 대로 다 쓰고 왜적과 장렬하게 싸웠다. 나이 어린 손공생도 인궤를 허리에 졸라매고 끝까지 간직하고 구례현감의 뒤를 따라 최후일각까지 분전하다가 순절하였다.

이원춘은 1584년에 북방의 권관으로 임명되었다. 임진왜란이 일어나자 도체찰사 정철의 명령으로 구례현감으로서 운봉현감 남간과 함께 전라좌도의 관병 5,000여 명을 거느리고 영남의병장 정인홍, 호남의병장 최경회 등과 함께 성주를 협공하였으나 실패하였다. 구례는 왜적이 영남으로부터 양호兩湖로 들어가는 요충지이므로 그는 조방장에 임명되어 구례를 잘 지켰다. 1597년 왜적이 다시 침범하여 남원성을 포위하고 맹공을 퍼붓자 이원춘은 남원으로 달려가 남원성을 지켰다. 그러나 남원성이 함락되자 최후까지 싸우다가 이복남과 함께 전사하였다.

오흥업은 남원사람으로 군량보급 업무를 맡았다. 남원성이 함락되자 이복남, 오응정과 합세하여 분전하다가 화약고에 몸을 던져 순절하였다. 아우 오윤업도 같은 날 죽었다. 오윤업은 남원성이 포위당하자 백의로서 칼을 뽑아 크게 외치면서 말을 달려 포위된 성으로 들어가려고 하였다. 왜적이 이를 장하게 여겨 진을 열어 주었다. 그는 무너지고 있는 성에서 끝까지 싸우다가 형 흥업과 함께 죽었다

이제 충렬사로 발길을 옮긴다. 충의문, 성인문을 지나니 충렬사가 있다. 사당 앞에서 향을 피우고 남원성 전투에서 순절한 1만여 의사들에게 묵념을 하였다. 순절하신 분들에게 삼가 경의를 드리었다.

사당 안을 살펴보았다. 가운데에 '남원부성 순절 만인지위南原府城殉節萬人之位'라

는 신위가 있고 좌우에 수많은 위패함이 모시어져 있다.

자세히 보니 위패함에는 의사들의 직함이 적혀 있는데 멀리서 보니 글씨가 잘 안 보인다.

전라북도 만인의총관리사업소 인터넷 홈페이지에서 의사들의 명단을 찾았다. 여기에 모시어진 위패는 모두 52분이다. 이들은 팔충신 외에 박계성, 문기방, 강덕복, 태귀생 · 태천생 · 태우 · 태시경 · 태색 일가, 오응정吳應鼎 · 오욱 · 오동량 부자, 이용제, 오응정吳應井, 마응방, 황대중, 오윤업, 정민득, 형련, 양대박, 조익겸, 박기화, 손공생, 이해, 김나복, 김렴, 김부, 김수연, 김응배, 김충남, 문명회, 박은종, 서정수, 송상장, 송진부, 승국한, 전응협, 윤의, 이평형, 임혼, 이춘풍, 조언호, 임박, 최준 · 최보의 부자이다.

'호남절의록'을 자세히 살펴보니 가문일족이 순절한 경우도 있고, 부자 · 형제간에 전사한 경우도 많다.

가문일족이 순절한 경우는 태씨 가문이다. 태귀생 · 태천생 · 태우 · 태시경 · 태색 등 무려 5명의 위패가 모시어져 있다.

태귀생은 남원 사람으로 무과에 급제하였다. 임진왜란 때 서제庶弟인 천생과 아들 상문과 함께 창의하여 군량미를 모았다. 그는 정유재란이 일어나자 일가친척 및 가동家僮 수 백 명을 이끌고 남원성에 들어가 전라병사 이복남과 함께 힘을 다해 왜적을 막았다. 그가 죽인 왜적이 많았으나 갑자기 날아 온 탄환에 맞아 죽었다. 동생 천생도 같은 날 죽었다.

태우태구라고도 한다는 임진왜란 때 큰 아버지 태귀생을 따라 아들 시경과 함께 창의하였다. 남원성 전투에서 그는 이복남의 종사관이었는데 성이 함락되어 왜군의 포로가 되었다.

왜군 장수가 결박을 풀고 그를 회유하였다. 태우는 눈을 부릅뜨고 크게 소리 질러 말하기를 "나는 동방의 충의지사이다. 이제 죽을지언정 왜놈들의 개가 될 수는 없다"하였다. 왜군은 그의 양쪽 귀를 잘라버렸으나 그는 꾸짖음을 그치지 않다가 마침내 순절하였다. 한편 태시경은 아버지 태우가 죽자 복수를 맹세하고 왜적과 싸우다가 힘이 다하여 죽었다. 태색도 이복남과 함께 분전하다가 친척 태질과 함께 남원성이 함락하던 날에 순절하였다.

부자간에 참전하여 순절한 의사 들도 여럿이다.

순천부사 오응정吳應鼎과 그 아들 오욱 · 오동량 형제가 그렇고, 송상장과 두 아들 진부 · 진해 부자, 김수연과 세 아들 몽필 · 몽령 · 몽업 부자, 최준 · 최보의 부자가 그러하다.

먼저 순천부사 오응정과 오욱 · 오동량 부자에 대하여 알아보자. 무과에 급제한 오응정은 정유재란 때 오욱 · 오동량과 함께 이복남을 따라 남원성에 입성하였다. 그런데 성이 함락되자 세 사람 모두 순절하였다.

송상장과 두 아들 진부 · 진해도 마찬가지이다. 송상장은 보성 사람으로 아들 진부 · 진해와 함께 남원성 전투에 참전하였다. 그는 왜적 수십 명을 죽였으나 힘이 다하여 두 아들과 함께 전사하였다.

충렬사 (남원시 만인의총 안)

김수연은 무안 사람으로 세 아들 몽필 · 몽령 · 몽업과 더불어 이복남 휘하에서 싸우다가 장열하게 전사하였다. 그의 부인 김씨 또한 따라 죽었다. 최준도 이복남 휘하에서 분전하다가 아들 최보의와 함께 순절하였다.

한편 사촌 형제가 같이 순절한 경우도 있다. 장흥사람 문기방과 사촌동생 문명회는 남원성이 함락될 때 이복남과 함께 북문을 지키며 끝까지 싸우다가 죽었다.

그러면 충렬사에 모시어진 나머지 분들에 대하여 알아보자.

박계성은 남원 사람으로 임진왜란 때 재산을 털어 병기를 만들고 의병과 양곡을 모았다. 그는 병환이 깊어 아우 승성을 시켜 병력과 곡식을 진주의 고득뢰 의병소에 보내었고, 아우 승성은 진주성 2차 싸움에서 순절하였다.

정유재란 때 박계성은 병중임에도 불구하고 의병 500명을 이끌고 산남의 요해처에 주둔하여 왜적을 막았다. 남원성이 매우 위태롭게 되자, 남원부사 임현이 그에게 지원을 요청하였다. 그는 급히 율치에 이르러 적병 백 여 명을 죽이니 적들이 도망쳤다. 이윽고 많은 왜군이 숙성령을 넘어오니 그는 몸을 던져 밤낮으로 왜군을 막았으나 중과부적으로 적의 탄환에 맞아 전사하였다.

강덕복도 가동 수백 명을 이끌고 숙성령에서 왜적을 맞아 적 육십 여 급을 베고 분전하다가 순절하였다.

오응정吳應井은 무안 출신인데 정유재란 시 문안사 겸 전라방어사로 남원에 있었다. 전라병사 이복남과 함께 성문을 지켰는데 분전하다가 탄환을 맞아 전사하였다.

이용제은 나주 사람으로 이복남이 그를 부르니 급히 나아갔다. 그는 검술에 능하여 밤을 틈타 왜군 군중에 들어가 많은 적의 목을 베었다. 남원성이 함락되던 날, 같은 동네 출신 군관 김성록이 외쳐 말하길 "헛된 죽음은 의미가 없으니 후일을 도모하라"고 하였다. 그는 웃으며 말하기를 "적을 보고 물러남은 용기가 없음이요, 나라 일에 죽지 않음은 충이 아니니 너는 돌아가서 우리 집안에 나의 죽음을 알리라" 라고 하고 절명시 한 수를 지어주었다. 그 시는 "남자가 나라 위해 목숨 바치겠다는 뜻, 석자 칼도 알리리男兒殉國志 三尺玉龍"라는 글이있다. 마침내 싸우다가 죽으니 그 때 나이 33세였다.

마응방은 강진 사람으로 74세의 나이에 남원성 전투에 참가하였다. 남원성이 포위당하자 이복남에게 “형편이 궁해지고 힘도 다되었소. 살아서 나라에 충성을 다하지 못했으니 죽어서 귀신이 되는 것이 마땅하오.”라고 말하며 힘을 내어 칼을 뽑아 적중에 들어가 여러 명을 목 베었다. 이복남이 말하기를 “이 노인이 바로 노익장이로구나.” 하였다. 마응방은 적탄에 쓰러져 순절하였다.

황대중은 강진 출신으로 일찍이 어머니의 병환에 자신의 허벅지 살을 베어 먹이니 어머니의 병이 나았다. 그래서 ‘효자 절뚝발이’라는 별명을 얻었다. 그는 군사 200명과 함께 분전하다가 전사하였다. 나중에 왜군이 비단에 글을 써 ‘조선의 충신 황대중’이라 하였다.

정민득은 함평 사람으로 정유재란 때 집에 있었는데 남원이 포위되었다는 소식을 듣고 동지 수십 명을 모아 이복남 막하에 들어갔다. 남원성을 지키면서 활을 쏘아 무수한 적을 사살하였다. 성이 함락될 때 친척 정광득이 곁에 있다가 몰래 빠져나갈 길을 알려 주었는데 그는 눈을 부릅뜨고 꾸짖어 말하길 “남자는 의리로 마땅히 죽어야 하거늘 어찌 이런 말을 한다 말인가”하고는 적과 싸우길 그치지 않았다. 화살도 떨어지고 힘도 다 되어 죽으니 그때 나이 21살이었다.

형련은 남원 사람으로 활쏘기와 말 타기를 잘 하였다. 남원성이 포위당하자 “죽더라도 피난하지 않는 것이 신하된 자의 직분이다.死不避難臣子職分”라는 글귀와 자신의 이름을 비단 조끼 옷에 혈서로 쓰고 양손에는 칼을 잡고 포위된 성으로 들어갔다. 그는 남원부사 임현과 함께 힘을 다해 성을 지켰으나 힘이 다하여 죽었다.

왜적이 물러간 후에 고을 사람이 쌓여 있는 시체 중에서 비단 조끼 옷의 혈서를 발견하였다. 사람들이 그의 의로움을 훌륭하게 여겨 시체를 거두어 산성 아래에 묻었는데, 돌에다 "사절한 장사 형련의 무덤"이라고 새기었다.

조익겸은 육순의 나이로 재산을 털어 양곡 200 여 섬을 사서 남원성에 보내고 이복남 막하에 들어가 싸우다가 죽었다.

박기화는 남원 사람으로 무기고의 책임을 맡았다. 성이 함락되자 그는 무기를 왜적에게 넘겨줄 수 없다고 생각하고 군기들을 화약고로 옮긴 후 창고위에 올라가 불을 질러 스스로 타 죽었다.

김응배는 남원 사람으로 임진왜란 때 웅치 전투에서 싸웠다. 1597년에 남원성이 포위되자 남원부사 임현과 전라병사 이복남과 함께 성을 지켰으나 역부족으로 순절하였다.

서정수는 화순 동복사람으로 임진왜란 때 복수의병장 고종후의 막하에 나아가 군량미를 옮기는 데 많은 공을 세웠다. 정유재란때 이복남을 따라 남원성 전투에서 적을 많이 죽였으나 힘이 다하여 탄환에 맞아 죽었다.

송국한은 나주 남평 사람으로 1593년 전주에서 시행한 무과에 합격하여 훈련판관을 제수 받았다. 그는 이복남을 따라 참전하여 분전하다가 순절하였다.

나주 사람 김렴, 영광출신 이춘풍, 화순 능주 사람 심라복, 광주 출신 이평형, 나주 사람 임혼과 윤의, 장성사람 김충남, 박은종과 이해, 전응협도 전라병사 이복남을 따라 참전하여 용감히 싸웠으나 남원성이 함락되자 순절하였다.

만인의총 (전북 남원시)

09

남원성 전투에서 순절한 사람들 (2)

만인의사 순의탑, 남원성에서

전쟁은 가정을 파탄 나게 한다. 지아비가 전사했다는 소식을 듣고 지어미도 자결하는 슬픈 이야기가 많다. 충렬사 사당에 신위가 모시어진 김부와 조언호 그리고 임박의 경우가 그렇다.

김부는 나주 사람으로 1591년 사마시에 합격하여 훈련정 벼슬을 하였다. 임진왜란 때 김경수 · 김제민 · 이응종 등과 함께 장성 남문의병 창의에 참여하여 나주의 모의도유사募義都有司가 되었다. 그는 의병 800명을 모아서 김천일 및 고종후의 진주 진영에 보내었다. 또 곡식 5백석을 모아 기효증을 통하여 선조가 계시는 의주 행재소에 보냈다.

정유재란 때 그는 금성유진장으로 병사를 이끌고 남원성에 들어갔는데 성이 함락되던 날 왜적과 싸우다가 병사 이복남 등과 함께 순절하였다. 그 때 나이 29세였다.

이 당시 김부의 아내 임씨는 배를 타고 피난길에 올랐다. 영암 노진에 이르렀을 때 남원성이 함락되었다는 소식을 듣고 품고 있던 아이를 여종에게 맡기며 말하기를, “이 아이를 잘 보살펴서 김씨 집안의 맥을 이어다오. 나는 깨끗한 몸으로 돌아가 내 남편을 만나겠다.”고 하면서 물에 몸을 던져 죽었다.

아들 효선孝善은 장성하자 남원성 순절지와 영암 노진에 여막을 짓고 6년을 지냈다. 나라에서 충 · 효 · 열이 있다하여 그에게 참봉벼슬을 내렸다. 그러나 효선은 죄인을 자처하고 끝내 벼슬길에 나서지 않았다.

조언호는 나주 출신으로 훈련주부를 지냈다. 전라병사 이복남의 중군이 되어 남원을 지켰다. 성이 함락된 날에 그는 왜적에게 엄지손가락이 빠질 정도로 활을 무수히 쏘다가 죽었다.

조언호가 남원에 갈 때 아내 김씨는 임신 중이었다. 그가 말하기를 “다행히 아들을 낳으면 15세가 되기를 기다려 초혼장을 지내주시요”하였다. 아내 김씨는 아들을 낳았다. 그녀는 아들이 15세가 되자 조언호를 장사지냈다. 이 때 아내 김씨는 조언호의 무덤 곁에서 자결하였다. 나중에 정조 임금이 남편은 충忠, 아내는 열烈이라 하여 함께 정려하도록 하였다.

나주 출신 임박은 전라병사 이복남을 따라 출전하였는데 성이 함락될 때 화염에 뛰어들이 죽었다. 아들 경발은 13세의 나이에 아버지의 시신을 거두기 위하여 남원으로 달려갔다가 왜적에게 포로가 되었다. 어머니 이씨는 아들마저 죽었다고 슬퍼하며 스스로 목을 매었다. 8년 후인 1605년에 임경발은 일본에서 도망쳐 나왔다. 그는 6년 동안 죄인을 자처하고 시묘살이를 하였다.

충렬사 사당에 신위가 모셔지지는 않았지만 청백리 송흠의 4대손인 송약선도 남원성 전투에서 순절하자 부인 박씨도 자결하였다.

송약선은 임진왜란이 일어나자 비분강개하여 시 두 수를 쓰고 창의한다.

제1수

통곡하노라! 왜적이 서울에 침략해 오니
백년 사직이 하루아침에 기울어지네.
남도에서 같은 마음의 선비를 만나
칼 짚고 대장기 휘두르며 의병을 일으키노라.

제2수

충신의 의는 무겁고 내 몸은 가벼운데
국가의 난리에 어찌 살 바를 바라겠느냐.
문득 가족들에게 인사하고 칼 짚고 일어서니
맹세코 후일에 나라가 평온해 질 날을 보겠노라.

송약선은 이굉중 · 이용중 형제, 강항 · 임수춘 등 18명과 함께 창의하여 의곡과 무기를 모아 금산의 고경명 의병에게 보내고, 또 양곡 1,200석을 모아 의곡장 기효증에게 보냈다. 기효증은 이 양곡을 선조가 있는 의주 행재소에 바친다.

그런데 1592년 10월 2일에 영광군수 남궁견이 친상을 당하여 사직하자 영광군

민들은 불안하였다. 이에 영광의 지도층 55명이 자발적으로 향토방위를 한다. 이들은 성의 방위체제를 24개 부서로 편성하여 수성을 한다. 영광에서 군관으로 있던 송약선도 함께 참여한다.

1597년에 정유재란이 일어나자 송약선은 다시 남원성 전투에 참전한다. 송약선은 결사적으로 싸웠으나 화살이 떨어지자 왜군의 칼에 죽는 것을 수치로 알고 활시위로 목을 매어 자결하였다. 부인 박씨는 송약선이 죽었다는 소식을 들은 다음 날 스스로 목을 매었다. 그 지아비에 그 지어미이다.

외삼문인 충의문을 나오면서 정문을 바라보니 오른 편에 큰 탑이 하나 있다. 이 탑이 만인의사 순의탑이다.

탑에는 "만인의총의 노래"와 "만인의총 연혁"이 새겨져 있다. 먼저 고은이 지은 시 "만인의총의 노래"부터 소리 내어 읽는다.

산이 부르고 물이 함께 소리치나니
여기 청사에 빛나는 조국 수호의 영령을
그 이름 만인의총으로 머리 숙여 기리나니
지나가는 새들도 잠시 내려 앉아
삼가 날개를 접을지어다.

보라 저 신령스러운 지리산 위로
아침 해 불끈 솟아올라
대대로 서기 가득한 곳

산맥과 산맥 사이
정숙한 강물 감돌아 흐르는 이 고장
그리하여 아름다운 한 세상 아니던가.
오랜 세월 조상을 경건하게 섬기고
자손을 오순도순 길러내며
밭 갈고 길쌈하는 복된 시절이었으니
어찌 여기에 그 몹쓸 환란이랴.

때는 조선 선조 30년
흉악한 왜적 11만 좌우군이 들이닥쳐 남원성을 포위하매
이에 목숨 걸고 구국의 횃불을 치켜들었으니
남녀노소 백성들과 관군 및 지역공직자들이 하나가 되었더라.
이 얼마나 비장한 정의의 모습이던가.
이곳을 내주면 조선 전토를 내주는 요충이었으므로
민군관 일체로 성역을 지킴에 물러설 줄 몰랐으나
워낙 엄청난 적의 병력이기에
모두 다 피범벅으로 옥쇄하니
이 얼마나 처절한 전사였던가.

이로써 구국순절의 기상이 천년만년의 강토에
큰 사표가 되었으니
오늘 다시 꽃으로 눈부시게 피어나고
내일 알알이 열매 맺어

영겁의 충성스러운 넋이여, 넋이여. 연면連綿할지어다
뒷세상의 사람들이여 이 넋을 가슴속에 담아
이 나라가 어떤 나라인가
이 고장이 어떤 고장인가를
길이 깨칠지어다.

의로운 넋을 기리는 시를 읽으니 가슴이 뭉클하다.
시 한 편이 여러 권의 역사 기록보다 훨씬 감동을 준다.

만인의총 순의탑

이어서 "만인의총 연혁"을 읽는다. 남원성이 함락된 후에 만인의총이 만들어졌고 1612년에 사당이 세워졌다. 1653년에 충렬사라는 현판을 사액 받았고 1675년에 현재의 남원역사 뒤로 이전한 후 1879년에 사우가 철폐되었다. 일제 때에는 제사마저 금지되었다가 1945년 광복과 더불어 사우가 다시 세워졌고 1964년에 현 위치로 이전하였다. 1977년부터 정화사업을 하여 1979년에 마치었고, 1999년부터 다시 성역화 확충사업을 하여 2000년 12월에 마무리하였다.

내친김에 남원성을 찾아간다. 남원성은 만인의총에서 걸어서 10분 거리에 있다. 성이 꽤나 높다. 성곽을 이곳저곳 살펴본다.

4천명의 조명연합군이 10배가 넘은 5만 6천명의 왜군과 싸운다는 것은 처음부터 역부족이었다. 4일간 싸우다가 명나라 총병 양원은 도망가고 말았다. 그러나 전라병사 이복남등 조선의 군관민들은 결사 항전하여 전몰하였다. 이 얼마나 의로운 일인가.

남원성 함락은 아픈 역사이다. 슬픈 역사이지만 우리는 두 눈을 부릅뜨고 그 역사를 기억하여야 한다. 문득 폴란드 아우슈비츠 수용소 기념관 입구에서 읽은 글이 생각난다.

> **역사를 기억하지 못하는 자는 다시 한 번 그 역사에 얽매이게 된다.**
>
> The one who does not remember history is bound to live through it again

남원성 (전북 남원시)

10

일본에 끌려간 남원 도공들

"오나리 오나리쇼셔" 노래탑에서

남원 만인의총에는 특이한 탑이 하나 있다. 이름하여 ‘오나리 오나리쇼셔’ 노래탑이다. 이 탑의 앞면 가운데쯤에는 노래 가사 같은 것이 적혀 있다.

> 오나리 오나리쇼셔
> 매일에 오나리쇼셔
> 졈그디도 새디도 마라시고
> 새라난 나난
> 매양 당식에 오나리쇼셔

글이 조선시대 언문으로 되어 있어 이해가 잘 안 된다. 그래서 요즘 말로 바꾸어 읽는다.

오날이 오날이소서 노래탑 – 전북 남원시 만인의총 안에 있다.

오늘이 오늘이소서
매일에 오늘이소서
저물지도 새지도 마시고
(날이) 새거들랑, 샐지라도
매일같이 오늘이소서

"오늘 하루도 무사히 지냈습니다. 하루하루가 오늘 같으면 좋겠습니다. 매일 오늘같이 무사히 지내게 하여 주소서."

이 노래 가사에는 삶에 대한 감사와 기쁨 그리고 염원이 담겨있다.

이어서 탑의 뒷면을 살펴본다. 여기에는 "오늘이 오늘이소서 노래 탑을 건립하면서" 라는 글이 적혀 있다. 1995년 5월에 노래 탑을 준공하면서 남원문화원이 작성한 글이다. 글을 자세히 읽어 본다.

남원에는 지금으로부터 400여 년 전 정유재란 때 남원성 싸움에서 희생당한 만인의 무덤이 치욕의 역사 상징물로 남아 우리에게 보여준 교훈뿐만 아니라 역사에 대한 새로운 인식 또한 그 의미가 크다.

당시 남원성 전투의 처절했던 상황은 만인의총에서 뿐만 아니라 전공의 상징으로 일본 곳곳에 코 무덤과 귀 무덤이 세워져 있고, 조선 사람들을 납치하여 다른 나라에 노예로 팔고 남원지역에서 수많은 도공을 강제로 끌고 가서 오늘 일본 도자기가 있게 한 것은 우리들의 가슴을 더욱 아프게 한다.

그 때 끌려갔던 도공들이 가고시마현 히가시이치기초東市來町 미야마美山에 정착하여 망향의 한을 달래면서 부르던 "오늘이 오늘이소서"를 지금도 매년 9월 14일음력 8월 15일: 필자 주이 되면 이곳 옥산궁에서 제사를 행할 때 신무가神舞歌로 부르고 있다.

"오늘이 오늘이소서" 노래는 조선조까지 우리 조상들이 부르던 노래였으나 임진왜란·정유재란을 거치면서 잊혀졌다. 다행히도 1610년 당시 남원에 살았던 장악원 악사인 양덕수가 채보하여 자신의 저서 양금신보梁琴新譜에 실어 놓았는데 양금신보는 임진왜란 이후 한국 음악사 연구에서 중요한 음악 자료중의 하나이다.

그런데 민간인에게는 잊혀져 버린 노래이지만 남원에 끌려간 조선 도공들의 후예에 의해 400년이 지난 지금까지도 불러왔다는 것은 우연이 아니다.

오늘 이 탑을 세우면서 오늘 우리는 과거 역사를 되돌아보고 오늘에 안주하지 않으며 이 탑에 새겨진 노래가 지니고 있는 역사적 의의와 가치를 오늘에 되살려 우리 향토 문화발전에 기여하고자 한다.

1995년 4월 30일 남원문화원

정유재란 이후 조선에서는 사라진 "오늘이 오늘이소서"란 노래가 이역만리 일본에 끌려간 조선 도공들에 의해 지금까지 전수되고 있다니 정말 눈물겹다.

이 노래가 전해져 내려온 곳은 일본 규슈九州 남쪽에 있는 사쓰마오늘날의 가고시마현의 나에시로가와苗代川: 오늘날의 미야마이다. 남원에서 끌려간 도공들은 대대로 이곳에 거주하였다.

원래 사쓰마 번은 시마즈 요시히로島津義弘 1535~1619의 영지로서 그는 남원성 전투에 참가한 왜군 장수이며 일본 다도의 시조인 센노리큐1522~1591의 제자로서 조선 사발을 엄청 좋아했다.

센노리큐는 와비차의 원조로 알려져 있다. 와비는 오만하게 굴지 않는 언행을 말하는데 센노리큐는 다다미 2장 크기의 다실을 만들어 다도를 실천하였다. 그는 오다 노부나가의 다도 선생이었는데 노부나가가 죽자 도요토미 히데요시와도 인연을 쌓았다. 그런데 히데요시가 호화판으로 다실을 꾸미자 두 사람은 사이가 벌어졌고, 1591년 2월에 도요토미 히데요시로부터 할복하라는 명령을 받고 할복자살 하였다.

남원성을 함락시킨 시마즈는 도공들을 끌고 갔다. 그는 1598년 11월 노량해전으로 전쟁이 끝나자 심당길, 박평의, 김해 등 80여명의 조선 사기장이들을 납치하여 갔다. 조선 도공들은 1598년 12월에 구시키노串木野의 시마바라島平 해변 등 네 곳에 도착하였다. 그런데 시마즈는 조선인들을 여기에 버려두고 떠나 버렸다. 이즈음 일본은 도쿠가와 이에야스가 정권을 잡는 결정적인 계기가 되었던 세키가하라 전투의 여파가 몰아치고 있었다. 반 이에야스파인 이시타군에 속해있던 시마즈는 세키가하라 전투에서 패배하자 이에야스의 사쓰마 침공에 대비하고 있었다.

그 전란의 소용돌이 속에 조선의 도공들은 내팽개쳐졌다. 조선인들은 스스로 황무지에 밭을 일구고 오두막을 세웠다. 그 다음에 그들이 할 수 있는 일은 도자기를 구워내는 일이었다. 그런데 구시키노의 농민들이 박해를 하였다. 냉대와 차별을 한 것이다.

별수 없이 조선 포로들은 시마바라를 등지고 다시 유랑의 길을 떠나 나에시로가와로 이주하였다. 나에시로가와에 정착한지 2년 쯤 되었을 때 도쿠가와 이에야스 군대의 침략위험이 없어지자 시마즈는 조선 사람들을 찾았다. 전란으로 까맣게 잊었던 조선인 도공들을 기억해 낸 것이다.

시마즈는 그들에게 뛰어난 도자기 기술이 있다는 것을 듣고 그들에게 대지 24곳과 곡식 78석을 주고 조세를 면제해 주었다. 또한 그들의 중심인물인 박평의를 촌장에 임명하고, 관용官用으로 쓸 도자기를 만드는 것 외에 매년 술병 50개를 상납하도록 명령하였다.

이때부터 조선인들은 도자기에 전념하면서 유명한 사쓰마 야키의 토대를 마련한 것이다. 야끼는 도자기를 굽는다는 뜻이나 일본에서는 도자기를 생산하는 마을이라는 의미로 불린다.

에도시대 후기인 1780년에 다치바나 난케에라는 한의사는 자신의 기행문 〈서유기〉에서 나에시로가와의 모습을 다음과 같이 서술하고 있다.

사쓰마의 가고시마 성으로부터 7리 서쪽의 나에시로가와라는 곳은 한 마을 전체가 조선인이다. 옛날에 다이묘 히데요시의 조선 정벌 시 이 지방의 영주가 한 마을의 남녀노소를 포로로 잡아 데려왔다.

그는 이들 조선인 포로들에게 사쓰마 한 마을의 토지를 내려주어 영구히 이 마을에서 살게 하였다.

지금에 이르러 자손대대로 조선의 풍속을 따르니 의복에서 언어에 이르기까지 모두 조선식이며 해마다 번창하여 수백 가구에 이른다.

처음 납치된 당시 성씨는 17개 성姓으로 신, 이, 박, 변, 임, 정, 차, 강, 진, 최, 노, 심, 김, 백, 정, 하, 주이다.

한편 조선 도공들은 나에시로가와로 이주하면서부터 스스로 옥산궁玉山宮을 세우고 이곳에 단군을 모셨는데 그 예배 대상은 커다란 바위였다고 한다. 옥산궁은 마치 서낭당과 같은 형식이었다. 조선인들은 매년 8월 추석이면 떡을 만들고 술과 고기를 준비하여 옥산궁에 제사를 지냈고, 도자기를 빚어 가마에 넣고 불을 지필 때에도 제를 올리곤 하였다. 제문은 당연히 조선말 이었다.

전쟁 포로로 끌려온 사람들이 옥산궁을 짓고 거기에 단군의 위패를 모시고 해마다 제사를 지냈다는 것은 참으로 놀랍고 대견한 일이다. 더구나 단군을 모시었다는 것은 삼국사기나 삼국유사와 같은 책을 읽고 정신이 바로선 지식인들이 포로 중에 있었다는 것이고 이들이 조선인의 자긍심을 지켜냈다고 할 수 있다.

1867년에 쓴 일본 기록 〈옥산궁 유래기〉에도 '옥산궁은 조선 개조 단군의 묘'라고 적혀 있는 것으로 보아도 당시 조선인 도공들의 조국애가 일본인들에게 전해질 만큼 당당한 것임을 알 수 있다.

1868년 메이지 유신 이후에 옥산궁은 옥산신사로 개칭되었다. 일본에 불어 닥친 국수주의 영향으로 옥산궁은 사당에서 신사로 바뀐 것이다. 그럼에도 '오늘이 오늘이소서' 노래는 옥산신사에서 "학구무가"라는 이름으로 불리고 있다. 무가巫歌는 무당들이 부르는 노래 형식이다. 또한 사제司祭가 추는 춤의 형태는 지금 우리나라 진주지방에서 추는 검무와 아주 흡사하다.

한편 옥산신사에서 쓰는 제기를 보면 장고가 있는데 길이만 짧아졌을 뿐 모양은 우리 것과 같으며 시루떡을 찌는 작은 시루에 구멍이 뚫려 있는 것은 참으로 신기할 지경이다.

이역 땅 일본에서도 민족의 정체성正體性과 자긍심을 지키려는 조선의 도공들. 정말 눈물겹다. 너무 자랑스럽다.

11

일본 도자기의 뿌리, 남원

남원 향토박물관에서

남원시 춘향테마파크를 간다. 여기에는 성춘향과 이몽룡의 사랑이 있다. 그런데 이번 방문은 춘향테마파크 안에 있는 남원향토박물관과 심수관 도예전시관 구경이 주목적이다.

먼저 남원향토박물관부터 구경한다. 거기에는 임진왜란의 흔적을 여러 군데에서 볼 수 있다. 한 코너에는 "오늘이 오늘이소서" 음악 탑 설명이 있다.

'오늘이 오늘이소서'는 고려 말부터 조선 중엽까지 우리 조상들이 생활의 기쁨을 노래한 곡이다. 그러나 임진왜란을 당하면서 노래도 잃어가고 아는 이도 사라졌다.

다행히도 1610년 남원에 살았던 장악원 악사인 양덕수가 채보하여 자신의 저서 양금신보에 실어 놓았는데 양금신보는 임진왜란 이후 한국 음악사 연구에서 중요한 음악 자료중의 하나이다.

'오늘이 오늘이소서' 는 정유재란 때에 남원에서 일본으로 끌려간 도공들과 그 후예들이 400여년이 지난 지금까지도 고향을 그리는 노래로 부르며 간직하던 것을 1988년 7월 26일에 그들이 그토록 그리워하던 고향땅 광한루원 완월정에서 귀향 음악회를 열었다.

이러한 역사적 사실을 바탕으로 그 의의와 가치를 재조명하고자 1995년에 '오늘이 오늘이소서' 노래탑이 만인의총 앞에 세워졌다.

바로 옆에 '일본자기의 뿌리 남원' 이라는 설명도 있다.

'도자기 전쟁' 이라고도 불리는 정유재란1597년때 침략한 왜군은 성이 함락된 후 수많은 문화유산을 침탈하고 도공을 납치해 갔다.

그 중 일본 가고시마 나에시로가와로 끌려간 박평의 등의 도공과 사가현 아리타로 끌려간 도공 이삼평 등은 오늘날 일본의 도자기 산업을 일으킨 장본인이 되었다.

정유재란 당시 남원은 전라도의 문화중심지이자 조선 도자기의 생산지로서 이름난 고장이었다.

그 무렵 일본에서는 다도가 유행히여 조선에서는 일상생활에 흔히 볼 수 있는 그릇들이 일본에서는 귀중한 보물로 여겨졌다.

이런 까닭에 조선의 도자기 기술은 최첨단산업이었다. 그래서 도공들을 납치해간 일본의 번주들은 특별한 대우로 보호하면서 그릇을 굽게하여 부를 축적하는 수단으로 삼아 도자기 산업을 발전시켜 나갔는데 박평의 등은 사쓰마 도자기를 만들어 냈으며, 이삼평은 아리타 도자기를 만들어 일본 도자기의 조상으로 추앙받고 있다.

특히 일본 가고시마 동시래정으로 끌려간 도공들은 고향 땅 남원에서 부르던 "오늘이 오늘이소서" 노래를 간직하고 있으며, 1998년 10월에는 조선 도자기 전래 400년 기념 축제를 열었고, 남원에서는 이를 도공 후예들에게 고향 남원의 불로 도자기를 구울 수 있도록 불씨를 나눠주는 '불씨 나눔' 행사를 열어 남원에서 가져간 불씨로 도자기를 굽는 의식을 가졌는데, 이는 오늘날 일본 도자기의 뿌리가 남원임을 말해주는 대목이다.

일본인들은 임진왜란을 일명 '도자기 전쟁'이라고 부르는데 서슴지 않는다. 당시 일본의 도자기 기술은 조선에 비해 형편없이 낙후되어 있었다. 조선의 막사발조차 일본에서는 최고의 예술품으로 대접받았고, 사무라이들도 다도가 융성하여 조선 도자기는 권력과 부의 상징이었다.

때문에 왜군들은 임진왜란 때 수많은 조선의 도공을 무차별로 일본으로 끌고 갔다. 이들 조선 도공들은 일본의 아리타有田 · 사쓰마薩摩 · 가라쯔唐津 · 다카도리高取 등 규슈九州의 여러 곳에 분산 배치되어 당시 일본사회가 그토록 갈망했던 접시 · 대접 · 병 · 항아리 등의 일상 생활용품과 상류층에서 보물로 취급했던 다완茶碗을 다량 생산케 하였다.

그렇다면 이 전쟁의 가장 큰 악역이었던 도요토미 히데요시와 도자기와는 어떤 관련이 있는 것일까. 오다 노부나가의 뒤를 이어 천하를 평정한 그는 오사카성을 쌓고 교토에 주라쿠다이라는 어마어마한 저택을 마련했다. 오와리현愛知縣의 미천

한 출신이었던 자기 자신을 위한 일종의 보상심리였다고나 할까.

그 역시 오다 노부나가가 그래왔듯이 명품 도자기를 비싼 값으로 수집해 들였고 전투가 끝날 때마다 장수들을 모아놓고 자랑삼아 개선다회凱族茶會를 개최했다. 심지어는 오사카성에 '황금의 다실' 이라는 방을 마련하고 그가 수집한 명기들을 선보이기 위해서 걸핏하면 다회를 열곤 했다.

물론 명기들은 거의가 조선에서 건너간 고라이자왕高麗茶碗들이었고 특히 그가 심취한 것은 경상도산으로 알려진 이도자왕井戸茶碗이었다고 한다. 이런 조선의 도자기를 대할 때마다 그는 시새움을 느꼈으리라.

도요토미 히데요시는 전쟁을 하면서 전투 부대 외에 도서 · 공예 · 포로 · 금속 · 보물 · 가축 등 조선의 모든 것을 노략질해 가기 위해서 6개의 특수부대를 조선에 보내었다.

그들은 조선의 금은보화에서부터 서적 · 도자기, 금속이나 목판 활자본 · 예술품, 심지어 가축까지 포획해 갔으며 도공들을 비롯한 기술자들은 물론 젊은 남녀들까지 무차별로 끌고 갔다. 일본에 끌려온 조선 사람들은 나가사키에서 포르투갈 노예선에 실려 해외로 팔려갔다. 참으로 잔혹하다.

이제 남원향토박물관 구경을 마친다. 다음은 심수관 도예전시관 답사이다. 선시관 앞에는 춘향가 일부가 적혀있는 표석이 여러 개 있다. 판소리 춘향가에서 들어본 '사랑가' 한 대목이다.

이리 오너라 업고 놀자
이리 오너라 업고 놀자
사랑 사랑 사랑 내 사랑이야
사랑이로구나 내 사랑이야
이히 이히 히이 내 사랑 이로다

아니 그것도 나는 싫소
시금 털털 개살구
작은 이도령 서는데 먹으려느냐
아니 그것도 나는 싫소
남창 북창 같이
다물다물 쌓인 사랑
네가 모두 사랑이로구나.

이윽고 심수관도예관으로 들어간다. 먼저 홍보 팜프렛부터 자세히 본다. '심수관 요의 400년 맥脈과 혼魂' 팜플렛에는 심수관 도예전시관 설명이 적혀 있다.

정유재란 당시 일본으로 끌려간 남원 도공의 후예로서 현재 일본 사쓰마 도자기를 대표하는 심수관 도자기!

1998년 남원에서 도자기의 혼불을 채취해 사쓰마에 안치하는 국제 이벤트 '400년 만의 귀향'을 추진하면서 고국을 찾은 15대 심수관은 2011년 12~15대 심수관의 작품 13점을 남원시에 기증했다.

심수관 도예관 입구

이에 남원시는 400년 망향의 아픔을 딛고 세계적인 명품을 만들어낸 심수관가의 역사를 조명하고 역대 심수관가의 기증 작품을 통해 한일교류이 진정한 의미를 되새기는 계기를 마련하기 위해 심수관 도예전시관을 설립, 개관하게 되었다.

14대 심수관은 1998년에 두 가지 사업을 추진한다. 하나는 심수관가의 역대 작품들을 보아 서울에서 전시회를 하는 것이고 또 하나는 고향 남원에서 불을 채화하여서 도자기를 굽는 것이었다.

1998년 8월에 심수관은 '400년 만의 귀향, 일본 속에 꽃 피운 심수관가 도예전' 을 서울에서 열었다. 전시작품은 모두 140점 이었고 첫날 김대중 대통령도 다녀갔다. 전시회는 성황리에 끝났다.

두 번째 사업인 '일본 전래 400주년 기념 불씨 나눔 행사' 도 순조롭게 진행되었다. 남원시도 적극적으로 도와주었다.

그런데 남원 유림儒林들이 들고 일어났다. "일본인들이 도공과 농민들을 강제로 납치한 지가 수 백 년인데 지금까지 사과 한 마디 하지 않았다. 사죄하는 말을 듣지 않고는 불씨를 줄 수 없다"고 항의하였다.

이리하여 일본에서 사죄 사절로 미야마 의회 의장과 여성 대표가 남원으로 와서 남원시 향교동에 있는 만인의총에 참배하고 사죄한 후에야 겨우 채화를 할 수 있었다.

불씨 나눔 행사는 1998년 10월 18일 만인의총 '오늘이 오늘이소서' 노래탑 앞에서 전야제를 시작으로 교룡산성 산신단에서 부싯돌로 불씨를 채화하였다. 이 불씨는 부산을 거쳐 400년 전 도공들이 끌려간 뱃길을 따라 일본 센다이항에 도착하였다. 이후 미야마에 있는 옥산궁에서 남원의 불씨를 붙여서 먼저 가신 조선 도공들의 넋을 위로하였다.

12

400년 이어 온 조선 도공의 뿌리

남원 심수관 도예관에서

심수관 도예관을 들어서자마자 전시관을 한 바퀴 돌아본다. 심수관 도자기의 기원과 역사, 도자기 전쟁과 남원성 전투, 큐슈지역 6대 도자기 비교 등 여러 코너가 있다.

우선 심수관 도자기 개요부터 알아야겠다는 생각에 영상실을 찾았다. 영상은 5~6분 정도의 분량이지만 심수관과 사쓰마 도자기의 역사를 한 눈에 알 수 있다. 그래서 두 번 연달아 보았다.

이윽고 심수관 도자기의 역사가 적혀 있는 터치검색시스템 앞에 선다. 여기에는 심수관가 초대 조상인 심당길에서부터 남원도예관 건립까지의 역사가 있다. 터치스크린을 한 장 한 장 넘기면서 내용을 읽는다.

먼저 '정유재란 시 일본에 납치된 조선 도공, 심당길' 이다.

1598년 사쓰마 번주藩主였던 시마즈 요시히로는 정유재란 당시 조선도공 80여명을 납치해 끌고 갔다. 이중 40여명은 가고시마의 구시키노 시마비라 포구에 상륙했고 거기엔 심수관가의 초대 심당길도 있었다. 심당길의 본관은 경북 청송인으로 대학자를 배출한 명문가 출신으로 기록되어 있다.

다음 화면은 '박평의와 함께 백토 발굴' 이다.

심당길은 1603년 시마비라에서 현재의 거주지인 나에시로가와로 이주하였다. 이주한 지 2년 뒤 초대 심당길은 처음으로 나에시로가와에 도자기소를 열고 1614년, 갖은 노력 끝에 박평의와 더불어 백토白土를 발굴해 오늘의 사쓰마도자기를 만들어 냈다.

그 다음은 '시로 사쓰마와 구로 사쓰마' 이다.

당시 번주는 조선 도공들의 기술을 높이 사서 도공들을 무사의 직급으로 대우하고 그들이 만들어 낸 도자기에 지명을 넣어 '사쓰마 야끼' 라 불렀다.

그 후 메이지 유신 시대에 이르기까지 200여 년간 번주의 보호 아래 조선 도자기의 전통기법을 바탕으로 새로운 형태와 기술을 갈고 닦았다. 옛 방식의 등요登窯에서 구워진 도자기 중 백색의 도자기시로 사쓰마는 번주에게 전량 상납되었고 검은색의 도자기구로 사쓰마는 서민들의 생활용품으로 쓰였다.

이어서 '대한민국 명예 총영사, 한일 문화교류에 큰 역할' 화면을 본다.

1964년에 이름을 물려받은 제14대 심수관은 일본을 대표하는 역사소설가 시바 료타로司馬遼太郎 1923~1996의 '어찌 고향을 잊으랴' 라는 작품의 주인공으로 널리 알려졌다.

1970년 오사카 만국박람회에 대화병을 출품했으며 전국에서 '심수관전' 을 개최하고 있다. 또한 도자기를 통하여 한일 양국의 문화교류와 친선에 많은 공헌을 하였고 1988년 일본인으로는 처음으로 대한민국 명예총영사로 임명되었다.

제14대 심수관본명 심해길이 소설가 시바 료타로의 소설 '어찌 고향을 잊으랴' 의 주인공이라니!

'어찌 고향을 잊으랴' 는 고국을 등지고 떠나온 조선 도공들의 애환을 가슴 저리게 그린 소설이다. 국영 NHK TV는 이 소설을 토대로 8시간짜리 특집 프로그램을 만들었고 그 바람에 심수관 도자기는 일본 전역에서 명품으로 대접받게 되었다.

시바료타로는 일본에서 국민 작가로 추앙받는 역사 소설가이다. 그의 본명은 후쿠다 데이이치福田定一이지만 중국 역사가 사마천의 정신을 배운다며 필명을 시바司馬로 했다. 그는 극우민족주의 편향 보도로 유명한 산케이신문의 기자로 활약하다 1970년부터 소설가로 전업했다.

시바 료타로는 메이지 시대 일본의 여명을 그린 '언덕 위의 구름坂の上の雲' 의 작가로 널리 알려져 있다. 이 소설은 1968년부터 1972년에 걸쳐 산케이신문에 연재한 대표 장편으로서 일본에서만 무려 2천만권 이상이 팔릴 만큼 초베스트셀러를 기록했던 책이다.

'언덕 위의 구름' 은 농업 국가였던 일본이 근대화된 군대를 마련하여 세계로 진출하는 이야기를 담고 있다. 1868년 메이지유신부터 1905년 러일전쟁까지의 30여 년은 문화사적으로나 사상적으로나 일본 역사 속에서 참으로 특이한 시기다.

이 책은 러일전쟁에서 핵심참모로 일한 아키야마 사네유키秋山眞之, 기병대에서 활동한 그의 형 아키야마 요시후루秋山好古, 그리고 일본 하이쿠의 중흥을 이끈 마사오카 시키正岡子規 등 고향이 같은 세 젊은이의 활약상을 그렸다. 러일전쟁에서 일본 해군은 예상을 뒤엎고 러시아 발틱 함대를 궤멸시킨다. 그 저력은 어디서 나왔는가. 그것은 낙천주의자들의 소년 같은 희망이 그 일을 해내게 한 것이다.

'언덕 위의 구름' 은 이러한 일본 역사상 유례없는 행복한 낙천가들에 대한 이야기다. 낙천가들은 그러한 시대정신을 가지고 앞만 보고 걷는다. 올라가는 언덕 위의 푸른 하늘에서 만약 한 덩이의 흰 구름이 빛나고 있다면, 그것만 바라보며 언덕을 올라간다.

여기에서 하나 더 언급할 사람은 러일전쟁 영웅인 해군제독 도고 헤이하치로이다. 그는 러시아 함대를 격파하면서 이순신의 학익진 전법을 썼다. 전승 파티에서 기자가 묻자 그는 이순신을 군신軍神으로 대하면서 자기는 이순신을 도저히 따라갈 수 없다고 겸손해 하였다. 이 이야기는 서울 광화문 세종문화회관 지하에 있는 '충무공 이야기' 전시실에서 볼 수 있다. 도고 헤이하치로의 신사는 도쿄 하라쭈구에 있다.

한편 '언덕위의 구름' 은 NHK방송에서 드라마로 제작하였고, 2007년에는 마쓰야마 시에 '언덕 위의 구름 박물관' 도 세워졌다.

14대 심수관

이렇게 시바 료타로 덕분에 유명해진 14대 심수관은 1999년에는 은관문화훈장을 받았고 2008년에는 남원명예시민이 되었다. 가고시마현이 만든 관광용 안내책자에 그의 사진이 실려 있을 만큼 14대 심수관은 일본 내에서도 인정을 받고 있다.

터치스크린의 마지막 부분은 '남원 심수관도예전시관에 작품 기증' 이다.

1999년 1월, 14대 심수관으로부터 대를 이어받은 심일휘가 15대 심수관으로 이름을 물려받아 지금까지 전통의 가마를 지켜나가고 있다.

1998년에는 14대 심수관과 함께 남원 도자기의 '혼불' 을 채취해 사쓰마에 안치하는 이벤트 '400년 만의 귀향' 을 기획, 추진하였다.

2011년 남원의 심수관도예전시관에 12~15대의 작품 13점을 기증했다. 15대 심수관인 심일휘는 1959년 생으로 와세다 대학 교육학과를 나왔다. 그는 다음 가업을 잇기 위해 교토도공기술전문학교를 다시 마쳤다. 그 후 이탈리아로 유학을 가서 파엔차 국립도예학교를 졸업하였다. 또한 1990년에는 경기도 김일만 토기공장에서 김칫독 제작 수업을 받기도 하였다.

심수관가는 초대가 정유재란 때 일본에 끌려온 심당길이다. 그의 본명은 심찬인데 원래 그는 도공이 아니라 사옹원의 관리였고, 일본에 와서 도자기 굽는 것을 배웠다는 설도 있다. 심수관가는 2대는 심당수, 3대 심도길, 4대 심도원, 5대 심당길, 6대 심당관, 7대 심당수, 8대 심당원, 9대 심당영, 10대 심당진, 11대 심수장으로 이어 오다가, 12대 심수관 때부터 15대까지 심수관이란 이름이 습명으로 내려온다.

심수관가는 조선인이다. 일본사회에서 조선인임을 숨기지 않고 있다. 정말 당당하다. 반면에 촌장을 한 박평의는 나중에 사무라이가 되었고 그의 후손들은 일본인으로 살고 있다.

한편 심수관 도예관 한 쪽에는 '도자기 전쟁과 남원성 전투' 안내판이 있다. 여기에는 남원성의 함락, 조선 땅이 이니면 도자기를 가져오라, 일본도자기의 뿌리가 되다, 피맺힌 그리움의 이름 '히바카리' 등이 설명되어 있다. 특히 인상 깊은 부분은 '히바카리' 이다.

조선의 도공들은 비록 몸은 일본 땅에서 살지만 마음만은 언제나 고향을 잊지 않았다. 단군을 모신 사당 옥산궁을 지어 남원성이 함락된 날을 기일忌日로 제를 올리는 한편 고향에서 부르던 노래 '오늘이 오늘이소서' 는 4백년 세월을 넘어

지금도 불리우고 있다. 특히 조선에서 가져간 흙과 유약으로 빚었지만 오로지 불火만 일본 불이라는 이름을 가진 도자기 '히바카리'는 조선 도공들의 피맺힌 그리움을 상징한다.

그리고 보니 검색시스템에서 본 초대 심당길 작품 조선시대 사발이 바로 '히바카리' 같다. 일본 가고시마현 미야마의 심수관 도자기 공방 전시실에는 심당길이 만든 조선시대의 사발이 있는데 이것이 바로 '불만 빌린 차 그릇' 이란다.

또 한 쪽에는 '조선 도공의 숨결이 살아있는 큐슈 지역 6대 도자기 비교' 코너가 있다. 이곳에는 이삼평의 아리타 도자기도 전시되어 있다.

큐슈 지역 6대 도자기는 가라쯔唐津,고다高田, 다카도리高取, 하기萩, 아리타有田, 사쓰마薩摩 도자기를 말한다.

가라쯔와 아리타 도자기는 사가현에 있고 다카도리는 후쿠오카, 고다는 구마모토, 하기는 야마구치이고 사쓰마 도자기는 가고시마 현에 있다.

그러면 여기에서 큐슈지역 6대 도자기를 자세히 알아보자. 먼저 아리타 도자기는 임진왜란 때 사가 번주 나베시마 나오시게에게 끌려온 조선 도공 이삼평? ~1656이 시조라고 전해진다. 충청도 공주 또는 금강 근처 어느 고장 출신인 이삼평은 1594년 경 나베시마에 의해 일본으로 끌려가 나베시마의 부장인 다쿠 야스노리에게 맡겨졌고 가라쯔 근방에서 도자기를 처음으로 만들었다. 1616년 경 이삼평은 도공 18명과 함께 아리타로 이사한 후 이름을 가나가에 산베이金江三兵衛로 개명하고 아리타를 일본 도자기의 산실로 만들었다. 당시 일본에는 제대로 제작된 도자기가 없었으므로 각처에서 도자기 굽는 법을 배우려고 모여들었다. 번주는 이런 이삼평의 공로를 치하하였고, 다쿠 야스노리는 자신의 하녀를 이삼평과 결혼시켰다.

현재 아리타에는 이삼평을 신으로 모시는 도조신사陶祖神社와 도조 이삼평비가 있다. 또한 계룡산에는 1990년에 세워진 이삼평 기념비가 있다.

아리타 도자기 도예단지 협동조합이 만든 소책자 '아리타 도자기의 역사'는 이삼평 도자기를 극찬하고 있다.

1600년 초 조선의 도자기공 이삼평은 아리타의 이즈미 산에서 자기의 원료인 자광백토을 발견했고, 이것으로 그는 일본 최초의 자기백자를 굽는다. 아리타 자기는 17세기 중반부터 무역항 나가사키의 데지마를 통해 유럽으로 대량 수출되었다.

유럽의 왕실과 귀족들은 이 도자기에 매료되었고 독일 작센주의 선제후였던 아우구스트 2세는 아리타 자기를 참조해 작센의 드레스텐 지역에서 도자기 생산을 시도하기도 했다. 이렇게 아리타에서 꽃 핀 자기의 400년 전통을 지키고 갈고 닦아오면서 젊은 작가들과 크고 작은 공방들이 의욕 있게 작품을 만들어 내고 있다.

이어서 고다 도자기는 1602년 영주 호소카와 다다오마가 고꾸라성에 입성할 때 임진왜란 때 가토 기요마사에 의해 끌려온 조선 도공 존개를 데리고 가서 가마를 열고 도자기를 생산한 것이 시작이다. 존개는 이후 아가노 요시구라 다카구니로 개명하였고, 지금은 12대 히로유끼가 에도시대 중기부터 대표적 기법이 된 상감청자의 작품을 중심으로 400년에 걸친 전통을 이어오고 있다.

일본 아리타의 도조신사

도조 이삼평 비

가라쯔 도자기는 사가현에 속해 있는데 이곳은 예전부터 왜구의 소굴로 유명했던 곳이다. 영주 하타는 임진왜란 이전부터 조선의 도공들을 납치해와 도자기를 만들었다. 1580년부터 1610년까지 약 30년 동안 제작된 가라쯔 도자기를 고古 가라쯔 도자기라고 하는 데 가마제작과 도자기 굽는 법, 유약제조법등 조선 도공의 기술은 당시 최고였다. 가라쯔 도자기는 일본 최초로 도자기에 문양을 그렸던 점, 흙과 유약의 조합에 따른 다채로움을 보여주는 점 등이 인기의 비결이었다.

가라쯔 야끼의 도조는 나가자또 마다히찌인데, 마다히찌는 한국말로 또칠이이다. 이 가문은 현재 14대째 내려오고 있는데 이들은 자기 조상이 조선인임을 한 번도 밝힌 일이 없는 완전한 일본인이 되었다.

하기 도자기는 도조가 이작광, 이경 형제이다. 이곳의 영주 모리는 이작광을 납치하여다가 사무라이로 책봉하고 도자기를 굽게 하였다.

이작광은 아들 하나를 남기고 죽었다는데 그 아들은 숙부 이경 슬하에서 성장하여 사무라이가 되었으나 일본 사무라이에게 원한을 사 죽임을 당하였다. 이경의 후손들은 '고려좌위문' 이라는 이름으로 지금까지 하기 야끼를 굽고 있다.

다카도리高取 도자기의 도조는 임진왜란 때 합천에서 끌려 간 팔산이란 인물로 일본 이름은 다카도리 팔산이며, 구로다 나가마사흑전장정에게 부부와 아들 셋이 모두 끌려와 사무라이를 책봉 받고 도자기를 빚었다.

종합하여 보면 큐슈지역 6대 도자기의 원조가 주로 임진왜란 때 끌려간 조선 도공들임을 알 수 있다. 그런데 심수관가를 제외하고 이삼평 등 도공들은 모두 일본

이름을 가지고 있다. 이런 점에서 사쓰마 야끼의 주인 심수관가는 더욱 돋보인다. 심수관가, 정말 흠모할 조선인 가문이다.

이어서 도예관의 하이라이트인 심수관가 도자기를 감상한다. 도자기를 잘 모르는 문외한이지만 작품이 너무 좋다. 색깔도 매우 화려하다.

한편 바로 옆에 '심수관 도자기의 발달사' 가 소개되어 있다. 여기에는 초대에서 11대 까지는 정착기이고, 12대는 도약기로서 '사쓰마웨어' 세계적 명성을 획득하였고, 13대부터 15대 현재까지는 전통과 혁신이 어우러진 명품을 생산하고 있다고 설명되어 있다.

지금의 사쓰마 도자기의 명성을 이룬 이는 12대 심수관1835~1906이다. 그는 사쓰마번요 소속 도공일 때부터 번주 시마즈의 후원에 힘입어 고화도 백자와 청화 백자를 생산 했고 금채 등으로 제작의 폭을 넓히었다. 그런데 1868년 메이지 유신 영향으로 번요가 폐지되자 현재의 미야마에 사재를 털어 개인 가마를 설치하였다. 12대 심수관은 1873년 오스트리아 빈 만국 박람회에 긴란데 대화병을 출품하여 호평일본제국훈장 수상을 받았고 이로 인하여 유럽과 호주 · 러시아 · 미국 등 세계 각국에 도자기 수출하게 되었다. 1900년 프랑스 파리 만국박람회에도 도자기를 출품하여 사쓰마웨어의 명성을 굳히게 되었다.

그런데 1940년대 초기 태평양 전쟁 시기 가세가 기울자 심수관가도 도자기를 팔려고 한 적이 있었단다. 그러나 그들은 '산과 전답은 돈만 있으면 나중에 얼마든지 살 수 있으나 우리 집 도자기는 초대 이래 조선 도공의 혼이 깃든 것이다. 목숨을 걸어서라도 지켜야 한다' 고 하며 도자기를 안 팔았단다.

심수관가는 현재 15대 심수관이 '사쓰마 도기'의 명성을 이어가고 있다. 심수관가는 일본 가고시마현 미야마 집에 매일 아침 태극기와 일장기를 입구에 나란히 게양한다. 심수관가의 몸속에는 아직도 조선의 피가 흐르고 있다.

마지막으로 15대 심수관이 쓴 글을 소개한다. 이 글에는 조선인의 한恨과 혼魂이 담겨있다.

맹렬히 타는 도가니 속에서도
담담하게 인간은
슬픔을 마음속에 담고 살아야 한다.
피를 따르나 피에 물들지 않고
기술을 따르나 기술에 기대지 않으며
불을 따르나 불에 빠지지 않는다.

3부

이순신, 명량해전에서 승리하다.

01

장성의병, 직산전투에서 패한 왜군을 안성에서 무찌르다.

1597년 8월 16일에 남원성을 함락시킨 왜군은 곧장 전주로 향하였다.

전주를 지키고 있던 명나라 장수 진우충은 남원성이 함락되었다는 급보를 접하자 아예 도망 가버렸다. 이보다 앞서 7월 25일에 선조의 임명장을 받고 갓 부임한 전라도관찰사 황신도 전주 감영에서 부안군 변산으로 피신하였다. 한 도의 주장主將으로서 마땅히 힘을 다해야 할 전라감사가 이러했으니 전라도가 온전히 지켜질 수 있었을까?

8월 27일자 선조실록에는 '비변사가 도망치기에 바쁜 관리들을 단속하고 영구히 등용하지 말자' 고 기록되어 있다. 9월 5일자에는 '비변사가 전라감사에게 본도로 돌아와 복무하도록 지시' 한 기록이 있다.

8월 18일에 왜장 고니시의 좌군은 전주에 무혈입성 하였다.

8월 25일에는 가토 기요마사가등청정이 이끄는 우군도 전주에 들어왔다. 전주에서 왜군 11만 명을 이끄는 장수들은 회의를 하였다.

왜군 좌군은 남으로 내려가고 우군은 충청도로 북진하여 서울로 올라가기로 결정하였다.

가등청정이 이끄는 왜군 우군은 9월 3일에 공주를 점령하고 천안으로 진군하였다. 모리휘원과 흑전장정의 군대는 이미 전의, 진천에 이르렀다.

이러하자 서울의 조정은 다시 소용돌이에 휩싸였다. 선조는 황해도 해주로 도망갈 계획을 세웠고 내전과 왕자들은 먼저 수안遂安으로 피난을 보냈다.

이어서 선조는 연거푸 사신을 보내 평양에 주둔해 있는 명나라 경리 양호에게 명군의 출동을 요청하였다.

그러자 명나라 경리 양호는 때가 되었다고 생각하였는지 부총병 해생에게 가장 날쌔고 용맹한 군사 8천명을 주어 전투에 임하도록 하였다. 명나라 군대는 참장 양등산과 유격장 우백영, 파귀 등 맹장 15명이 지휘하고 있어 군인들의 사기가 높았다.

이들은 9월 6일 야음을 틈 타 은밀하게 천안 방면으로 출동하였다.

뒤이어 맹장 파새가 정병 2천명을 이끌고 증원군으로 떠났다.

9월 7일 동틀 무렵에 명군은 소사 금오평金烏坪에 도착하여 군사를 세 패로 나누어서 좌우로 왜군을 덮칠 계획을 세웠다.

이 때 왜적은 이미 공주 · 천안으로부터 바로 서울로 향하고 있었는데 서울과는 불과 150리 였다. 이들 중 흑전장정 부대는 벌써 금오평에 이르렀다.

왜군이 전투준비를 하기도 전에 명나라 군사는 세 갈래 길에서 왜군을 공격하였다. 연달아 대포를 쏘고 쇠 채찍을 휘두르며 말을 달려서 돌진하니 왜군은 혼비백산하였다. 명군은 기세를 타고 왜적을 마구 무찔렀다.

이 날 명군과 왜군은 6차례나 맞붙어 싸웠다. 결과는 왜군의 패배였다.

날이 어두워지자 양군은 모두 휴식을 취하였다. 밤에 왜장 가등청정은 여러 장수들에게 내일 아침에는 결사적으로 싸우도록 명령하였다. 명나라 장수 해생은 비밀리 장수들에게 명령하기를, "오늘 왜적의 형세를 보니 적은 내일 결사적으로 싸울 것이니 죽음을 걸고 용감하게 싸우라. 이 군율을 어기지 말라. 그리고 저 왜적은 교활하니 패하여 물러가게 되면 반드시 산길로 갈 것이다. 험한 곳에서는 명나라의 기병과 왜군의 보병은 형세가 다르니 끝까지 추적하지는 말라." 하였다.

다음날 먼동이 틀 때 왜군은 일제히 포를 쏘며 학익진鶴翼陣으로 진군하여 오는데, 흰 칼날을 휘두르고 살기殺氣가 하늘까지 뻗쳐 명군의 눈을 아찔하게 하였다. 이러함에도 명나라 기병들은 왜군에 맞서서 갑자기 내달으며 철퇴를 휘둘러 치니 왜군은 모두 줄줄이 쪼개지듯 하였다.

더구나 유격장 파귀가 거느린 2천명의 지원군까지 가세하여 싸우니 얼마 안 되어 왜군은 패하여 목천 · 청주 쪽으로 달아났다.

명군은 끝까지 추격하지 말라는 해생의 명령도 있었고, 힘도 다하여 더 이상 왜군을 추격하지 않았다.

이 전투를 직산의 소사평素沙坪 전투라 한다. 이 직산전투는 평양성 전투, 행주대첩과 함께 임진왜란 중 육전陸戰 3대첩으로 손꼽힌다. 이리하여 왜군은 더 이상 북상하지 못하고 남하하고 만다. 전쟁의 흐름이 바뀐 것이다.

한편 김신남 · 김성진 등이 이끄는 장성의병 600여명은 후퇴하는 왜적을 안성에서 싸워 32명을 목 베었다. 포로가 된 조선 남녀 17명도 구출하였다. 장성의병들도 상당한 희생이 따랐다. 김성진, 허상징, 송정춘, 오인갑 등 전사자가 100여 명에 이르렀다.

장성의병은 이미 1592년과 1593년 두 번에 걸쳐 왜군과의 싸움에 나섰다. 1592년 11월에 창의하여 김경주를 맹주로, 김제민을 의병장으로 삼은 장성의병 1천651명은 북상하여 직산과 진위에서 왜적을 참살하고 1593년 2월에 돌아왔다.

1593년 6월에 다시 2차 의병이 일어났다. 김경수의 아들 김극후와 김극순 등이 주도한 800여 명의 장성의병은 진주성에 들어가 복수의병장 고종후 휘하가 되었다. 그들은 6월 21일부터 29일까지 9일간 10만 왜군과 싸웠으나 진주성이 함락되자 모두 순절하였다.

1597년에 정유재란이 일어나자 장성 선비들은 다시 3차 의병을 일으켰다. 1596년에 광주출신인 팔도의병장 김덕령이 이몽학 보반 사건으로 형옥을 당하다가 역적으로 몰려 죽었음에도 불구하고 나라가 위태하자 다시 일어났다.

8월 16일에 맹주 김경수는 남원성이 무너졌다는 소식을 듣고 사촌동생 김신남에게 "지난 임진왜란 때 두 아이가 전사한 뒤부터 날마다 원수를 갚을 일만 생각해 왔다"고 호소하면서 의병을 다시 모아 줄 것을 요청하였다. 여기에서 두 아들은 1593년 6월 진주성 2차 싸움에서 순절한 김극후와 김극순을 말한다.

김경수의 말에 김신남이 대답하기를 "우리 형님의 뜻을 아우가 어찌 모르겠습니까."하고, 같이 남문 밖으로 나가 여러 고을에 격문을 보내어 이르기를 "두 번 의거하였으나 실패만 있고 성공이 없었으니 동지들의 마음에 누가 죽음을 원하지 않으리오." 하였다.

8월 17일에 김신남은 의병 200여명을 이끌고 전주로 향하여 그곳에서 의병과 군량을 모았다. 8월 18일에는 고창의 김홍우가 의병 100명, 김중기 · 박안동 · 김세 등이 의병 300여 명을 이끌고 합류하였다.

전주에 집결한 600명의 장성의병은 8월 19일에 군오를 점검한 후 8월 20일 여산으로 이동하였다. 그리하여 안성에서 직산전투에서 패한 왜군들을 대파한 것이다. 이후 김신남이 이끄는 장성 의병은 9월 10일에 파병하고 집으로 돌아왔다.

맹주 김경수는 반갑게 김신남을 맞이하였다. 그는 김신남이 안성에서 왜적과 싸워 적을 많이 죽였다는 소식을 듣고 다시 한 번 눈물을 흘렸다. 그리고 시 한 수를 지었다. 이 시는 진주 남강 물에 떠돌고 있을 두 아들의 원혼을 위로하는 진혼가鎭魂歌이다.

"종제 판관 김신남이 안성에서 왜적을 대파하였다는 소식을 듣고"

힘을 다하여 안성싸움 이겼으니
진주 물가에서 평온치 못하여 떠도는 두 영혼을 위로하노라.

장성군 북이면 사거리에는 '호남오산남문창의비'가 세워져 있다. 여기에는 임진

호남오산남문창의비 – 장성군 북이면 사거리

왜란 7년 전쟁 중 3차에 걸쳐 의거한 장성 · 나주 · 광주 · 담양 · 함평 · 영광 · 정읍 · 고창 · 부안 · 순창 등 전라도 중서부 지역 16개 고을의 의사義士와 의승義僧 72명의 이름이 적혀 있다.

장성의병들, 그들은 진정으로 대의大義를 위해 몸을 바친 호남사람들이다.

02

이순신, 장흥 회령포에서 수군 재건식을 거행하다.

9월 7일에 직산전투에서 패배한 왜군은 기세가 크게 꺾였다. 그로부터 열흘 뒤인 9월 16일에 일본수군은 10대 1의 우세에도 불구하고 명량해전에서 이순신에게 참패하였다. 왜군의 서해진출은 물거품이 되었다.

그런데 전라좌수사 겸 삼도수군통제사로 다시 임명된 이순신의 역정은 고난의 연속이었다. 그는 선조의 수군 폐지 명령, 병참부족, 군사들의 공포심, 그리고 왜군과 접전 등 소위 4중고를 겪었다.

8월 3일에 이순신은 곧바로 군관 10여명과 함께 전라도로 향하였다. 직할 지역인 전라좌수영에서 수군을 재건하겠다는 뜻이었다. 그는 경상도 진주를 떠나 구례~곡성~옥과~순천~낙안~벌교~보성에 이르렀다. 이 길을 걸으면서 군사는 늘어나 순천에서는 60명이 되었고, 보성에 이르자 120명이 되었다. 정사준 · 송희립 · 최대성 등 그의 심복들이 속속 합류하였다.

8월 15일에 이순신은 보성 열선루에서 선조 임금의 편지를 받았다. "수군의 전력이 너무 약하니 권율의 육군과 합류해 전쟁에 임하라"는 명령이었다. 이순신은 착잡하였다. 조속히 수군을 재건하여 나라를 구하라고 교지를 내린 지가 보름도 채 안 지났는데 이제는 수군을 폐지하라니.

선조의 편지를 읽은 이순신은 곧바로 장계를 작성하였다. 이 장계가 바로 "지금 신에게는 아직도 12척의 배가 있나이다.今臣戰船尙有十二"이다.

> "임진년으로부터 5~6년간 왜적이 감히 호남과 충청에 돌입하지 못한 것은 우리 수군이 적의 진격로를 막았기 때문입니다. 지금 만일 수군을 전폐시킨다면 이것이야말로 적에게는 순풍에 돛을 달듯이 다행한 일로 왜적은 호남과 충청 연해를 거쳐 단번에 한강까지 도달할 것입니다.
>
> 바로 이것이 신이 두려워하는 바입니다.
>
> 지금 신에게는 아직도 12척의 전선이 있습니다. 죽을힘을 다하여 싸우면 적의 진격을 저지할 수 있을 것입니다.
>
> 비록 전선수가 적다하나 보잘 것 없는 신이 아직 죽지 않은 한, 적이 감히 우리를 업신여기지는 못 할 것입니다."

이순신은 수군을 포기할 수 없다는 의지를 분명히 하였다. 지금 수군을 폐지시킨다면 왜적은 호남과 충청 연해를 거쳐 단번에 한강까지 도달할 것이라고 아뢴다. 그러면서 비록 전함이 12척에 불과하나 신명을 다하면 적의 진격을 저지할 수 있다는 결의를 불태웠다.

8월 16일에는 활 만드는 장인 지이와 태귀생, 선의, 대남 등이 모였다. 이순신 휘하에 무기 만드는 장인들이 속속 합류하였다.

8월 17일 이른 새벽에 이순신은 보성을 떠나 백사정 白沙亭에 이르러 말을 쉬게 하였다. 군영구미軍營仇未에 도착하니 경내에는 사람의 자취가 보이지 않았다. 그런데 경상우수사 배설은 이순신이 타고 갈 배를 보내지 않았다. 약속을 어긴 배설. 괘씸하다.

학계에서는 백사정은 장흥군 장흥읍 원도리이고 군영구미는 강진군 대구면 구수리로 추정하고 있다. 그런데 일설에는 백사정은 보성군 회천면 벽교리에 소재한 명교 해수욕장이고 군영구미는 수군 만호진으로서 현재 보성군 회천면 전일리 군학마을이라고 한다. 필자의 생각은 후설이 맞다고 생각한다. 보성에서 장흥을 지나 강진까지 갔다가 다시 장흥 회진포로 갈 이유가 없다. 또한 배설이 배를 보내지 않았다는 것은 군영구미가 포구라는 뜻이다. 아무튼 이 문제는 정확한 고증이 필요하다.

이 날 이순신은 장흥의 군량을 담당하는 감관과 색리를 붙들어다가 곤장을 쳤다. 이들이 군량을 모두 훔쳐서 다른 곳으로 숨겨놓았기 때문이었다. 기강이 안 잡히면 왜군과의 싸움에도 이길 수 없다.

8월 18일 늦은 아침에 이순신은 장흥 땅 회령포로 갔다. 회령포는 장흥군 회진면 회진리 포구이다. 이곳에서 그는 경상우수사 배설로부터 8척의 전선을 인수 받는다. 배설은 7월 16일 칠천량 해전에서 원균의 결사항전 명령을 듣지 않고 휘하 장수들과 함께 도망하였다. 배설과 그의 부하들이 도망가면서 타고 간 배가 명량해전의 주력함이 되었으니, 이것이 바로 역사의 아이러니이다.

8월 19일에 이순신은 삼도수군통제사 취임식을 하였다. 그는 여러 장수들에게 선조가 내린 교서와 유서 앞에 엎드려 절하게 하였다. 교서를 읽어 보자.

임금은 이와 같이 이르노라. 아! 나라가 의지하여 보장으로 생각해 온 것은 오직 수군뿐인데, 하늘이 화를 내린 것을 후회하지 않고 다시 흉한 칼날이 번득이게 함으로써 마침내 우리 대군이 한 차례의 싸움에서 모두 다 없어졌으니, 이후 바닷가 여러 고을들을 그 누가 막아낼 수 있겠는가. 한산도를 이미 잃어 버렸으니 왜적들이 무엇을 꺼려하겠는가.

초미의 위급함이 조석으로 닥쳐온 상황에서 지금 당장 세워야 할 대책 은 흩어져 도망간 군사들을 다시 불러 모으고 배들을 거두어 모아 급히 요해처에 튼튼한 큰 진영을 세우는 길 뿐이다. 그렇게 함으로써 도망갔던 무리들이 돌아갈 곳이 있음을 알게 될 것이고, 한참 덤벼들던 왜적들 또한 막아낼 수 있을 것이다. (중략)

생각하건대 그대의 명성은 일찍이 수사로 임명되던 그 날부터 크게 드러났고, 그대의 공로와 업적은 임진년1592년의 큰 승첩이 있은 후 부터 크게 떨쳐 변방의 군사들은 마음속으로 그대를 만리장성처럼 든든하게 믿어 왔었는데, 지난번에 그대의 직책을 교체시키고 그대로 하여금 죄를 이고 백의종군하도록 했던 것은 역시 나의 모책이 좋지 못하였기 때문에 그렇게 된 것이며, 그 결과 오늘의 이런 패전의 욕됨을 만나게 된 것이니, 더 이상 무슨 말을 하리오! 더 이상 무슨 말을 하리오!

이제 짐은 그대를 상복 중에 기용하고 또 그대를 백의 가운데서 뽑아내어 다시 옛날같이 전라좌수사 겸 충청 · 전라 · 경상 3도 수군통제사로 임명하는 바이니, 그대는 부임하는 날 먼저 부하들을 불러 어루만져 주고 흩어져 도망간 자들을 찾아내어 단결시켜 수군 진영을 만들고 나아가 형세를 장악하여 군대의 위풍을 다시 한 번 떨치게 한다면 이미 흩어졌던 민심도 다시 안정시킬 수 있을 것이며, 적들 또한 우리 편이 방비하고 있음을 듣고 감히 방자하게 두 번 다시 들고 일어나지 못 할 것이니, 그대는 힘쓸지어다.

수사 이하 모두 다 그대가 지휘하고 통제하되 만약 일에 임하여 규율을 어기는 자가 있거든 누구든 군법대로 처단하도록 하라. (후략)

이어서 이순신은 부하 장수들에게 일장 훈시를 하였다.

우리들이 다 같이 임금의 명령을 받들었으니 의리상 같이 죽는 것이 마땅하다. 그런데 사태가 여기에 이르렀으니 한번 죽음으로 나라에 보답하는 것이 무엇이 그리 아까울 것이냐. 오직 죽음이 있을 따름이다.

이순신의 훈시는 비장悲壯하다. 장수들도 숙연하였다. 그런데 경상우수사 배설은 선조의 교서와 유서에 고개 숙여 예를 다하지 않았다. 이순신은 '난중일기' 에 '배설은 교서와 유서에도 예를 올리지 않으니 참으로 놀라운 일이다. 그 모욕적이고 오만한 태도는 말로 다 할 수 없다' 고 적고 있다. 화 난 이순신은 배설 아래 딸린 이방과 영리를 붙들어다가 곤장을 때렸다.

아울러 이순신은 회령포 만호 민정붕이 전선에 쓸 양식을 사사로이 피난민 위덕의 등에게 넘겨주고 술과 음식을 받아먹었기에 곤장 20대를 때렸다.

이순신, 패잔병 같은 군사들을 강한 군사로 만들려니 골머리가 아프다. 장수에서 부하까지 온통 기합이 빠졌으니 이를 어떻게 하여야 할까?

03

이순신, 진영을 옮기면서 왜군과 싸우다.

전라남도가 이순신 장군이 정유재란 때 전라좌수사겸 삼도수군통제사 임명장을 받은 진주에서부터 명량대첩을 이룬 해남우수영까지의 역사현장 길 450Km를 복원한다 한다. 조선수군 재건 길이 만들어진다 하니 늦었지만 크게 환영할 일이다.

다시 8월 20일 이후 이순신의 행적을 알아보자. 장흥 회령포에서 전선을 인수한 이순신은 회령포 포구가 좁아 해남 이진梨津 해남군 북평면 이진리으로 진을 옮겼다.

그런데 바로 이 날부터 이순신은 몸이 아파서 음식도 먹지 못하고 앓아누웠다. 21일 새벽 2시쯤에 이순신은 곽란霍亂 음식이 체하여 갑자기 토하고 설사하는 급성 위장병을 일으켰다. 그는 몸을 차게 해서 그런가 생각하여 소주를 마셔 치료하려 했다가 오히려 혼수상태에 빠졌다. 토하기를 10여 차례나 하고 밤새도록 괴로워하였다. 22일에도 이순신은 곽란이 심해져 몸을 움직일 수가 없었고 대변도 보지 못했다. 견디다 못하여 그는 23일에는 배에서 내려 포구 밖 민가에서 쉬었다.

24일에야 겨우 정신을 차린 이순신은 일찍 괘도포에 이르러 아침 식사를 하고 정오에 어란포 앞바다에 이르렀다. 괘도포는 해남군 북평면 영전리 또는 남성리로 추정하고 있고, 어란포는 해남군 송지면 어란리이다.

25일에 이순신은 유언비어를 유포한 포작인鮑作人* 두 사람을 체포하여 목을 베었다. 포작인이 피난민의 소 두 마리를 훔쳐 끌고 가면서 왜적이 왔다고 헛소문을 낸 것이다.이순신은 포작인 2명의 목을 매달아서 사람들이 널리 보도록 하였다. 이러하자 군대와 백성의 동요가 가라앉았다. 요즘 SNS에서 괴담이 퍼져 나간다. 악플로 인하여 연예인이 자살하는 경우까지 있다. 이런 유언비어는 이순신처럼 초기에 강력 대응하여야 진정된다.

26일 늦게 탐망군관 임준영이 말을 타고 달려와서 "왜적의 배가 벌써 이진梨津에 이르렀습니다."라고 보고하였다. 일본수군이 벌써 코앞에 왔다.

이날 선조가 임명한 전라우수사 김억추가 부임하여 왔다. 그런데 그는 전투에 필요한 격군과 전투병 그리고 무기 등을 가지고 오지 않고 몸만 달랑 왔다. 이순신은 크게 실망하였다.

27일에도 이순신은 어란포에 머물렀다. 경상우수사 배설이 찾아왔는데 두려워서 떠는 빛이 역력하였다. 이순신이 불쑥 말하기를 "수사는 어디로 피해 갔던 것 아니냐?" 하고 캐물었다. 배설은 이미 전의를 상실하고 도망치려고만 하였다. 배설만 그랬을까. 아마도 칠천량 해전의 악몽에 시달린 대부분의 조선 수군들이 그러

---

* 포작인은 일정한 거처 없이 배안에서 살고 있는 부랑인인데, 이들은 날쌔고 사나워서 왜구도 두려워서 피할 정도였다.

했으리라.

28일 오전 6시에 왜선 8척이 불시에 습격하여 왔다. 조선 수군들은 겁을 먹고 경상우수사는 피해서 물러나려고만 하였다. 이순신은 직접 선봉에 서서 깃발을 휘두르며 추격하라고 명령을 내렸다. 그러자 군사들이 움직였고 적선들이 물러갔다. 이어서 조선수군은 해남 땅끝 마을 부근인 갈두해남군 송지면 갈두리까지 왜적을 추격하였는데 더 쫓지는 않았다. 뒤따르던 왜군 배가 50여척이라는 정보가 있었기 때문이다.

이날 저녁에 이순신은 장도로 진을 옮겼다. 왜군에게 진영이 노출되었으니 어란포는 더 이상 안전지대가 아니었다. 노루섬이라고도 하는 장도는 해남 어란포와 진도 벽파진 사이에 있는 작은 섬이다.

8월 29일 이른 아침에 이순신은 진도 벽파진진도군 고군면 벽파리으로 건너가 진을 쳤다. 벽파진은 해남과 진도를 오가는 나루터로서 진도 섬의 입구이고 명량해협의 초입이다. 이순신은 여기에서 9월 14일까지 머물렀다. 이순신이 진영을 벽파진으로 옮긴 이유는 수군 재건에 유리한 조건을 두루 갖추었고, 왜군 정보를 수집할 수 있는 가장 좋은 장소로 판단했기 때문이다.

8월 30일에 이순신은 정탐꾼을 여러 곳에 내 보내어 정보를 수집하였다. 첩보는 전쟁에 이기는 데 필수 요건이다.

이 날 경상우수사 배설은 하인을 보내어 병세가 몹시 중하므로 몸조리를 해야겠다고 이순신에게 청원하였다. 이순신은 허락하였다. 배설은 전라우수영이 있는 해남에서 육지로 올라갔다.

9월 2일 새벽에 배설이 도망갔다. 해군사령관이 탈영을 하였으니 정말 어이가 없다. 이 일로 수군의 동요가 매우 심하였으리라. 이순신은 이렇게 내부의 적과도 싸워야 했다. 결국 배설은 1599년 3월에 고향인 선산에서 도원수 권율에 의해 체포되어 참형을 당하였다.

9월 3일부터 6일까지 4일간은 북풍이 강하게 불어 배를 제어하기가 힘들었다. 바람이 잠잠해 진 뒤에는 추위가 엄습하여 사공들이 추위에 떨었다. 이 당시 수군은 군복도 변변하지 못하였고 식량도 부족하였다.

이순신은 그를 믿고 따라온 피난민에게 식량과 의복을 요청하였다. 그 대신 목숨을 지켜 주겠다고 약속하였다. 이에 피난민들은 물심양면으로 이순신을 힘껏 도왔다.

특히 백진남, 문영개, 김성원, 변홍원, 정명렬, 김택남, 백선명, 정운희 등 해남 · 장흥 · 영암 · 흥양고흥의 옛 지명의 선비들이 앞장서서 후원하였다. 이들 중 '난중일기' 에도 여러 번 이름이 나오는 해남출신 백진남은 삼낭시인으로 잘 알려진 옥봉 백광훈의 아들이다. 고창 출신 오익창도 본진과 피난선단 사이를 왕래하면서 의곡을 전달하고 솜이불을 모아 물에 적신 다음 적의 철환을 막게 하는 조치를 취하기도 하였다. 나중에 이들 중에는 명량해전 당일 실전에 침여한 해상의병들도 많았다.

이순신의 조카 정랑 이분이 쓴 '이충무공 행록行錄' 에는 전라도 백성들이 이순신을 도운 기록이 적혀 있고, 해남 우수영기념공원에는 전라도 사람들의 지원 흔적이 여러 군데 있다.

9월 7일에 바람이 그치었다. 정탐군관 임중형이 와서 "적선 55척 가운데 13척이 이미 어란 앞바다에 도착하였으며 그들의 공격이 예상된다"고 보고하였다. 이순신은 휘하 장수들에게 군령을 내려 만반의 준비를 하도록 두 번 세 번 엄하게 타일렀다.

이순신의 예상대로 오후 4시경 왜선 13척이 쳐들어왔다.

미리 대비를 하고 있던 우리 배들은 닻을 거두고 바다로 나가 반격하였다. 그러자 적선은 뱃머리를 돌려 도망쳤다. 이순신은 먼 바다까지 쫓아가다가 바람과 물살이 모두 우리 쪽으로 향하고 또 숨어있는 적의 배도 있을까 걱정되어 더 이상 쫓지 않았다.

벽파진으로 돌아와서 이순신은 여러 장수들을 불러 모아 명령하였다. "오늘 밤에 반드시 왜적의 야습이 있을 것이다. 모든 장수들은 단단히 준비하라. 조금이라도 군령을 어기는 일이 있으면 군법대로 시행하리라"하였다.

과연 밤 10시경에 왜선이 다시 쳐들어왔다. 이순신은 즉시 앞장서서 지자포地字砲를 쏘며 대응하였다. 이 날 밤 조선수군과 일본수군은 4차례 접전하였는데, 자정이 되자 왜군이 물러갔다.

일본수군의 공격은 벌써 두 번째이다. 전투 강도도 한층 높이고 있다. 이제 일본수군 대규모 선단은 수륙병진책에 호응하여 조만간 조선수군을 전멸시키고 서해로 올라갈 차비를 하고 있다. 그러기 위해서는 명량해협을 통과하여야 한다. 이순신도 결전의 날이 다가오고 있음을 느끼고 있다. 필사즉생의 각오를 다지고 있다.

04

이순신, 결전 의지를 다지다.

필사즉생 필생즉사

지피지기知彼知己이면 백전불태百戰不殆라. 적을 알고 나를 알면 백번 싸워도 위태롭지 않다. 이는 '손자병법' 에 나오는 말이다. 보통 우리는 이 말을 '지피지기이면 백전백승' 으로 알고 있다.

이순신은 해전에 임하면서 항상 이 점을 명심하고 있었다. 천시天時와 지리地理는 물론이고 언제나 적의 동향에 촉각을 곤두세우고 있었다. 그래서 23전 23승이라는 신화를 낳았다.

9월 7일에 일본수군은 두 번째 공격을 하였고 전투 강도도 한층 높였다. 일본 수군은 수륙병진책에 호응하여 대규모 함선을 해남 지역에 포진시키고 있었다. 이순신은 곧 결전의 날이 다가 오고 있음을 느꼈다.

다행히도 9월 8일에 왜군은 쳐들어오지 않았다. 이순신은 여러 장수들을 불러 대책을 논의하였다. 어제 일어난 일본 수군의 공격에 심각성을 느낀 것이다. 그런데 뾰족한 대책이 없었다. 장수들은 침묵만 지킬 따름이었다.

9월 9일은 중양절重陽節이었다. 이 날은 국화주를 마시고 음식을 먹는 명절이었다. 이순신은 어머니가 돌아가신 상제喪祭의 몸이었지만, 9월1일에 제주도에서 보내온 소 다섯 마리를 잡아서 녹도만호 송여종과 안골포만호 우수에게 주었다. 군사들은 모처럼 소고깃국을 먹었다. 군사들은 힘이 나고 한결 거뜬하여 졌다.

이 날 오후 늦게 왜선 두 척이 감보도甘甫島에 들어와 다시 정탐을 하였다. 감보도는 지금은 감부도라고 하는데 진도군 고군면 벽파리 벽파항 바로 앞에 있는 작은 섬이다. 왜군이 벽파진 바로 코앞까지 와서 정찰을 한 것이다. 이에 영등포만호 조계종이 즉각 왜선을 추격하였다. 그러자 왜군 정탐선은 급히 도망을 갔다.

9월 10일부터 13일까지 4일간은 조선 수군은 별 징후 없이 지냈다.
13일 밤에 이순신은 또 이상한 꿈을 꾸었다. '난중일기' 에는 이렇게 적혀 있다.

꿈이 범상하지 않았다. 임진년에 크게 이겼을 때의 꿈과 비슷하였다. 무슨 징조인지 잘 모르겠다.

9월 14일에 이순신은 중대한 정보를 입수하였다. 이 날의 '난중일기' 를 읽어보자.

벽파정 맞은편에 연기가 오르기에 배를 보내서 실어왔는데 탐망군관 임준영이었다. 그가 정탐한 결과를 보고하기를 "전선 2백 여 척 가운데 55척이 먼저 어란 앞바다에 들어 왔습니다."하였다.

그리고 또 말하기를 "사로잡혀 갔다가 도망해 돌아온 김중걸이 전하는 말에, '그는 이 달 초 6일 해남 땅 달마산으로 도망갔다가 달마산에서 왜적에 붙잡혀 묶인 채로 왜선에 실렸는데 다행히 임진년에 포로가 된 김해사람을 만났다고 합니다. 그와 함께 왜적 대장에게 빌어서 결박을 풀고 같은 배에서 지냈는데, 한 밤중에 왜놈들이 깊이 잠들었을 때 김해 사람이 김중걸의 귀에 대고 몰래 이야기하기를 '조선 해군 10여척이 우리 배를 추격하여 혹은 사살하고 혹은 배를 태웠으니 극히 통분한 일이다. 각 처의 배들을 불러 모아 조선 수군을 섬멸할 것이다. 그런 후에 곧장 서울로 올라간다'고 말했다는 것이다"

이 말을 다 믿을 수는 없으나 그럴 수 없는 것도 아니어서 곧 우수영으로 전령선을 보내서 피난민들에게 곧 싸움이 벌어질 것이니 빨리 육지로 올라가도록 하였다.

이를 좀 더 자세히 살펴보자. 이순신은 여러 곳에 정탐꾼을 보내어 왜군의 동향을 파악하였는데 군관 임준영이 첩보를 가지고 왔다.

임준영의 첩보는 두 가지이다. 첫째, 왜선이 200여척이고 그 중 55척이 이미 어란포에 정박하였다는 것이다. 9월 7일에는 왜선이 55척이라고 했는데 이제는 4배나 많은 200여척이 집결하고 있고, 어란포에 55척이 정박하고 있다는 점은 일본 수군이 곧 대규모 공격을 할 것임을 감지할 수 있다.

둘째, 달마산에서 왜적에 붙잡혔다가 도망 나온 김중걸이 말한 정보이다. 김중걸은 왜군과 같이 오랫동안 지낸 김해사람에게서 들은 정보를 임준영에게 전달하였다. 이순신은 김중걸의 말을 1급 정보로 생각하였고 결전의 날이 왔음을 감지하였다. 그는 전령선을 해남 우수영으로 보내어 주변의 피난민들을 곧 육지로 올려 보내도록 하였다.

여기에서 관심을 가지는 점은 김중걸에게 정보를 준 김해사람이 누구인지 하는 점이다. 구전口傳에는 김해사람은 왜군에게 잡혀간 해남 처녀라는 것이다. 진도출신 소설가 곽의진은 이런 설화를 바탕으로 소설 '민'을 지었다. 이 소설은 해남에서 왜선에 잡혀온 '복이'라는 처녀가 적장의 노리개 감이 되었다가 기밀을 빼낸 과정을 그리고 있다.

마찬가지로, 해남 출신 박승룡 옹은 일제시대에 해남에서 19년간 경찰을 한 일본인 '사와무라 하찌만다로澤村八幡太郎'의 유고집 '문록경장의 역'을 인용하여 왜군이 명량해전에서 패한 사유가 어란 여인의 첩보 때문이라고 주장한다. 어란보존현창회장인 박옹은 2006년부터 어란 여인 발자취 찾기를 시작했다. 그리하여 2008년에 전남도립국악단 주최 '울돌목에 핀 해당화-어란' 국악뮤지컬 공연에 기여를 하였고, 2012년에는 어란 마을 뒷산 낭떠러지 여낭터에 어란 여인 비석을 세웠다.

9월 15일에 결전의 날이 다가옴을 느낀 이순신은 진영을 진도 벽파진에서 해남 우수영 앞바다로 옮겼다.

13척의 배로 수 백 척의 왜선과 벽파진의 넓은 바다에서 싸우기에는 절대 불리하였다. 이는 계란으로 바위치기나 다름없었다. 그나마 물살이 거칠고 해협이 좁은 울돌목의 지형을 이용하여 싸우는 것이 이순신 입장에서는 최선의 방책이었다.

해남 우수영으로 진영을 옮긴 후에 이순신은 여러 장수들을 불러 모아 일장 연설을 한다.

병법에 "죽기를 각오하고 싸우면 살 것이고, 살려고만 하면 죽을 것이다.必死卽生 必生卽死"라고 하였고, "한 사람이 길목을 지키면 족히 천명이 와도 두렵지 않다"라고 했는데 이 두 마디 말은 지금 우리를 두고 한 말이다.

그대들은 이번 전투에서 살고자 하는 생각을 품지 마시오. 장수들이 목숨을 걸고 싸워야 군졸들도 뒤를 따를 것이요. 만약 조금이라도 군령을 어기면 군법으로 엄히 다스릴 것이요

이순신의 훈시는 비장하다. 죽기를 각오하고 싸워야 이길 수 있다는 절박감이 배여 있다. 문득 영화 '300' 에서 본 스파르타 왕의 연설 장면이 생각난다. BC 480년, 스파르타의 용사 300명은 그리스를 침공한 100만 페르시아 대군과 맞서 테르모필레 협곡을 지키다가 장렬하게 전사하였다.

'필사즉생 필생즉사必死卽生 必生卽死' 는 '나에게는 아직도 12척의 배가 있나이다.' 와 함께 가장 많이 알려진 이순신 어록語錄이다. 원래 '필사즉생 필생즉사' 는 오자병법에 있는 '필사즉생 행생즉사必死卽生 幸生卽死' 글귀를 변용한 것이다.

아울러 이순신은 조선 수군이 절대 열세이기는 하지만, 천혜의 요새지인 명량에서 싸우면 이길 수도 있다는 자신감을 은근히 내비쳤다.

이 날 밤 이순신은 또 꿈을 꾸었다.

신인神人이 꿈에 나타나서 "여차 여차 하면 크게 승리할 것이요 여차 여차 하면 패배할 것이라"고 하였다.

이순신이 얼마나 노심초사하였으면 꿈에도 전투작전 구상이 나타났을까? 충무공 이순신, 그는 진실로 나라를 구하기 위해 혼신을 다한 군인이다.

필사즉생 필생즉사 – 아산 현충사 주차장

05

이순신, 기적을 노래하다.

명량대첩

서울특별시 광화문 세종문화회관 지하에 있는 '충무공이야기' 전시관을 갔다. '4D 영화 명량대첩' 을 보았다. 이번이 네 번째이다. 영화를 보면서 호남인의 자긍심을 느낀다.

이제 1597년 9월 16일의 명량대첩에 대하여 자세히 살펴보자.

먼저 해전장소인 명량鳴梁에 대하여 알아본다. 명량해협은 해남과 진도 사이를 잇는 진도대교 바로 아래를 흐르는 수로이다. 길이는 1.3km, 입구 쪽의 폭은 약 650미터이며 가장 좁은 폭은 295미터이다. 그나마 양쪽에 큰 암초가 있어서 실질적인 폭은 120미터에 불과하다. 이 암초에 조류가 부딪치면서 요란한 소리가 울린다고 하여 '울돌목' 이라 하였다. 명량은 하루에 네 번 물살이 바뀌는 급류이고 수심도 얕고 협수로狹水路여서 많은 배들이 침몰하였고 지금도 보물선 탐사가 계속되고 있다.

다음은 조선과 일본 수군의 전력戰力이다. 한마디로 전선 13대 133, 10배의 차이였다. 조선수군은 일본 수군에 비하여 절대적 열세였다. 판옥선 13척 뿐이었다. 초탐선 32척이 있다고 하나 정찰용이었다. 이순신은 백성들이 끌고 온 100여척의 피난선을 전함 뒤에 배치하였지만 이 또한 위장용이었다.

반면에 일본수군은 도도 다카토라가 총대장을 맡고 와키사카 야스하루, 가토 요시야키, 구루지마 미치후사 등 일본 수군 장수들이 모두 모였으며 전함은 300척이 넘었다. 다행히도 명량의 좁은 해협 때문에 소형군선세키부네 133척이 실제 전투를 하였고, 대형군선아다케부네은 해협 밖에서 대기하였다.

명량대첩을 기록한 글들은 〈난중일기〉, 〈이충무공행록〉, 〈선조수정실록〉, 〈난중잡록〉, 〈연려실기술〉, 〈재조번방지〉 등 여러 곳이다. 이 중에서 가장 자세한 것은 세계기록유산 〈난중일기〉이다.

그러면 9월 16일자 '난중일기'를 자세히 읽어 보자.

9월 16일 맑다

이른 아침에 특별정찰부대가 와서 보고하기를 "수효를 셀 수 없이 많은 적선이 명량으로부터 곧바로 우리가 진치고 있는 곳을 향해 달려옵니다." 하였다.

곧 모든 배에 명령하여 닻을 올리고 바다로 나갔더니 적선 130여척이 우리 배들을 둘러쌌다. 여러 장수들은 적은 군사로 많은 적과 싸우는 형세임을 알고 모두 도망칠 꾀만 내고 있었다. 우수사 김억추가 탄 배는 벌써 2마장4~6KM **밖에 나가 있었다.**

전투가 시작된 시간은 오전 11시경으로 추정된다. 이때는 조류가 왜군에게 유리하였다. 그래서 일본 수군은 조류가 바뀌기 전에 조선수군을 전멸시키고자 속전속결을 꾀했다.

왜선 130여척은 곧바로 조선 배 13척을 포위하였다. 여러 장수들은 겁을 먹고 주춤거렸다. 이순신이 필사즉생 필생즉사를 그렇게 외쳤어도 조선 수군들은 공포에 질려 있었다.

나는 노를 빨리 저어 앞으로 나아가며 지자地字, 현자玄字 등 각종 총통을 마구 쏘았다. 탄환이 폭풍우같이 날아갔다. 군관들도 배 위에 총총히 들어서서 빗발처럼 화살을 쏘아댔다.

그러자 적의 무리가 감히 대들지 못하고 쳐들어왔다 물러갔다 하였다.

그러나 우리 배가 여러 겹으로 둘러싸여 형세가 어찌 될지 알 수가 없어, 배에 있는 사람들은 서로 쳐다보며 얼굴빛이 하얗게 질려 있었다.

나는 조용히 타이르기를 "적선이 비록 많다 해도 우리 배를 바로 침범하지 못할 것이니 조금도 동요하지 말고 다시 힘을 다해서 적을 쏘아 맞혀라"하였다.

이순신은 앞장서서 홀로 분전하여 총포를 쏘고 싸웠다. 많은 왜선들이 이순신의 배를 공격하자 수군들이 하얗게 질렸다. 이순신은 조용히 타이르며 동요를 막고 용기를 북돋았다.

여러 장수의 배를 돌아보니 이미 1마장 정도 물러났고, 우수사 김억추가 탄 배는 멀리 떨어져 가물가물하였다.

배를 돌려 중군 김응함의 배로 가서 먼저 목을 베어다가 내걸고 싶지만, 내 배가 머리를 돌리면 여러 배가 점점 더 멀리 물러나고 적들이 더 덤벼들 것 같아서 나가지도 돌아서지도 못할 형편이 되었다.

누구보다도 이순신을 지켜줘야 할 직할부대장 김응함의 배 조차 나서지 않았다. 화가 났지만 이순신은 이러지도 저러지도 못하였다.

호각을 불어 중군에게 기를 세워 군령을 내리도록 하고 또 초요기招搖旗를 세웠더니, 중군장인 미조항첨사 김응함의 배가 차츰 내 배 가까이 왔으며, 거제현령 안위의 배가 그보다 먼저 왔다.

나는 배위에 서서 직접 안위를 불러 "안위야, 군법에 죽고 싶으냐?
군법에 죽고 싶으냐? 도망간다고 어디 가서 살 것이냐?"하였다.
그러자 안위도 황급히 적선 속으로 뛰어들었다.

또 김응함을 불러 "너는 중군으로서 멀리 피하고 대장을 구원하지 않으니 죄를 어찌 면할 것이냐? 처형하고 싶지만 전세가 급하므로 우선 공을 세우게 하겠다."하였다.

이순신이 기를 세워 군령을 내리고 호령을 치니 그때서야 안위와 김응함의 배가 움직였고, 이들은 전투에 가세하였다.

그리하여 두 배가 적진을 향해 앞서 나가는데, 적장이 탄 배가 그 휘하의 배 3척에 지시하자 일시에 안위의 배에 개미떼처럼 달라붙어 서로 먼저 올라가려고 하였다. 안위의 격군 7~8명이 물에 뛰어 들어 헤엄을 치니 거의 구하지 못할 것 같았다. 안위와 그 배에 탄 사람들이 죽을힘을 다해서 몽둥이를 들거나 긴 창을 잡거나 또는 돌멩이를 가지고 마구 후려쳤다.

배위의 사람들이 거의 기진맥진한 상태가 되자 나는 뱃머리를 돌려 바로 아가서 빗발치듯 마구 쏘아댔다.

적선 세 척이 거의 뒤집혔을 때 녹도만호 송여종과 평산포 대장 정응두의 배가 뒤쫓아 와서 서로 힘을 합쳐서 왜적 한 놈도 살아남지 못하게 하였다.

안위의 함선이 왜선 3척과 백병전을 하여 크게 위험에 처하였다.

그러자 이순신을 비롯한 조선 함대는 안위의 배를 구하였고 왜선 3척을 격침시켰다.

왜인 준사는 이전에 안골포의 적진에서 투항해온 자인데, 내 배위에 있다가 바다에 빠져 있는 적을 굽어보더니, "그림 무늬 비단 옷을 입은 자가 바로 안골진에 있던 적장 마다시입니다."라고 말했다.

내가 물 긷는 군사 김돌손을 시켜 갈구리로 낚아 올렸더니, 준사가 펄쩍 뛰면서 "정말 마다시입니다"라고 말하였다. 곧바로 명령을 내려 토막토막 잘랐더니 적의 기세가 크게 꺾였다.

토막 난 적장 마다시는 당항포 해전에서 죽은 구루지마 후시모토의 동생 구루지마 미치후사였다. 왜구 출신인 그는 형의 복수를 하고자 선봉장으로 나섰다.

해남 명량 앞바다

우리 배들이 적을 물리칠 수 있다는 것을 알고 일제히 북을 울려 함성을 지르면서 쫓아 들어갔다. 지자, 현자 대포를 쏘니 그 소리가 산천을 뒤흔들었고, 화살을 빗발처럼 쏘았다. 적선 31척을 깨뜨리자 적선은 도망가고 다시는 우리 수군에 가까이 오지 못하였다.

오후 1시경이 되자 조류가 바뀌었다. 왜선은 역류로 되밀리기 시작했다. 이때를 놓치지 않고 조선수군은 총 공격을 하였다. 그리하여 왜선 31척을 격파시켰다. 통쾌한 승리였다.

싸움 하던 바다에 그대로 정박할까 싶었다. 그러나 물결도 몹시 험하고 바람도 거꾸로 불어서 우리 편의 형세가 외롭고도 위태로운 듯 하여 당사도로 옮겨가서 밤을 지냈다.

참으로 천행天幸이었다.

이 날의 〈난중일기〉는 마치 한편의 전쟁 드라마 대본 같다. 불굴의 이순신, 그는 10대 1의 절대 열세 속에서도 죽기를 각오하고 싸워 기적을 노래하였다.

* 명량해전시 왜선의 수는 330여척이라고 한 것은 〈난중일기〉 인쇄과정에서의 실수이다. 친필본 난중일기에는 130척으로 적혀 있다.

06

명량대첩 승리요인과 미스테리

철쇄설, 거북선 참전, 강강술래는 진실인가?

명량대첩은 세계 해전사에서 가장 드라마틱한 해전이다. 이 해전은 양치기 소년 다윗이 작은 돌멩이 하나로 거인 골리앗을 쓰러뜨린 싸움으로 비유되기도 한다. 또한 어떤 이는 '한산도 해전이 화려한 뮤지컬이라면, 명량해전은 비장감이 흐르는 오페라' 라고 말하기도 한다.

명량대첩은 정유재란의 흐름을 바꾸었다. 일본 수군의 서해 진출을 막아 내어 일본의 수륙병진책을 물거품으로 만들었고, 조선수군의 재기 발판을 마련하였다.

그렇다면 조선수군이 극적인 승리를 하게 된 요인은 무엇인가?
그 요인은 (1) 전선 수는 적으나 강한 함대 (2) 이순신의 전략 전술과 리더십 (3) 전라도 연안 백성들의 지원과 참전으로 요약된다.

첫 번째 승리 요인은 전함 수는 적으나 강한 함대이다. 13척이라는 절대 열세에도 불구하고 조선함대는 막강한 화포를 갖춘 판옥선이 있었다. 또한 배 한 척에 장교 · 부사관 등 군관들이 여러 명 탑승하여 전투능력이 최강이었다.

명량해전에서 싸운 장수 · 군관들의 면면을 보면, 전라우수사 김억추, 조방장 배흥립, 거제현령 안위, 영등포만호 조계종, 안골포 만호 우수, 미조항첨사 김응함, 녹도만호 송여종, 평산포대장 정응두, 순천 감목관 김탁, 강진현감 이극신, 제포만호 주의수, 당포만호 안이명, 발포만호 서수장, 진도군수 송덕일, 조라포만호 정공청, 군관 송대립 · 송희립 · 정사준, 송득운 · 송흥운, 군관 이영명 · 임준영 · 임중형, 주부 김인복, 백팽세, 김대준, 조언신과 조득인 등 이루 헤아릴 수 없이 많다.

두 번째 승리요인은 이순신의 뛰어난 전략 전술과 솔선수범이다. 이순신은 명량이라는 지형지물과 조류의 흐름 등을 전투에 잘 활용하였다.

이순신은 명량해협이 좁아서 일본 수군 대형선은 전투에 참여하기 곤란하고 소형선만 참전할 수밖에 없음을 간파하였다. 또한 조류의 흐름을 알고 싸움을 하였다. 처음 싸울 때는 조류가 조선함대에 불리하지만, 시간이 지나면 일본함대에 불리할 것임을 알고 버티었다. 예상대로 조류가 역류로 바뀌자 일본 함대는 당황하였고 조선 함대는 총공격을 하였다. 그리하여 왜선 31척을 격침시켰다.

이순신이 솔선하여 선봉에 나선 것도 큰 역할을 하였다. 해전이 시작 되자 이순신만 홀로 분전하였다. 휘하 장수들은 겁을 먹고 나서지 않았고 전라우수사 김억추의 배 또한 멀리 떨어져 있었다. 그러나 시간이 흐르자 이순신의 분전에 힘입어 조선 함대는 일제히 분발하여 왜군을 총공격하였다.

이처럼 지도자는 앞장서서 몸을 던져야 한다. 이 점이 우리가 이순신 장군에게 배우는 바이다.

셋째는 전라도 연안 백성들의 지원과 참전이다. 이순신을 따라 피난 온 고흥 · 보성 · 장흥 · 영암진의 백성들과 해남 · 진도의 주민들은 수군에게 의복과 식량을 지원하였고 수군으로 자원입대하였다.

지역의 어부들과 목수들은 선박 수리도 하였다.

명량해전 당일에는 피난선 100여척을 전선으로 가장하고 대기하였고, 이순신이 위험하자 함께 싸우기도 하였다. 아울러 육상에서 유격활동을 하여 해안 지대를 방어하였다.

한편 명량해전은 객관적으로 보면 도저히 이길 수 없는 싸움이었기에, 전투과정에 대해 많은 논란과 추측이 일어나고 있다. 철쇄가 설치되었다느니 거북선이 떴느니 여인들이 군복을 입고 강강술래를 하였느니 등 미스테리가 많다. 이들 미스테리에 대하여 살펴보자.

첫 번째는 철쇄설이다. 이는 명량해협 300여 미터를 철쇄로 설치하여 왜선이 좌초되게 하였다는 이야기이다. 그 근거는 이중환의 '택리지'와 정조 때 발간된 '호남절의록' 등이다.

'택리지'에는 "이순신이 철쇄를 만들어 돌다리에 가로질러 놓고 왜선을 기다렸는데 왜선이 다리 위에 와서 철쇄에 걸렸고 급류에 휩싸여 500여척이 침몰했다"고 적혀 있다. 너무 소설 같은 이야기이다.

'호남절의록' 에는 전라우수사 김억추가 쇠사슬을 걸어 왜선을 격침시켰다고 되어 있다.

"김억추는 정유재란 때 전라우수사가 되었는데 충무공이 힘을 합쳐 적을 토벌하자는 뜻의 격문을 공에게 보내오니 공은 즉시 진도에 가서 만나 여러 방략들을 마련하는데 많은 힘이 되었다. 쇠사슬을 명량에 가로질러 설치하여 우리 배가 지날 때는 거두고 적의 배가 지날 때는 걸도록 하였는데 쇠사슬이 너무 무거운 지라 여러 장수들 중 아무도 그 일을 해 낼 수가 없었다. 공이 때에 맞춰 걸고 거두는 것을 아주 쉽게 하였으므로 이순신이 그 용력의 절륜함에 탄복하였다."

전라우수사 김억추가 헤라클레스처럼 2km나 되는 명량해협을 가로지르는 철쇄를 혼자서 걸고 거두고 하였다 함은 도무지 믿기 어렵다. 또한 이순신은 김억추에 대하여 그리 높이 평가하지 않는 듯하다. 8월 26일과 9월 8일의 난중일기를 읽으면 알 수 있다.

두 번째는 거북선 참전 여부이다. 명량해전에 거북선이 참전한 것에 대한 언급은 이순신의 조카 이분이 지은 '이충무공 행록' 에 나온다.

"8월 18일 회령포에 이르니 전선이라고는 단지 10척 뿐이었다. 공은 전라우수사 김억추를 불러서 병선을 거두어 모으게 하고, 또 여러 장수들에게 분부하여 거북선 모양으로 꾸며서 군사의 위세를 돋우도록 했다."

그런데 이 내용은 상당히 의심이 간다. 거북선이 참전하였다면 난중일기에 반드시 언급이 있었을 것인데 난중일기에 거북선 단어는 아예 없다. 더욱이나 거북선을 한 달 만에 만드는 일이 가능했을지도 의문이다.

세 번째는 강강술래이다. 강강술래는 해남 · 진도 · 완도 등 전남 서남해안지방에서 추석날 밤에 예쁘게 차려입은 부녀자들이 공터에 모여 손에 손을 잡고 둥근 원을 만들어, '강강술래' 라는 후렴이 붙은 노래를 부르며 빙글빙글 돌면서 뛰노는 민속놀이이다. 2009년에 세계문화유산으로 등재되었다.

강강술래는 명량해전 때 이순신 장군이 마을 부녀자들을 모아 남자차림으로 옥매산玉埋山 허리를 빙빙 돌게 하여 군사가 많은 것처럼 보이게 한 데서 유래 되었다 한다.

옥매산은 해남군 문내면과 황산면의 경계에 있고, 앞 바다가 명량해전의 무대이다. 옥매산에서 내려다보면 울돌목, 벽파진, 어란진 등이 모두 보인다.

명량해전은 참으로 세계 해전사에 보기 드문 특이한 전투이다. 다른 해전과는 달리 해남과 진도의 산봉우리에서 전라도 연안 백성들이 전투를 지켜보았다. '이충무공 행록' 에는 그날 피난민들이 높은 산봉우리에서 전투를 바라보았다고 기록되어 있다. 이들은 처음에는 300척 이상 되는 왜선에 놀라서 공포감에 사로잡혔다. 조금 있다가 조선 함대가 잘 버티자 힘껏 응원을 하였고, 왜선이 격침되자 더욱 흥분하여 소리쳤으며 왜군이 물러나자 얼싸안고 환호하였다.

그렇다면 강강술래는 설화가 아니라 사실일 수 있다. 여인들이 두려움을 떨치기 위하여 서로 손을 잡고 술래를 돌았고, 만약 왜군이 쳐들어오면 피난 갈 것을 대비하여 치마보다는 남복을 입었으리라.

명량해전은 전력戰力으로는 조선 함대가 도저히 이길 수 없는 해전이었음에도 불구하고 승리하였기에 사실과 허구가 뒤섞여 있다.

07

전라도 사람들, 명량해전을 승리로 이끌다.

전남 해남군 문내면에 있는 우수영관광지를 간다. 명량대첩기념공원에서 바라보니 울돌목이 한 눈에 보인다. 공원에는 명량해전을 재현한 조각상들이 산책로 군데군데에 전시되어 있다.

먼저 '폐선廢船을 명량의 전함으로' 라는 제목이 붙은 조각상을 보았다. 조각상 아래에 해설이 붙어 있다.

칠천량 패전 이후 우리에게 남은 전선은 부서진 판옥선 9척 뿐이었다. 온전한 전선이 없어 해전이 불가능했던 이 때 밤낮으로 폐선을 수리하여 마침내 명량해전을 가능케 한 사람들이 있었다.

정충량, 김세호 등과 함께 전쟁준비에 혼신의 힘을 쏟은 이들이 바로 저 무명의 선장과 목수들이었다.

아니, 이게 어찌 된 일인가. 칠천량 패전이후 남은 전선이 부서진 판옥선 9척 뿐이라고 적혀 있으니. 역사학자들은 이구동성으로 명량해전에서 싸운 배는 13척이라고 말하고 있다. 이순신이 보성에서 선조에게 '저에게는 아직도 12척의 배가 있나이다.' 라고 장계를 쓴 이후 전라우수사 이억기가 탄 배 1척이 더해진 것이다.

물론 칠천량 패전이후 남은 판옥선은 부서져서 많은 수리가 요구되었으리라. 그래서 해남 · 진도 등 전라도 연안 지역 어부와 선장 그리고 목수들이 부서진 판옥선을 밤낮으로 수리하였다.

조금 걸어가니 울돌목의 의병항쟁이라고 적힌 조각상이 두 개 있다.

먼저 '울돌목의 의병항쟁 1' 조각상부터 본다. 바로 마하수 부자의 참전 조각상이다.

명량대첩은 해남 · 진도 등 해안지방 사람들이 수군과 같이 목숨을 바쳐 싸운 의병항쟁의 승리였다. 부자형제와 이웃들이 함께 참전하여 끝까지 싸웠으니 마하수 5부자의 혈전이 그 한 예이다.

부친이 적선에 포위된 통제사를 구원하다기 적탄에 맞아 전사하자 그 시신을 안고 일성통곡으로 복수를 맹세한 마씨 형제들. 그들은 적이 패퇴할 때 까지 결사의 항전을 그치지 않았다.

마하수 5부자는 마하수와 네 아들 성룡, 위룡, 이룡, 화룡을 말한다. 마하수의 기록은 호남절의록의 '이순신과 함께 순절한 제공 사실' 에 나온다. 호남절의록을 읽어보자.

마하수는 장흥출신으로 1564년에 무과에 급제하고 선공감 주부를 제수 받았다. 임진왜란 때 부친이 적에게 해를 당하니 그는 복수를 맹세하였다. 정유재란 때 이순신을 장흥 회령포에서 만나니 이순신이 고을의 여러 배들을 모아 후원을 해주도록 명령하므로 그는 "마땅히 이공과 함께 생사를 같이 하겠습니다. 남자는 비록 흰머리가 되어도 마음은 건강해지는 법입니다"하였다.

그는 백진남, 정명열, 문영개 등 십여 명과 함께 먼 바다에 배를 늘어놓고 마치 군선처럼 보이게 하여 명량 싸움을 응원하였다.

그는 고을의 배들을 모아 바깥 바다에 배치하고 바라보니 이순신이 적들에게 포위되었으므로 칼을 뽑아들고 "대장부는 한번 죽을 뿐이지 어찌 구차하게 목숨을 구하고자 할 것이냐"하고 두 아들 성룡, 위룡과 함께 적진으로 돌진하여 힘껏 싸우다가 탄환을 맞고 전사하였다.

한편 호남절의록에는 마하수의 아들 마성룡과 마위룡도 기록되어 있다. 마성룡은 해전 후 얼마 있다가 상처가 악화되어 죽었다.

그랬다. 명량해전에는 피난선 100여척이 조선 수군 본진 뒤에 배치되어 전함으로 위장하였다. 이들은 실제 전투에 참여하기도 하였고 후방 지원을 하기도 하였다.

1597년 9월 1일자 선조수정실록에는 명량해전 시 피난선이 조선 함대 후방에 배치되어 전선처럼 위장하였다는 기록이 있다. 정사正史도 전라도 사민士民들의 공로를 인정한 것이다.

이순신이 진도에 도착해 병선을 수습하여 10여 척을 얻었다. 이때 배를 타고 피

명량대첩 기념공원 조각상 (전남 해남군 문내면)

난해 있던 연해沿海의 사민士民들이 이순신이 왔다는 말을 듣고는 기뻐하였다. 이순신은 길을 나누어 그들을 불러 모아 군대 후면에 있으면서 군사의 형세를 돕도록 했다.

이 해상 의병들이 백진남 · 마하수 · 오익창 · 김성원 · 문영개 · 변홍원 · 백선명 · 김택남 · 임영개 · 정운희 · 정명열 · 김안방 등이다.

백진남은 해남군 옥천면 출신으로 삼당시인인 옥봉 백광훈의 아들이다. 그는 1594년 초에 고봉 기대승의 아들 기효증이 선조가 계시는 의주에 보낸 양곡을 지원하였고, 명량대첩에도 이순신을 도와 식량과 의복을 내놓았다. 백진남은 명량해전 이후에도 이순신을 여러 번 만났다. 10.9, 10.23, 10.26, 12.2일자 난중일기에 그 사실이 적혀 있다.

무장출신 오익창의 역할도 컸다. 그는 전투가 시작되자 본진과 피난선사이를 오가면서 여러 배에서 솜이불 백 여 개를 거두어 이를 물에 적신 후 배에 걸어두니, 적의 탄환이 이를 뚫지를 못하였다. 또 오이東瓜를 모아 배 한 척에 가득 실어두고 병졸들 중 목마른 이에게 나누어 주어 갈증을 풀게 하였다. 이순신은 탄복하여 오익창에게 말하기를 "내 군사들이 거둔 이번 승리는 오상사의 힘이 크도다" 하였다.

오익창은 '호남절의록'에 기록되어 있는데 최근에는 문집 '사호집'이 국역되어 관심을 끌었다. 그의 신위는 고창 죽산사竹山祠 전북 고창군 아산면 성산리 죽산 마을 소재에 모시어져 있다.

이어서 '울돌목의 의병항쟁(2)' 조각상 해설을 읽는다.

임진 · 정유년에 왜적의 침공을 받아 나라가 누란의 위기에 처하니 이 지역 백성들이 분연히 일어나 의병으로 참전하였다.

조응량 부자와 양응지 숙질도 이 지역 백성들과 함께 의병으로 참전하여 명량해전에서 낮과 괭이 등 연장으로 적을 무찌르다가 승리를 눈앞에 두고 전사하니 보는 이들이 모두 슬퍼하였다.

명량해전에서 전사한 의병이 마하수뿐만 아니었다. 그런데 조응량 부자와 양응지 숙질이 누구인가. 언젠가 진도군 고군면 벽파진에 세워진 '충무공 벽파진 전첩

충무공 벽파진 전첩비 (진도군 고군면 벽파리)

비' 에서 본 명량해전 전사자 명단이 생각났다.

> "벽파진 푸른 바다여, 너는 영광스런 역사를 가졌도다. 민족의 성웅 충무공이 가장 외롭고 어려운 고비에 빛나고 우뚝한 공을 세우신 곳이 여기더니라. (중략) 이천구, 김수생, 김성진, 하수평, 박헌, 박후령과 그의 아들 인복, 또 양응지와 그의 조카 계원, 그리고 조락, 조응량과 그의 아들 명신 등 많은 의사들이 목숨까지 바쳐 천추의 호국신이 되었다. (후략)"

그렇다, 조응량 부자는 조응량과 그의 아들 조명신을 말하고 양응지 숙질은 바로 양응지와 그의 조카 양계원을 일컫는다.

한편 공원 한 쪽에는 해남출신 의병 오극신 · 오계적 부자가 싸우다가 전사한 조각상도 있다.

전라도 의병들은 비단 조각상에 새겨진 의병들뿐만 아니었다. '호남절의록' 에 보면, 진도군수 송덕일의 삼촌 송지와 군관 송희립의 친척 송계현 · 송계량 · 송계창도 의병을 일으켰고, 전라우수사 김억추의 동생 김응추도 명량에서 싸우다가 전사하였다.

육상 의병들의 활동도 괄목할 만하다. 영암의 전몽성, 유장춘과 나주의 박문립 등은 수군과 협력하여 명량 해협 인근의 해안지대에서 유격전을 펼쳤다. 이 당시에 나베시마 나오시게 휘하 별동대 2만5천명이 배를 타고 서해안으로 가기 위하여 해남 어란진 근처에 대기 중이었다.

이처럼 호남의 민초들은 몸을 아끼지 않고 왜적과 싸웠다. 이름도 명예도 남기지 않고 보훈도 바라지 않고 자신의 터전을 지켰다. 무명의 용사들은 정말 위대하였다. 호남사람들, 정말 자랑스럽다.

명량대첩비 (해남군 문내면)

08

선조, 명량대첩을 폄하하다.

명량대첩을 거둔 9월 16일 밤에 이순신은 당사도무안군 암태도에 머물렀다. 조선전함은 한 척도 부서지지 않았지만 왜군과 더 싸우기는 어려웠다. 무기도 부족하였고 군사들도 지쳐있었다.

17일에 조선 함대는 어외도신안군 지도읍 지도에 이르렀다.

이때 300여척의 피난선이 먼저 와 있었다. 나주진사 임선, 임환, 임업 등이 방문하여 승첩을 축하하고 식량을 많이 가지고 와서 군사들에게 나누어 주었다. 나주의 임환1561~1608은 1592년 임진왜란 때 의병장 김천일의 종사관으로 활동한 선비였다. 백호 임제1549~1587가 그의 큰 형이었다. 임제는 조선이 명나라에 매달려 스스로 칭제를 포기하자 이를 한탄하여 내가 죽거든 곡 哭을 하지 말라고 유언한 무인이자 선비이고, 송도 기생 황진이 묘에 가서 제를 올렸다하여 파직당한 조선의 풍류객이었다.

청초 우거진 골에 자는가, 누웠는가.
홍안을 어디에 두고 백골만 묻혔는가.
잔 잡아 권할 일 없으니 그를 슬퍼하노라.

어외도에서 하루를 더 머무른 조선함대는 19일에 영광 땅 칠산도 바다를 건너 저녁에 법성포에 이르렀다. 이때 흉악한 왜적이 육지로 들어와 마을의 집과 창고 곳곳에 불을 질렀다. 이순신은 홍농 앞바다에 배를 정박시키고 하룻밤을 묵었다.

20일에 이순신은 다시 서해로 북상하여 위도전북 부안군 위도면에 이르렀다. 여기에도 피난선이 많이 정박하고 있었다. 전라도 연안 백성들이 목숨 부지를 위하여 이순신을 따라다니고 있었다.

21일에 이순신은 서해로 올라가 고군산도로 이동하였다. 고군산도는 전북 군산시 옥도면 선유도 등 6개 섬으로 새만금 간척지 근처이다. 이순신은 이곳에서 10월 2일까지 12일간 머물렀다.

이순신은 고군산도에 머물면서 9월 23일에 명량승첩 장계를 수정하였다. 9월 27일에는 송한 등 3명에게 장계를 올려 보냈다.

그런데 명량승첩 장계를 받은 선조는 이순신의 공로에 매우 인색했다. 장계를 가장 먼저 본 사람은 선조였을 것인데 선조실록에는 명량승첩 사실이 아예 언급되지 않고 있다가, 10월 20일에 선조가 명나라 경리 양호를 만난 자리에서 비로소 선조가 명량해전 이야기를 양호에게 꺼냈다. 먼저 10월 20일의 선조실록을 읽어보자.

상이 경리 양호를 접견하였다. (중략)

상이 말하기를, "통제사 이순신이 사소한 왜적을 잡은 것은 바로 그의 직분에 마땅한 일이며 큰 공이 있는 것도 아닌데, 대인이 은단銀段으로 상주고 표창하여 가상히 여기시니 과인은 마음이 불안합니다."

하니, 경리가 말하기를,

"이순신은 좋은 사람입니다. 다 흩어진 뒤에 전선을 수습하여 패배한 후에 큰 공을 세웠으니 매우 가상합니다. 그 때문에 약간의 은단을 베풀어서 나의 기뻐하는 마음을 표현한 것입니다." 하자,

상이 말하기를, "대인에 있어서는 그렇지만 과인에 있어서는 참으로 미안합니다." 하였다. (후략)

이 날의 실록을 읽어보면, 명나라 경리 양호가 이순신에게 명량승첩 축하선물을 보내자, 선조는 마지못하여 명량승첩 이야기를 꺼낸 것이다. 이런 선조의 리더십은 하수下手중 하수이다. 명나라 경리 앞에서 '사소한 왜적을 잡은 것이고 그의 직분에 마땅한 일이며 큰 공이 있는 것도 아니라' 고 이순신을 애써 폄하하는 선조를 우리는 어떻게 평가해야 할까? 하기야 이순신을 하옥시키고 이순신이 다시 삼도수군통제사로 임명된 후에도 수군을 폐지하려한 선조이다. 10월 20일의 실록은 이러한 선조의 내심이 그대로 드러나 있다.

한편 이순신이 조정에 보고한 명량승첩 장계 원본은 알려지지 않고 있다. 다만 11월 10일 선조실록의 '제독 총병부에 적군의 동태와 대비책, 우리 장수의 전과를 알리는 보고서' 에 승첩내용 일부가 실려 있을 따름이다.

그러면 명량해전에서 패전한 일본수군 동향은 어떠하였을까? 이들은 전라우수

영을 초토화하고 무안, 영광 앞바다를 다니면서 정찰을 계속하고 있었다.

이민웅은 저서 '이순신 평전'에서 "지금까지는 명량해전에서 패배한 일본수군은 서해 진출을 포기하고 그들의 수군 진영인 경상도 안골포로 물러갔다는 것이 정설이었다. 하지만 일본수군은 곧바로 물러나지 않고 명량해협을 통과하여 전라우수영을 점령하고 다도해를 따라 영광 앞바다 까지 진출하였다"고 서술하고 있다.

그렇다. 일본수군은 전라도 해남·무안·함평·영광 일대를 쑥대밭으로 만들었다.

9월 22일에 일본수군은 무안에서 군자첨정 정기수를 사로잡았다. 23일에는 일본 수군대장 도도 다카토라는 영광 출신 선비 강항을 영광 앞바다 논잠포영광군 염산면에서 붙잡았다. 강항은 순천 왜교성, 경상도 안골포를 거쳐 대마도에 잠시 머물다가 일본 시코쿠 에이메현 오즈성에 끌려갔다. 이후 강항은 교토에서 승려 후지와라 세이카를 만나 그에게 조선 성리학을 가르쳤다. '일본 주자학의 아버지'로 불리는 강항은 4년의 포로생활 끝에 1600년 5월에 귀국하여 문집 '간양록'을 남겼다.

9월 27일에는 선비 정희득이 영광 칠산 앞 바다에서 하치스카 이에마사의 수군 부장인 모리 다다무라에게 붙잡혔다. 그는 일본 시코쿠의 도쿠시마 현에 끌려갔다. 정희득은 1599년 6월말에 귀국하여 고향 함평에 돌아왔는데 일본포로 체험일기 '월봉해상록'을 남겼다.

한편 이순신은 10월 3일에 고군산도를 떠나 영광 법성포에 도착하여 5일간 머문다. 10월 9일에 이순신은 해남 우수영으로 돌아왔다. 그런데 해남 우수영은 왜군들에 의해 초토화되어 있었고 왜군들은 아직도 머무르고 있었다.

10월 9일의 난중일기를 읽어보자.

> 일찍 떠나 우수영에 이르렀더니 성 안팎에 사람 사는 집이라고는 하나도 없고, 사람의 자취도 없어서 보기에 참담하였다. 저녁에 들으니 흉악한 적들이 해남에 진을 쳤다고 한다. 날이 막 어두워질 무렵에 김종려, 정조, 백진남 등이 보러왔다.

10일 밤에는 중군장 김응함이 와서 해남에 있는 적들이 도망치는 모습을 많이 보았다고 전하였다. 11일에 이순신은 정탐꾼을 해남으로 보내어 상황을 파악하였다. 해남은 연기가 하늘을 덮었다고 한다. 왜적이 달아나면서 불을 지른 것이었다.

그랬다. 이들 왜군은 남원성 전투에도 참전한 바 있는 시마즈 요시히로 부대였다. 기타지마 만지의 저서 '도요토미 히데요시의 조선 침략'에 의하면 시마즈가 이끄는 1만 명의 왜군은 9월 16일 정읍회의 이후 전라도로 남하하여 21일에는 장성을 침탈하고, 나주 · 영암을 거쳐 9월 27일에 해남에 진주한다. 이들은 10월 10일까지 해남에 머물면서 전라우수영을 초토화하고 11일에 해남을 떠난 것이다. 이후 시마즈는 10월 29일에 경상도 사천에 도착하여 왜성을 쌓고 그곳에 계속 진주하였다.

한편 10월 13일에 이순신은 정탐군관 임준영으로부터 왜적의 형세를 들었다. 해남으로 들어와 웅크리고 있던 적들이 10일에 우리 수군이 내려오는 것을 보고 그 다음 날 모두 도망갔다는 것이다.

또 해남 향리 송언봉 등이 왜놈에게 달라붙어 지방 선비들을 많이 죽였다는 보고를 받았다.

이순신은 분노하였다. 이순신은 16일에 송언봉의 목을 베고 23일에는 왜군 앞잡이 윤해와 김언경도 처형하였다.

조선함대는 10월 11일부터 29일까지 18일간 안편도安便島에 머물렀다. 안편도는 '울돌목의 파도가 이 섬 부근에 이르면 잔잔해진다' 는 뜻의 섬인데 지금의 신안군 장산도이다. 그런데 이순신은 안편도에서 슬픈 소식을 접한다.

09

이순신, 아들 면의 죽음에 통곡하다.

1597년 10월 11일부터 안편도신안군 장산도에 머문 이순신은 14일에 충남 아산 본가로부터 한 통의 편지를 받았다. 셋째 아들 면이 전사했다는 소식이었다. 청천벽력이었다.

이 날의 '난중일기'를 자세히 읽어보자.

> 10월 14일 맑다.
>
> 새벽 두시 쯤 꿈에 내가 말을 타고 언덕 위로 올라가는데 말이 발을 헛디뎌서 냇물 가운데 떨어지기는 했으나 말이 거꾸러지지는 않았다. 끝에 가서는 아들 면이 엎드려 나를 끌어안고 있는 듯한 모습을 보고서 잠이 깨었다. 이것이 무슨 조짐인지 모르겠다. (중략)

난중일기에는 이순신의 꿈 이야기가 자주 나온다. 선몽先夢이라고나 할까. 꿈이

현실로 나타나는 일이 여러 번 있다. 명량대첩 때도 그랬다. 9월 15일 일기에는 "밤에 신인神人이 꿈에 나타나 이렇게 하면 이기고 이렇게 하면 진다고 가르쳐 주었다"고 적혀 있다.

10월 1일에 이순신은 명량해전에서 패배한 왜군이 아산 본가로 쳐들어가서 보복을 할지도 모른다는 생각이 들어서 큰 아들 회를 아산 집으로 보냈다. 그런데 이런 꿈을 꾸었으니 이순신은 몹시 불안하였다.

저녁에 천안에서 온 어떤 사람이 집에서 보낸 편지를 전하는데, 봉함을 뜯기도 전에 온몸이 먼저 떨리고 정신이 어지러웠다.

겉봉을 뜯어내고 그 속의 편지 봉투를 보니 겉에 열의 글씨가 보였는데 '통곡痛哭'이란 두 글씨가 쓰여 있었다. 면이 전사하였음을 알고 나도 몰래 간담이 떨어져 목 놓아 통곡, 통곡하였다.

이순신은 아산에서 온 편지를 받자마자 불길한 예감이 들었다. 아니나 다를까. 둘째 아들 열이 겉봉투에 쓴 '통곡'이란 두 글씨에 그냥 목 놓아 통곡한 것이다.

왜군들은 명량해전에서 패한 보복으로 이순신의 가족들이 있는 아산으로 쳐들어갔다. 본가와 마을을 통째로 불지르고 초토화 시켰다. 막내아들 면은 비분을 참지 못하고 왜군들과 맞서 싸우다가 왜군의 칼에 맞아 죽었다. 나이 스무 살이었다.

이순신은 부인 방씨 사이에 회 · 열 · 면 3형제와 딸 하나를 두었다. 회와 열은 이순신 휘하에서 일하였고, 셋째 아들 면은 아산 집에 남아 어머니를 모시고 지냈다.

하늘이 어찌 이다지도 어질지 못하는가? 간담이 타고 찢어지는 것 같다. 내가 죽고 네가 사는 것이 이치에 마땅한데, 네가 죽고 내가 살았으니 어쩌다 이처럼 이치에 어긋났는가? 천지가 깜깜하고 해조차도 빛이 변했구나. 슬프다, 내 아들아! 나를 버리고 어디로 갔느냐!

너무나 가슴이 아프다. 자식을 먼저 저 세상으로 보낸 부모는 죄인이라고 하지 않던가. 자식이 죽고 부모가 살았으니 얼마나 가슴이 찢어질 일인가.

임진왜란이 일어났을 때 아들 면은 15세였는데 이순신은 전쟁터를 전전하여 그를 챙길 겨를이 없었다. 전쟁이 끝나면 배필을 정해주리라 생각했는데 이렇게 무참히 죽은 것이다.

영리하기가 보통 넘어섰기에 하늘이 이 세상에 머물게 하지 않는 것이냐! 내가 지은 죄 때문에 화가 네 몸에 미친 것이냐! 내 이제 세상에서 누구에게 의지 할 것이냐! 너를 따라 죽어서 지하에서 같이 지내고 같이 울고 싶지만 네 형, 네 누이, 네 어머니가 의지할 곳이 없으므로 아직은 참고 목숨을 이을 수밖에 없구나. 마음은 죽고 껍데기만 남은 채 울부짖을 따름이다.

하룻밤 지내기가 한 해를 지내는 것 같구나. 밤 10시쯤 비가 내렸다.

이순신은 비통하였다. 영리하여 끔찍이 사랑한 아들이 죽다니. 하늘이 무너지는 것 같았다. 이 날 밤 늦게 가을비가 내렸다. 하늘도 슬퍼서 눈물을 흘렸다.

1597년 정유년은 이순신에게는 정말 고통스런 해였다. 2월말에 선조의 노여움을 사서 서울로 끌려와 고초를 치렀다. 3월 12일에 이순신은 혹독한 고문을 받았다. 72세의 원로대신 정탁이 이순신의 구명에 나섰다. 그리하여 4월 1일에 이순신은 옥에서 풀려난다. 하옥된 지 28일 만이었다. 4월 13일에 이순신은 백의종군 길에 아산에서 모친의 임종소식을 들었다. 어머니 변씨 부인은 이순신이 잡혀갔다는 소식을 듣고 여수에서 배를 타고 서울로 올라가는 도중에 배 위에서 돌아가신 것이다. 4월 19일에 이순신은 어머니 영전에 엎드려 곡하고 하직하여야 했다. 이순신은 이날 일기에 '천지간에 나와 같은 이 또 어디 있으랴. 차라리 일찍 죽은 것만 못하다' 라고 적었다.

7월 16일에 칠천량 해전에서 조선수군이 전멸하자, 이순신은 8월 3일에 다시 삼도수군통제사가 되었다. 그는 곧장 전라도로 달려와 9월 16일에 명량대첩을 이루었다. 그런데 10월 14일에 애지중지하던 아들 면이 왜적의 손에 죽었으니 참으로 비통하였다. 액운은 다시 액운을 낳는다더니 정유년 내내 고통이 잇따랐다.

10월 15일은 하루 종일 바람이 불고 비가 내렸다. 이순신은 누웠다 앉았다 하면서 하루 내내 뒤척거렸다. 부하들이 조문을 하였다. 그러나 이순신은 마음 놓고 울 수도 없었다.

아들이 전사한지 사흘째 되는 16일에 이순신은 소금 굽는 강막지 집에 가서 홀로 목 놓아 울었다. 17일에는 향을 피우고 곡하였다. 19일에는 새벽에 고향 집 종 진辰이 내려오는 꿈을 꾸었다. 이순신은 죽은 아들을 생각하며 또 다시 통곡하였다. 어두울 무렵에 코피가 터져 한 되 넘게 흘렸다.

이런 비통함 속에서도 이순신은 일상을 게을리 할 수 없었다. 다시 수군 재건을 하여 왜적과 싸워야 했다. 10월 20일부터 이순신은 겨울나기 준비를 착실히 하였다. 해남 등지에서 군량을 확보하였고 선비 김종려에게 소음도 등 13개소의 염전 감독관을 맡겼다.

10월 29일에 이순신은 목포 앞바다 고하도로 진을 옮겼다. 그곳에서 이순신은 막사와 군량창고를 지었고 전선을 건조하였다. 1598년 2월 17일에는 완도 고금도로 진영을 옮겨 삼도수군 통제영을 차렸다.

고금도에서 지내던 어느 날 낮에 이순신은 잠깐 선잠이 들었다. 그런데 꿈에 아들 면이 앞에 와서 슬피 울면서 말하기를 "저를 죽인 왜적을 아버지께서 죽여 주십시오" 하였다. 이순신이 면에게 물었다. "네가 살아있을 때 힘이 장사였는데 죽어서도 그 왜적을 못 죽인단 말이냐?"

그러자 면은 "제가 그 놈의 손에 죽었기에 겁이 나서 못 죽이겠습니다. 아버지로서 자식의 원수를 갚는 일인데 이승과 저승이 무슨 상관이 있겠습니까? 더구나 원수를 같은 진중에 두고서도 제 말씀을 예사로 듣고 죽이지 않으시렵니까?" 하고는 슬피 울면서 사라졌다.

이순신은 깜짝 놀라 잠에서 깨어 부하들에게 물어보니, 과연 새로 잡혀 온 왜적 한 놈이 배 안에 갇혀 있다고 하였다. 이순신은 그 자를 끌어내어 자세히 심문하니 그 포로가 아들 면을 죽인 것이 틀림없었다. 이순신은 당장 그를 처형하여 아들의 영혼을 위로해주었다.

이순신이 고금도에서 아들을 죽인 왜군을 처형한 이야기는 조카 이분李芬이 지은 '이충무공 행록' 에 나온다.

이순신 아들 면의 묘소 – 아산 현충사에 있다.

이순신 셋째아들 면의 묘소는 충남 아산 현충사 경내에 있다. 이순신 옛집을 지나면 큰 느티나무가 한 그루 있고, 조금 더 가면 소나무 숲 아래에 안내판이 있다. 이곳에서 계단을 올라가면 묘가 있다. 묘 앞에는 '충무공 셋째 아들 이면의 무덤'이라고 적힌 묘비가 있는데 비문은 노산 이은상이 지었다.

한편 안편도, 지금의 신안군 장산도는 이순신의 눈물이 서린 곳이다. 이순신 유적지로 빼 놓을 수 없다.

4부

순천 왜교성 전투와 노량해전

01

의병장 윤진과 변윤중의 순절

1597년 8월 16일에 왜군은 남원성을 함락시킨 후 전라도를 초토화하였다. 왜군들은 닥치는 대로 백성들을 죽이고 코를 베었으며 산하를 불태웠다. 고을 수령들은 싸워보지도 않고 관아를 버리고 도망갔고, 백성들은 산 속으로 숨고 배를 타고 피난가기에 바빴다.

의로운 선비들도 의병을 일으킬 생각을 아예 하지 못하였다. 팔도의병장 김덕령이 1596년에 억울하게 옥사한 것도 영향을 미쳤다. 이런 와중에도 의롭게 나선 이가 있었다. 장성의 윤진과 변윤중이 그들이다.

먼저 9월 16일에 입암산성에서 순절한 윤진에 대하여 알아보자.

아이러니컬하게도 이순신이 명량대첩을 이룬 9월 16일에 왜장 시마즈 요시히로는 1만 명을 이끌고 노령을 넘어 남하하였다. 이 날 시마즈는 입암산성을 함락시켰다.

입암산성은 전남 최북단 입암산 정상 아래에 돌로 쌓은 성으로, 고려 고종 43년 1256년 몽고 6차 침입 때 무신정권의 무장 송군비가 몽고군에 항거한 군사적 요충지였다.

1593년 2월에 장성현감에 부임한 이귀는 입암산성을 수축하였다. 그는 관내에서 백성을 동원할 형편이 안돼 의승장 법견에게 산성 수축 공사를 맡겼다. 법견은 전라도내의 승려들을 동원하여 공사를 거의 완성하였다. 그런데 1594년 초에 장성현감 이귀가 전보발령이 나자 임압산성 공사는 일시 중단되었다.

이러하자 1594년 3월경에 전라도관찰사 이정암은 선조에게 장계를 올려 윤진을 축성 책임자로 임명할 것을 건의하였다. 윤진은 1592년에 장성남문창의에 참여한 바 있는 선비였다. 선조는 명하기를 "산성은 백성의 운명과 관계되고 국가를 보장하는 곳이니 조속히 성을 중수하라" 하였다. 윤진은 선조의 어명에 따라 밤낮으로 산성에 있으면서 손수 널판을 나르고 삽질을 하여 산성을 다시 쌓았다. 그리하여 포루를 설치하고 창고와 사찰을 세우는 등 요새지를 만들었다.

한편 1597년 7월에 한산도가 불탔다는 소식을 들은 윤진은 부인 권씨와 아들 윤운구 등 가족들을 데리고 입암산성으로 들어갔다. 그는 입암산성 이웃 네 고을에 격문을 보내어 고을 수령과 함께 성을 지킬 것을 약속받았다. 그런데 1593년 10월 13일 선조실록을 보면, 왜군들이 전라도 전역을 점령하자 대다수 수령들은 모두 관이를 버리고 도망갔으며 네 고을 수령도 마찬가지였다.

윤진은 하는 수 없이 혼자서 성을 지켜야만 하였다. 그는 가까스로 주변에서 백여 명의 의병을 모았다. 이들은 모두 싸워 본 경험이 없는 농민들이었다. 그를 따르던 구생具生이라는 사람이 "윤공은 성을 쌓으라는 명을 받았지, 성을 사수하라는 명을 받은 것은 아니지 않는가? 그런데 어찌하여 스스로 목숨을 끊으려 하는가?" 라고 말하면서 그에게 피할 것을 권유하였다.

그러나 윤진은 비통함을 감추지 못하고 "조정에서 이 성을 쌓은 것은 오늘의 난리에 대비코자 한 것이니 어찌 신하된 도리로 내 살 길만 바라리오. 이 성은 바로 내가 죽을 곳이고 오늘은 바로 내가 목숨을 바칠 날이다"라고 말하고 결연한 의지를 보였다.

왜군이 쳐들어오자 의병들은 모두 흩어지기에 바빴다. 그는 몇 명의 의병과 함께 죽기로 싸웠다. 그러나 이 싸움은 계란으로 바위치기였다.

1만 명의 왜적을 어찌 당해낼 수 있을 것인가? 윤진은 창칼에 목이 찔려도 얼굴빛 하나 변하지 않고 끝까지 싸우다가 태연한 모습으로 순절하였다. 윤진의 부인 권씨도 남편이 전사하였다는 소식을 듣고 왜적에게 욕을 보지 않으려고 품에 간직하였던 은장도로 스스로 목숨을 끊었다. 왜적은 이를 불쌍히 여겨 그녀의 옷도 벗기지 않고 가버렸다. 부인 권씨는 예조참의 권벽의 딸이고, 의병장 김덕령의 죽음을 애도하는 '취시가' 시를 지은 석주 권필의 누나였다.

한편 정읍출신 이경국과 이안국 형제도 입암산성에서 윤진과 함께 성을 지키다가 전사하였다.

입암산성 안에는 윤진 순의비가 세워져 있다. 영조 18년1742년에 세워진 이 순의비는 전라도 관찰사 권적이 비문을 짓고 장성도호부사 이현윤이 글씨를 썼다.

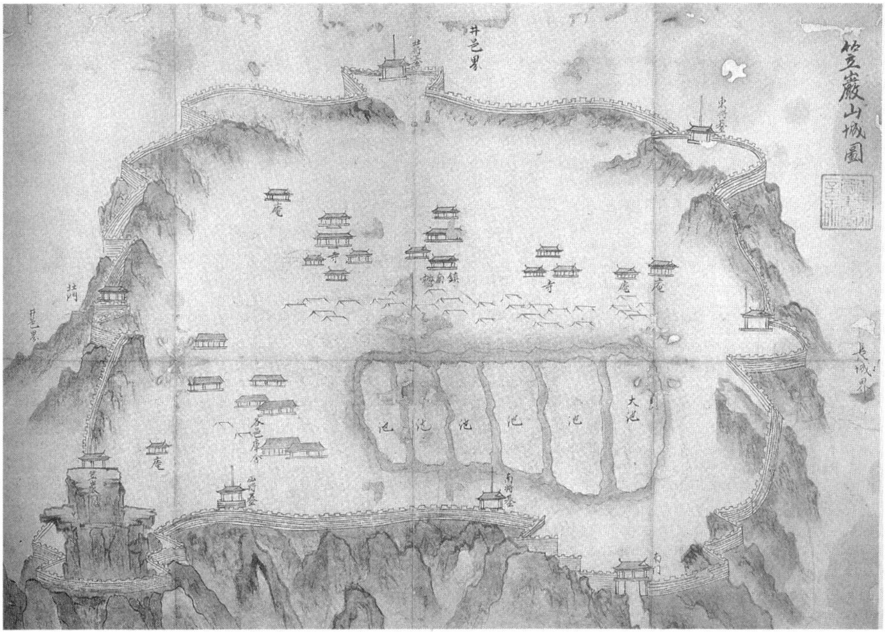

임암산성도 (전남 장성군 북하면)

순의비에는 '부부가 함께 죽어 절의를 둘 다 이룬 것은 참으로 천년에 한 번 있을 까 말 까 한 일이요, 백세를 내려가도 감동할 일' 이라고 적혀 있다. 명문銘文은 이렇다.

> 저 남쪽 땅을 바라보라.
> 바위가 있으니 높고 높도다.
> 지아비는 충의에 죽고
> 지어미는 절개에 죽었도다.

한 몸 되어 살신성인하니
만고에 어울려 열렬하도다.
바위가 갈라지지 않는 것처럼
이름이 그처럼 없어지지 않으리라.

이어서 의병장 변윤중에 대하여 알아본다. 그는 9월 18일에 장성 부엉이바위에서 순절하였다. 정유재란이 일어나자 변윤중은 평소 거느린 하인들과 장정 200여 명과 함께 장성현 장안리에서 싸웠다. 변윤중 의병은 며칠 간 싸워 왜적 수 십 명을 사살하였지만 1만 명의 왜군을 감당하기에는 역부족이었다.

장정들을 다 잃은 변윤중이 피를 흘리면서 마을에 돌아오자, 마을 노인들은 빨리 몸을 피하도록 권유하였다. 그러나 그는 도망간다는 것을 수치로 여기고 마지막 싸움터였던 부엉이바위로 올라가 황룡강에 몸을 던져 순절하였다. 변윤중의 부인 성씨成氏도 남편이 몸을 던진 바로 그 자리에서 강물로 뛰어들어 죽었다.

변윤중의 아들 형윤과 며느리 서씨徐氏 부인이 이 소식을 듣고 급히 부엉이바위로 가니 부모님의 시신이 나란히 떠 있었다. 이를 보고 아들 형윤이 죽으려 하자 서씨 부인이 남편의 소맷자락을 붙잡고 눈물을 흘리면서, "당신은 이 집안의 외아들인데 만일 당신이 죽는다면 후손이 끊어질 것이니 내가 당신대신 목숨을 바치겠소." 하더니 제기를 안고서 강물에 몸을 던졌다.

장성군 봉암서원 가는 입구에는 황주변씨 삼강정려각三綱旌閭閣이 있다. 삼강이란 조선사회를 지탱하는 유교도덕의 기본을 이루는 세 가지 강령으로 군위신강君爲臣綱 · 부위자강父爲子綱 · 부위부강夫爲婦綱을 말하며, 이것은 글자 그대로 임금과 신하,

봉암서원 (전남 장성군 장성읍)

어버이와 자식, 남편과 아내 사이에 마땅히 지켜야 할 도리를 말한다.

삼강정려三綱旌閭란 위와 같은 도리를 잘 지킨 충신, 효자, 열녀들을 표창하기 위하여 그들이 살던 동네에 정문旌門을 세워 그 뜻을 기리는 일이다.

1892년에 고종 임금은 임진왜란 때 순절한 충신 · 열사들을 찾아내어 표창하도록 하였다. 당시 전라감사 조종필이 변윤중을 충신으로, 부인 성씨를 열녀로, 며느리 서씨를 효부로 포상을 올렸다. 이에 조정에서는 변윤중을 이조참의로 증직하고

변윤중 일가의 삼강정려각 – 장성군 봉암서원 입구 길목에 있다.

그의 부인과 며느리에게도 정려를 내렸다.

변윤중의 묘소는 장성군 장성읍 부흥리 육태동에 있다. 묘갈명은 홍석희가 지었는데 비의 명문은 이렇다.

> 영령이 죽지 않으심이여,
> 휴암강은 만고에 푸르게 유유히 흐르며
> 혼백이 영구히 의탁하심이여.

육태산六馱山은 천추에 높고 높게 서 있도다.

표창과 정려를 내리심이여,

임금의 은혜가 두터우시며 수풍樹風의 소리 날카롭도다.

비석에 말씀을 새김이여,

영원토록 후세에 전해질 것이로다.

의병장 윤진과 변윤중의 신위는 화차를 만든 변이중과 함께 장성군 봉암서원에 모시어져 있다. 윤진과 변윤중, 이 두 사람은 고을 수령들이 모두 도망갔어도 의연하게 고을을 지킨 의인義人의 표상이다.

02

전라도 백성들의 수난사 (1)

기씨부인 일비장과 양씨 삼강문

왜군은 전라도를 초토화하였다. 야만적인 살상과 납치, 약탈과 방화를 자행하였다. 백성들은 앞 다투어 산 속으로 숨고 배를 타고 피난을 갔다. 이런 와중에 가장 고초를 겪는 이는 부녀자들이었다. 왜군들은 부녀자들을 겁탈하고 붙잡아서 동거하였다. 어떤 여인들은 정절을 지키려고 목숨을 끊기도 하였다.

윤국형이 지은 '문소만록'은 이렇게 적고 있다.

임진년 난리 이후로 백성들이 뿔뿔이 흩어져서 비록 대가세족大家世族이라도 모두 생업을 잃고 거지가 되어 돌아다녔으며, 여자들은 신분의 높고 낮음에 관계없이 왜적들에게 몸이 더럽혀진 자가 많았다. 이 중에서 두드러지게 절개를 지킨 자는 조정에서 알아보고 정문旌門을 세워 주었다.

9월 19일에 장성의 기씨부인이 황룡강 푸른 물에 몸을 던졌다. 기씨부인은 고봉 기대승의 딸이자 하서 김인후의 손자 며느리였다. 남원성이 함락되고 왜적이 전라도를 점령하자 남편 김남중은 시아버지 종호를 모시고 강원도로 피난을 떠났고 그녀는 어린 두 아들과 함께 광주광역시 광산구 임곡면 친가로 갔다.

그런데 왜적이 광주까지 진입하자 기씨부인과 친정집 식구들은 다시 피난을 떠났다. 안타깝게도 사방에 깔린 왜적은 이들을 검문하였다.

왜적은 오빠 효맹과 남동생 효민을 칼로 죽이고 기씨부인을 욕보이려고 손목을 잡았다. 그러자 그녀는 왜적의 손을 뿌리치고 지니고 있던 은장도로 자신의 팔뚝을 잘랐다. 왜적에게 잡힌 손을 그냥 달고 있는 것조차 정조를 더럽힌 것으로 생각한 것이다. 이어서 그녀는 왜적을 크게 꾸짖고 황룡강에 뛰어들어 죽었다. 나이 29세였다. 같이 있던 두 올케도 왜적에게 욕을 당하지 않으려고 황룡강 물에 몸을 던졌다.

기씨부인과 같이 있던 어린 두 아들은 일본에 끌려간 듯하다. 일제시절에 '하서河西 가와니시' 성을 가진 고부 경찰서장이 장성을 찾아왔다 한다. 그는 자기의 조상이 조선 사람이라면서 일본에 '하서' 성을 가진 집안이 더러 있다는 말을 했단다.

광주 월봉서원 가는 길에 칠송정七松亭이 있다. 이곳은 의곡장 기효증이 선친 고봉 기대승의 시묘살이를 하던 곳이다. 일설에는 칠송정은 기대승과 기효증 그리고 효민과 효맹 부부와 기씨부인을 기리기 위하여 붙여진 이름이라 한다.

난리가 끝나자 기씨부인 남편 김남중은 강원도에서 장성으로 돌아왔다. 그는 여종으로부터 기씨부인의 팔뚝 하나를 전달받았다. 부인과 두 어린 아들을 잃은 그는 슬피 울면서 이 팔뚝을 선산의 하서 김인후1510~1560선생 묘 바로 밑에 장사지냈

기씨 부인 묘소 (장성군 황룡면 소재)

다. 이 묘가 바로 일비장一臂葬이다. 기씨부인은 효종 때 정려旌閭가 내려졌고 마을 입구에는 열부문烈婦門이 세워졌다.

최근에 기씨부인 이야기는 장편 서사시로, 음악극으로 다시 태어났다. 여류시인 김혜정의 시집 '기씨부인전'이 출간되었고, 장성군이 자체 제작한 음악극도 공연되었다. 음악극 '기씨부인전'은 2013년 11월에 장성 문예회관에서 4회 공연하였는데 크게 갈채를 받아 2014년 3월 21일에 앙코르 공연을 하였다.

한편 광주광역시 광산구 박호동에는 '양씨삼강문'이 있다. 여기에는 1593년에 진주성 전투에서 순절한 양산숙의 충忠과 양산룡과 양산축의 효孝 · 양산숙 어머니와 부인 그리고 누이의 열烈을 기리고 있다. 이 정려는 1635년인조 13년에 세워졌다.

왜군이 전라도를 쳐들어오자 나주 박호동에 살던 양산룡과 양산축 형제도 가족을 이끌고 피난길에 나섰다. 양산룡의 아버지는 송천 양응정이고 할아버지는 학포 양팽손으로 지조 있는 사대부 집안이었다.

이들은 9월 17일에 배를 타고 서해바다로 나가려고 삼향포무안군 몽탄에 도착하였다. 배가 막 떠나려는 즈음에 수척의 왜선이 갑자기 들이닥쳐 포성이 하늘을 진동하였다. 9월 16일 명량해전에서 패한 일본수군은 조선함대를 찾으려고 무안, 함평, 영광 앞바다를 뒤지고 다닌 것이다.

화를 면할 수 없게 되자 양산룡의 어머니 박씨는 형제들에게 "나는 대부大夫의 아내이다. 왜놈들에게 욕을 당할 수는 없다"라고 말하고는 바다에 몸을 던졌다. 온 가족들이 황급히 달려가 그녀를 건지자 그녀는 오히려 화를 내며 "나는 이미 마음을 굳혔는데 건지면 무엇하냐?"하고는 다시 바다로 뛰어들었다. 양산룡과 양산축이 다시 어머니를 구하려고 바다에 뛰어 들었지만 어머니와 함께 죽고 말았다. 양산룡의 아내 류씨, 누이동생도 따라 죽었다.

이어서 양산숙의 아내 이씨와 양산축의 아내 고씨도 함께 바다에 뛰어 들었으나 하인들이 건져냈다. 두 여인은 포구 앞 승달산에 숨이 있었다. 그런데 왜적들이 몰려오자 이씨 부인은 스스로 목에 칼을 꽂았다. 이씨의 자결을 목격한 적들은 걸음을 멈추고 더 이상 접근하지 못하고 돌아섰다. 양산축의 아내 고씨만 갈대밭에 숨어 있다가 겨우 목숨을 건졌다. 제봉 고경명의 손녀인 고씨는 왜군이 물러가자 하인 2명과 함께 시신을 수습하였다.

양씨 삼강문 (광주광역시 광산구 박호동 소재)

전쟁의 수난은 기씨부인이나 양씨 일가 뿐이 아니었다. 팔도의병장 김덕령의 부인 이씨도 왜적을 피하여 담양 추월산 보리암에 숨어 있었는데, 추격하여 오는 왜적에게 몸을 더럽힐 수 없다 하여 낭떠러지에 몸을 던졌다. 나중에 정조 임금은 김덕령이 태어난 마을을 충효리로 이름 지어 주고 충효비를 마을 앞에 세워주었다.

가사문학의 대가 송강 정철이 지은 '성산별곡'의 주인공인 서하당 김성원도 노모를 모시고 화순 동복의 성모산聖母山으로 피신하였다. 그런데 왜적이 나타나 노모를 살해하려하자 몸으로 가리어 함께 죽었다. 나중에 사람들은 그 산을 모호산母護山이라 불렀다.

여기에서 '성산별곡' 앞부분을 읊어본다.

> 어떤 길손이 성산에 머물면서
> 서하당 식영정 주인아 내 말 듣소
> 인간 세상에 좋은 일 많건마는
> 어찌 한 강산을 갈수록 낫게 여겨
> 적막 산중에 들고 아니 나오신가.

10월 8일에 선조는 자신을 허물하는 교서를 전라도와 충청도의 백성들에게 내렸다. 이 교서를 읽으면 전라도의 참상을 실감할 수 있다.

> 호남과 호서는 참으로 세족世族이 사는 부고府庫로서 백성의 번성함도 다른 고을보다 갑절이나 되었는데 병화가 일어난 후로 칼날과 기근과 역질에 죽은 자가 십에 팔구가 되니, 외롭게 남은 민생이 피폐가 심하여 마음 아파함이 하루도 잊지 못하였다.
>
> 지금 왜적의 독기 부림이 전보다 더 심하여 칼날이 미치는 곳에는 어린 아이도 남기지 않아 쌓인 시체가 산과 같고 피가 흘러 시내를 이루니 서울아래 천리 지역이 모두 살육하는 장소가 되었다.

한편 광해군은 1617년광해군 9년에 임진왜란 때의 충, 효, 열을 기리기 위해 동국신속삼강행실도東國新續三綱行實圖를 편찬하였다.

삼강행실도의 속편인 이 책에는 총 1천725명이 수록되어 있는데, 임진왜란 시 충신 54명, 효자 94명, 열녀 436명 총 584명이 수록돼 있다. 열녀가 압도적으로 많다.

이에 대하여 이수광은 '지봉유설' 에서 이렇게 논평하고 있다.

부녀자 중에 절개를 지켜 죽은 자가 대단히 많아서 모두 기록할 수가 없었고, 효자가 그 다음이고 충신은 또 그 다음이었다. 그러나 드러나게 칭찬할만한 자가 또한 얼마 되지 않았으니, 아아! 선비들이 평소 글을 읽고 의리를 강론할 때에는 누군들 내가 대장부라고 하지 않았으리오마는 위태로움에 처하여 목숨을 바치는 데에는 도리어 부인네들보다도 못하였구나.

03

전라도 백성들의 수난사 (2)

포로가 된 강항과 정희득 일가들

정유재란을 일으킨 도요토미 히데요시의 전쟁 목표는 명나라 정벌이 아니라 조선 점령이었다. 도요토미는 왜장들에게 명령하기를 "해마다 군사를 보내어 그 나라 사람을 다 죽여 빈 땅을 만든 연후에 서도西道의 사람을 이주시킬 것이다. 10년을 이렇게 하면 성공할 수 있으리라" 하면서 닥치는 대로 조선 백성들을 죽이도록 하였다. 이런 히데요시의 지시에 가장 피해를 입은 지역이 전라도와 경상도였다.

또한 왜군들은 코를 베었다. 도요토미 히데요시의 지시였다. 왜장들은 코를 잘라 소금에 절여 통으로 보냈다. 9월에 나베시마 가츠시게는 금구와 김제에서 취한 코 3,369개를 도요토미에게 보냈는데 접수증명서가 지금도 남아 있다. 어느 일본 문헌에 의하면 9월에 영광과 진원에서 1만40개의 코가 히데요시에게 보내졌다고 기록되어 있다.

이뿐이 아니었다. 왜군들은 조선인을 남녀노소 막론하고 일본으로 끌고 갔다.

포로 중에는 인욕忍辱의 생활을 기록으로 남긴 선비도 있었다.

강항과 정희득이 그들이다. 강항은 '간양록'을, 정희득은 '월봉해상록'을 남겼다.

먼저 강항1567~1618에 대하여 알아보자. 1597년 9월 23일에 강항 일가는 영광 앞바다 논잠포영광군 염산면에서 일본수군에게 잡혔다. 형조좌랑 강항은 정유재란 때 고향 영광에서 휴가 중이었다. 5월에 그는 호조참판 이광정의 보좌역으로 남원성에 군량미 운반을 담당했으나 남원성이 함락되어 다시 고향으로 돌아왔다.

강항은 여러 읍에 격문을 보내 수백 명의 의병을 모집하였지만 왜군이 전라도를 침탈하자 모두 다 흩어지고 말았다.

9월 14일에 강항은 일가족과 함께 배를 탔다. 왜적은 이미 영광군을 불태우고 산을 수색하고 바다를 훑어 사람을 죽였다. 9월 15일에 강항 일가를 태운 배 두 척이 괴머리猫頭에 머물렀는데 피난 배가 백여 척이었다. 일행은 16일에 괴머리에서 쉬었고, 17일에는 비로초에서 지냈다. 18일에 종형 협浹이 통제사 이순신의 선전관으로 있다가 우수영을 떠나 강항 일가에게 달려왔다.

이 날 이순신은 "영광 칠산도 바다를 건너 저녁에 영광 법성포에 이르렀더니 흉악한 적들이 육지로 들어와 마을과 창고를 불 질렀다"고 '난중일기'에 적고 있다.

20일에는 "왜선 천여 척이 이미 우수영에 당도하였다. 통제사는 바다를 따라 서쪽으로 올라갔다"는 소문이 들려왔다. 집안 어른들이 의논을 하였다. 다시 육지로 올라가자고 하고, 혹은 흑산도로 들어가자고 하였다. 강항은 종형 홍洪·협浹과 함께 말하기를 "배 안에 있는 장정을 모두 합치면 40여 명에 달하니 통제사 이순신에게 가서 싸우자"고 하여 그렇게 결정되었다.

그런데 뱃사공이 그 말을 듣고서 21일 밤중에 자기 자녀들이 있는 신안 어의도로 뱃머리를 돌려 부친이 탄 배와 헤어지고 말았다. 22일에 부친이 탄 배가 영광군 염소鹽所로 향했다는 소문을 듣고 염소로 갔지만 만나지 못했다.

23일 아침에 강항 일행은 부친을 찾아 논잠포로 향했다. 그런데 바다 안개가 자욱한 속에 배 한 척이 나타났다. 뱃사공이 왜선이 온다고 외쳤다. 강항 일가는 사로잡힐 것을 우려하여 바다에 뛰어들었다. 그런데 바닷물이 너무 얕아서 왜군의 갈고리에 구출되었다. 왜군은 강항 일행을 일제히 포박하여 뱃전에 세워 놓았다.

이 때 왜군들은 강항의 두 아이를 바다에 내던졌다. '간양록'을 읽어보자.

> 어린 놈 용龍이와 첩의 딸 애생愛生의 죽음이 너무나 애달프다. 모래사장에 밀려 물결 따라 까막까막하다가 그대로 바다 깊숙이 떠내려가고 말았다. '엄마야, 엄마야'하고 부르던 소리가 아직도 귓전에 생생하다. 나이 30세에 비로소 얻은 아이이다. 이 아이를 가졌을 때다. 어린 용이 물 위에 뜬 꿈을 꾸었다. 그래서 이름을 용이라 지었는데, 이 아이가 물에 빠져 죽으리라 누가 생각했겠는가?

강항 이야기는 1980년에 신봉승에 의해 드라마 '간양록'으로 다시 태어났으며, 조용필이 부른 노래 '간양록'은 지금도 애잔하다.

이국땅 삼경이면 밤마다 찬 서리로
어버이 한숨 쉬는 새벽달 일세.
마음은 바람 따라 고향으로 가는 데
선영 뒷산에 잡초는 누가 뜯으리.

다음은 '월봉해상록'을 쓴 함평 출신 정희득1573~1640 이야기이다.

8월 12일에 정경득 · 정희득 일가는 왜적이 몰려온다는 소식을 듣고 함평 집을 떠났다. 이들은 8월 19일에 영광 둔전포에서 거룻배 하나를 구하여 수리하고 서해로 떠날 차비를 하였다. 9월 15일에 정희득 일가는 구수포에서 배에 올랐다. 16일에는 육지의 왜군이 법성창에서 이리저리 분탕질을 하다가 배를 보고 총을 쏘았지만 총알이 배까지는 미치지 못하였다. 그때 족형族兄 정절 등 여러 친척들이 합류하였다. 17일 새벽에 배를 띄워 서쪽으로 갔으나 바람이 세게 불어 법성포 앞바다에 돌려댔다. 18일에는 재원도로 옮겼으나 큰 바람이 불어 며칠간 움직이지 못하였다.

9월 27일에 배가 영광 칠산 앞 바다에 이르렀는데 갑자기 왜선을 만났다. 배에 탔던 모든 사람들은 어쩔 줄을 몰랐다. 정희득의 어머니 이씨는 형수와 아내, 누이동생에게 "추잡한 왜적이 이렇게 닥쳤으니 장차 어떤 변을 당할 것인가. 슬프다, 우리 네 부녀의 처지는 죽음 밖에 없구나"하니, 정희득의 아내가 말하기를 "난을 당했을 때부터 함께 죽기를 약속했지요. 저의 결심은 이미 정해 있습니다"하고 늙은 어버이께 하직을 고했다. 또 정희득에게 말하기를 "당신은 몸을 아껴 형제분과 함께 아버님을 모시고 꼭 생환토록 하시오"하고 바다로 몸을 던졌다. 어머니 · 형수 · 누이동생도 앞다투어 바다로 뛰어 들었다.

정희득 형제는 왜군이 배 안에 묶어 두어 죽으려야 죽을 수도 없는 처지였다. 망극하고 통곡할 뿐이었다.

또한 정절의 부인과 며느리 등도 바다에 뛰어들어 죽었다. 1592년에 장성남문창의에 참여한 바 있는 정절은 왜적을 꾸짖으며 "어찌 죽음을 두려워하여 짐승만도 못한 놈들 앞에 무릎을 꿇으랴" 하니 왜적이 칼을 뽑아 왼편 팔을 내려쳤다. 그러나 그는 굴하지 않고 "천만번 살을 찢는다 해도 굴복할 수 없다"하였다. 왜적은 다시 오른편 팔을 치고 정절을 죽였다.

나중에 정희득 · 정절의 여인들은 열부烈婦로 정려되었다. 함평군 월야면에는 팔열부八烈婦* 정각이 세워졌다.

* 팔열부에 관하여는 1681년 6월 30일자 숙종실록에 기록되어 있다.

04

전라도 의병들 다시 일어나다 (1)

구례 석주관 칠의사

구례 석주관 칠의사 전적지戰蹟址를 간다. 석주관 칠의사는 전남 구례군에서 경남 하동군으로 가는 섬진강 길옆에 있다.

석주관은 고려 말 왜구가 섬진강을 통해 전라도와 내륙에 침입하는 것을 막기 위해 쌓은 성이다. 안음의 황석산성 · 진안의 웅치 · 운봉의 팔량치와 함께 영남과 호남을 통하는 4대 관문의 하나로서 군사전략상 매우 중요한 곳이었다. 또한 정유재란 초기에 가장 심한 참화를 입은 구례지방에서 의병항쟁이 일어난 곳이기도 하다.

전적지 입구에서 칠의사七義祠 사당으로 들어간다. 외삼문을 지나니 동재와 서재 건물이 두 개 있다. 건물 이름은 재명각과 숭의각이다. 다시 내삼문을 지나 칠의사 사당 안으로 들어갔다. 거기에는 앞쪽에 위패가 8개, 옆에 2개 놓여 있다.

앞의 위패 8개는 남원성 전투에서 순절한 구례현감 이원춘과 석주관 전투에서

구례 석주관 칠의사 사당 (구례군 토지면 송정리 소재)

전사한 왕득인 등 7의사 위패이다. 옆에 있는 두 개의 위패는 칠의 종군 의병과 의승병의 신위이다.

8월 7일에 왜군은 구례를 지나 남원으로 진군하면서 구례지역을 초토화하였다. 16일에는 남원성을 함락시키고 전주를 무혈 입성하여 전라도를 완전 장악하였다. 9월 초부터 고니시의 군대는 순천에 주둔하였고, 시마즈 요시히로 부대는 상싱, 나주를 초토화하고 해남으로 내려갔으며 다른 부대들로 전라도 지역에 주둔하였다. 조경남은 〈난중잡록〉에서 전라도에 50개 부대가 바둑판처럼 깔렸다고 기록하고 있다.

왜군의 잔악상은 극치에 달하였다. 사람을 닥치는 대로 죽이고 코를 베고 재물을 약탈하고 방화하였다. 남원성 함락과 더불어 남원 · 구례 · 곡성 일대는 전쟁 피해가 극심하였다. 백성들은 산 깊은 곳으로 숨거나 보따리를 싸고 강원도 등으로 피난가기에 바빴다.

이런 상황에서 애국심 넘치는 선비들이라도 의병을 일으킬 엄두를 못 냈다. 한편으로는 의병 기피현상도 있었다. 1596년에 억울하게 죽은 의병장 김덕령 옥사사건의 충격이 아직도 가시지 않았기 때문이다.

이러함에도 불구하고 9월 하순에 구례 석주관 의병 항전이 일어났다. 구례현 남전리 출신 선비 왕득인이 50여명의 향민을 모아 의병을 일으킨 것이다.

왕득인은 죽기를 각오하고 매복에 의한 기습전이나 산곡간의 바윗돌을 굴려 내리는 석탄공법石彈攻法으로 적에게 대항하였다. 그러나 조총을 가진 왜적의 대군을 당해낼 수가 없었다. 의병들은 석주관에서 모두 순절하였고 시신마저 수습하지 못하였다.

왕득인이 싸운 왜군은 고니시 유키나가 부대로 보인다. 이들은 순천에 왜교성을 쌓고 구례 · 광양 · 승주 · 보성 일대를 분탕질하고 있었다.

한편 10월 중순에 명나라 군대가 전주에 당도하여 임실 · 남원 · 곡성 등의 왜적을 추격하였다. 그런데 명군은 구례에는 왜적이 많고 지형도 험악하여 전투를 회피하고 있었다.

11월 초에 구례에서 2차 의병이 다시 일어났다. 구례읍내 20대의 젊은 선비들을 주축으로 한 의병이었다. 이들 의병은 9월 하순에 순절한 왕득인의 아들 왕의성이 주축이 된 왕의성군王義成軍과 구례현의 각 면에서 모여든 이정익 · 한호성 · 양응록 · 고정철 · 오종 등 이른바 5의사군五義士軍이 합세한 의병연합체였다. 이들은 각자의 집안 하인들과 산중에 피난중인 백성들을 모아 수 백 명의 의병조직을 갖추어 석주관에 진영을 마련하였다.

11월 8일에 구례의병은 구례 화정에 이르러 남원의병장 조경남과 왜적을 토벌할 계책을 논의하였다. 11월 9일에는 연곡에서 남원의병과 함께 연합하여 왜군 60여명을 참살하고 포로 200여명을 구출하였다.

이후 구례 의병은 화엄사로부터 의승병義僧兵 153명과 의곡 103석을 지원 받아 군세를 보강하였다.

그런데 연곡 전투에서 패한 왜군이 가만있을 리 없었다. 대규모 보복에 들어갔다. 11월 하순에 큰 전투가 벌어졌다. 구례의병들은 지형지물을 이용하여 분산작전을 꾀하였다. 석주성 아래 협곡을 사이에 두고 좌우측 산등성이에는 5의사군五義士軍 이, 산 정상에는 왕의성군이 포진하였다.

구례의병은 피내血川로 불리는 계곡으로 왜군을 유인한 다음 숲속에 잠복한 오의사군이 의승군과 합세하여 좌우에서 일제히 적을 공격하였다. 또한 계곡의 북향 정상부에 진치고 있던 왕의성군은 골짜기에 숨어든 왜적을 향해 큰 돌을 굴러내려 기습 공격을 퍼부었다.

구례의병은 일시 대승을 거두는 듯했다. 그러나 계속 밀려오는 왜군의 대군을 맞아 싸우기에는 역부족이었다. 그리하여 오의사군과 의승군은 모두 전사하고 산정에 있던 왕의성 부대만 겨우 살아남을 수 있었다. 이때 의병과 의승들의 피가 골짜기를 물들였다. 피 냄새가 골짜기를 진동하였다. 나중에 사람들은 이곳을 피아골이라고 하였다.

사당 안에서 왕득인 등 칠의사 위패를 하나하나 보면서 묵념을 드렸다. 곁에 있는 전몰 의병 그리고 의승들의 신위에도 머리 숙였다.

나라를 위해 목숨을 바친 영령들이여. 고이 잠드소서. 후손들은 당신들의 큰 뜻을 잊지 않겠나이다.

칠의사를 나와서 동재 재명각齋明閣을 둘러본다. 이곳에는 여러 개의 편액이 걸려 있다. 자세히 살펴보니, 면암 최익현1833~1906의 칠의각기와 매천 황현1855~1910의 칠의각상량문 현판이 있다.

최익현은 1905년 을사보호조약이 체결되자 태인에서 의병을 일으켰으나 왜경에게 체포되어 대마도로 유배되었고 그곳에서 단식하다가 순절하였다.

황현은 1910년 한일병탄에 분노하여 자결하였는데, 그는 1901년에 칠의각 상량문을 짓고 두 수의 '석주칠의각' 시를 남겼다.

제1수

한번 의를 판단하여 위태로움을 돌보지 않았고
전쟁터에서 발길 돌림이 죽음 더디어 싫었네.
일어나는 벌떼 소리 군사들의 함성인 것 같고
분노하여 싸우던 돌멩이 섞어 순절비 빛었네.

긴긴밤 모래사장에는 무지개가 뻗쳐 있고
차가운 강의 단풍나무엔 궂은 비 내리네.
걱정만 한다고 거센 파도 잠재우랴
오늘에야 공公 같은 분들이 그리울 뿐이네.

제2수
밝은 달 밤 빈 골짝엔 새 벌레 소리 슬피 울고
높은 강물 굽이굽이 단을 안고 흐르네
떠도는 야사野史를 등불 돋우며 보노라니
어렴풋이 혼령들이 꿈속에 들어오네.
물가에 쌓인 모래자갈 더미에 창칼이 묻혔고
머리 허연 후손들이 누대를 세웠네.
칠의각에 오르니 설움이 북받쳐 오고
고금의 일 쓸쓸하여 한 잔 술에 부치네.

석주관 의병항쟁이 알려진 것은 정조 22년1798이었다. 이 때 화엄사 승당僧堂을 중수하면서 두 건의 문서가 발견되었다. 승병격문과 '정유란 일기' 가 그것이다.

이후 순조 4년1804에 7의사들에게 공훈이 내려졌으며, 고종 5년1868에 칠의단七義壇이 건립되었다. 그리고 1901년에 칠의각이 지어졌다.

칠의사를 나와 앞을 보니 무덤들이 여러 개 있다. 구례현감 이원춘과 7의사의 묘이다.

구례 석주관 근처에 있는 칠의사 묘

한편 '정유전망의병추념비丁酉戰忘義兵追念碑' 에는 구례 의병들의 숭고한 충의정신이 배어있다. 명문銘文을 읽었다.

> 나라 위한 부름에 백성과 승려를 어찌 가리겠는가.
> 피가 흘러 강이 되니 푸른 물이 붉게 물들었다.
> 임금 위해 몸 바치는 일은 신하된 자의 직분이리.
> 돌 조각에 옛일을 새기노니 천추에 길이 남으리라

그랬다. 나라를 구하는 일에 의병과 승병을 어찌 가리겠는가.

두 차례의 구례 석주관 전투는 전라도가 왜군에게 완전히 점령당한 상황에서 군세郡勢가 약한 구례에서 일어난 의병 항쟁이라는 점에서 그 의의가 깊다.

05

전라도 의병들 다시 일어나다 (2)

조경남과 박광전, 소희익 등

1597년 9월에 왜군이 전라도를 침탈하자 백성들은 산속으로 숨고 배를 타고 피난가기에 바빴다. 어떤 이들은 왜군 앞잡이 노릇을 하여 백성을 괴롭히기도 하였다. 이런 와중에도 곳곳에서 의병이 일어났다. 남원의 조경남, 보성의 박광전, 순천의 소희익 등이 그들이다.

조경남1570~1641은 〈난중잡록〉을 쓴 선비이다. 그는 13세 때 부터 일기를 썼는데 임진왜란 7년 전쟁 중에 쓴 일기는 나중에 선조수정실록 편찬 때 사료로서 활용되었다.

1597년 8월 9일에 왜군이 남원을 쳐들어오자 관아 서기書記였던 조경남은 가족들과 함께 지리산 파근사波根寺로 피난을 갔다. 9월 중순경에 조경남은 다시 남원 가까운 산으로 돌아와 의병활동을 하였다. 9월 22일에 조경남은 왜적 5명을 사살하였다. 이 날의 〈난중잡록〉을 읽어보자.

내가 왜적 5명을 불우치佛隅峙 남원시 주천면 호기리에서 죽였으나 그 머리를 베지 않았다. 나는 박언량과 하인 두 명과 함께 활을 끼고 따라나섰다. 불우치에 이르러 높은 데로 올라가 망을 보니, 왜적 5명이 총을 메고 검을 휘두르며 이리로 왔다. 나는 박언량한테 말하기를, "우리는 4명이고 적들은 5명으로 중과부적이지만 힘써 싸우자"라고 말하고 길가에 매복했다. 적병이 앞으로 오자 박언량과 함께 일시에 발사하니 잇달아 5명의 적이 맞았는데, 두 놈은 곧 거꾸러지고 세 놈은 칼을 던지고 살려주라고 애원했다. 나는 하인에게 명령하여 죽이도록 하였다. 조금 있다가 적병 수백 명이 몰려왔다. 그런데 그들은 적의 시체를 보고 떠들썩하더니 달아나 버렸다.

일기가 마치 전쟁르포 같다. 소설가 김경진은 소설 '임진왜란 8권' 에서 조경남의 의병활동을 날자 별로 자세히 묘사하고 있다.

9월 23일에 조경남은 궁장현弓藏峴 남원시 주천면 용담리 싸움에서 왜적 36명을 목 베었다. 조경남은 김완과 정사진, 박언량, 박필남 등 20명과 함께 싸웠다. 이들은 방암봉에 올라가 숨어서 임실로부터 소와 말을 몰고 동도역 앞 소로를 향하고 있는 왜적 50여 명을 급습하였다.

이어서 조경남은 10월 9일 산동촌 싸움에서 왜적 5명을 베었다. 이 날 조경남 의병은 전前 초계 군수 정이길을 대장으로 삼고, 조경남을 출전장出戰將, 정사달을 종사, 유지춘을 참모로 삼았다.

이어서 조경남 의병은 11월 4일에는 순천에서 왜군의 상황을 정찰함과 동시에 왜군 앞잡이 3명을 죽였다. 이 당시 조경남 의병은 조명연합군과 합동으로 작전을 수행하였다. 11월 24일에는 경상도 함양 음리까지 왜적을 추격하여 17명을 사살하였고, 12월 7일에도 경상도 산음에서 왜적 1백 23명을 죽였다. 이어서 1598년 6월에 조경남은 박언량 등 70명과 함께 전라병사 이광악 부대 소속이 되었다.

한편 71세의 죽천 박광전1526~1597도 난리를 피하여 보성군 문덕면 천봉산으로 피신하였다. 제자 안방준도 함께였다. 10월에 부인 문씨가 화순 모후산에서 세상을 떴다. 그는 비통하였다. 병세 또한 날로 깊어 갔다.

그때 생원 박사길이 의병을 일으킬 것을 제의하였다. 여러 사람들이 박광전을 의병장으로 추대하였다. 박광전은 "난리는 급박해지고 나의 병세도 날로 위중하니 나는 곧 죽을 것이요. 그러나 한 줄기 목숨이 아직 붙어 있으니 맹세코 이 왜적들과 같은 하늘 아래에서 함께 살 수는 없소." 하면서 결속을 다졌다. 박광전은 전 판관 송홍렬을 부장으로 삼고, 둘째 아들 박근제를 종사관으로, 박사길 · 박훈 등을 선봉으로 삼았다.

박광전 의병은 동복현화순군 동복면에서 시마즈 요시히로의 부하들을 물리쳤다. 이 전투에서 공을 세운 이는 고흥 출신 송홍렬이었다. 보성사람 박훈도 왜적 10여명을 참수하였고, 능주 출신 박사길 또한 공을 세웠다. 왜적들은 박광전 의병의 기세에 눌려 일시 순천 쪽으로 물러났다.

그런데 관아를 버리고 도망간 고을 수령들은 관내 이탈 죄도 큰 데 다시 돌아와서 박광전의 공로를 시기하여 전라감사 황신에게 모함하였다. 황신은 박광전을 전주감영으로 불러 조사하였다. 박광전은 참담하였다.

전주에서 조사를 받은 박광전은 화순으로 내려오는 길에 조상의 묘소가 있는 진원현장성군 진원면에 들렀다. 비참한 심정을 조상님에게 말하고 싶어서였을까. 아니면 그의 마지막 길을 예감하여서였을까.

11월 18일에 박광전은 세상을 떴다. 임진왜란 7년간의 박광전의 일생은 그야말로 질곡의 역사였다.

1592년 7월에 전라좌의병을 일으켰으나 병이 깊어서 참전을 하지 못하다가, 1593년 말에는 제자인 광해군에게 시무책을 건의하였다. 정유재란이 일어나자 다시 의병장이 되었지만 모함을 받고 한 많은 세상과 이별한 것이다.

한편 11월 28일에 전라감사 황신은 순천에 사는 훈련원 첨정 박이량의 전과를 조정에 보고하였다. 박이량은 처자가 왜적에게 피살되자 울분을 견디지 못한 나머지, 군인을 모아 순천의 많은 적과 접전하여 공을 세웠다.

12월 10일에 전라감사 황신은 전라도의 적정敵情과 영남으로의 군사 이동의 부당성을 조정에 진언하였다.

"도내의 연해안이 온통 적의 소굴이 되어 있는데, 명나라 군대가 와서 토벌하지는 않고 본도의 장수들마저 영남으로 옮겨간다면 적은 반드시 우리의 허심을 엿보아 뒤를 추적할 염려가 없지 않습니다."

황신의 이 보고는 고니시의 왜군이 장흥과 보성, 순천과 흥양, 낙안에서 날마다 곡식을 수확하여 순천왜성에서 오래 머물 계획을 세우고 있는데, 조정이 울산성 공격을 위하여 전라도 병력도 영남으로 출전 명령한 것에 대한 우려였다.

12월 17일에는 의병장 소희익이 순천의 왜적 둔거지에서 남녀 2백86명을 구출하였고, 낙안에서도 남녀 1백27명을 구출하였다. 도원수 권율의 별장 김운성은 낙안 왜영을 쳐들어가 남녀 1백54명을 구출하였고, 전주 출신 김익웅은 순천 왜영에서 남녀 95명을 구출하였다.

9월 7일 직산전투 이후 명군이 승기를 잡자 관군의 활약도 상당하였다. 9월말에 부임한 전라병사 이광악은 광양 일대에서 게릴라전을 펼쳐 적의 활동을 위축시키고 있었는데 12월 18일에 광양성을 공격하였다. 이광악은 진주대첩을 이끈 장수였다. 그런데 광양성은 견고하였다. 조선군은 성을 점령하지 못하고 혼전을 거듭하였다. 이윽고 순천 왜교성의 고니시가 보낸 왜군이 도착하여 조선군의 측면을 공격하자 조선군은 도리어 낭패를 당하고 말았다. 양군의 전투는 엎치락뒤치락하였다.

며칠 후 왜군은 광양성을 포기하고 왜교성으로 철수하였다.

한편 왜군은 울산에서 순천에 이르는 남해안에 성을 쌓고 장기 주둔태세에 들어갔다. 고니시 유키나가의 순천왜교성, 시마즈 요시히로의 사천성, 가토 기요사마의 울산성이 그것이다.

11월에 조명 연합군은 전열을 가다듬고 왜군을 몰아내는 작전에 돌입하였다. 그 첫 대상이 가토 기요사마가 지키고 있던 울산성이었다. 12월 22일부터 5만 명의 조명 연합군은 울산성을 포위하고 총 공세를 펼쳤다. 그러나 왜군의 완강한 저항과 명군 내부의 불협화음 때문에 울산성을 함락하지 못하고 1598년 1월 4일에 철수하고 말았다.

06

이순신, 고하도에서 전선 40척을 만들다.

1597년 10월 29일에 이순신은 신안 안편도에서 보화도로 진영을 옮겼다. 보화도는 지금의 목포 고하도이다. 고하도는 높은 산 아래高下있다는 섬이라는 의미이다. 여기에서 높은 산이란 목포 유달산儒達山을 말한다.

10월 29일의 난중일기를 읽어보자.

> 맑다. 새벽 두시 첫 나팔을 불어 배를 띄워 목포로 향했다.
>
> 목포에 이르렀다가 보화도에 옮겨 배를 정박하였더니 서북풍을 막을 만하고 배를 감추기에 알맞았다. 그래서 육지로 내려 섬 안을 돌아보니 지형이 아주 좋기에 진을 치고 집 지을 계획을 세웠다.

이순신은 보화도에 도착하자마자 곧바로 월동준비를 하였다. 군량 확보와 전선 건조에도 박차를 가하였다.

11월 6일에 새 집 지붕을 이었고 군량창고도 같이 지었다. 7일에는 새 집의 마루를 놓았고, 8일에는 사방 벽에 흙을 발랐고 수루도 만들었다. 11일에는 새 집이 지어졌다.

아울러 이순신은 주변지역으로부터 군량을 조달했다. 해남에 왜군이 남긴 군량 300여석을 접수하고 나주와 영암에서 타작을 방해하는 자들을 잡아 주도자는 처형하고 나머지 4명은 배에 가두기도 하였다.

각 고을 수령이나 유력자들도 양곡을 가져 왔다. 11월 5일에 영암군수 이종성이 와서 밥을 30말 지어 일꾼들을 먹이고, 군량 200섬과 중조中租 700섬을 마련했다. 11월 7일에는 전 흥산현감 윤영현과 생원 최집 등이 와서 군량에 쓸 벼 40섬과 쌀 8섬을 바쳤고, 11월 28일에도 무안에 사는 진사 김덕수가 군량에 쓸 벼 15섬을 바쳤다.

그러나 천 여 명이나 되는 군사에게 먹일 식량으로는 턱 없이 부족하였다. 그래서 이순신은 해로통행첩 제도를 시행하였다. 배가 운행 시는 반드시 통행첩을 소지하게 하고, 통행첩이 없으면 간첩으로 처벌하였다. 이순신은 통행첩 발급시 배의 크기에 따라 수수료를 받았는데 대형은 쌀 3석, 중형 2석, 소형 1석으로 정하였다. 이리하여 열흘 동안에 1만 여 섬의 군량을 확보할 수 있었다.

해로통행첩 제도를 이순신에게 건의한 이는 군량모십 참모 이의온이었다. 이의온은 회재 이언적의 손자로 20대 초반의 젊은이었다.

한편 이순신은 전선 건조에 나섰다. 왜군 수군과 대적하는 데 전선 13척으로는 크게 부족하였다. 더구나 고하도에 정착한지 4일 만인 11월 2일에 전라우수사의 배가 바람에 떠내려가다가 바위에 걸려 부서졌다. 이순신은 병선 군관 당언량을 잡아다가 곤장 80대를 쳤다. 배 한 척이 아쉬운 마당에 배가 부서지는 사고가 난 것을 문책한 것이다.

11월 중순 이후 이순신은 전선 건조에 박차를 가하였다. '난중일기' 에는 그런 기록이 여러 군데 있다.

> 11월 21일 송응기 등이 산에서 일할 일꾼을 데리고 해남 소나무 있는 곳으로 갔다.
>
> 12월 5일 정응남이 점세를 데리고 진도로 갔는데 새로 만드는 배를 조사할 일로 함께 간 것이다.
>
> 12월 10일 배 만드는 곳에 나가 앉아서 지켜보았다.
>
> 1598년 1월 2일 새로 만든 배에 흙덩이가 떨어졌다.

옛날부터 전라도 해안 지역은 소나무가 풍부한 곳이었다. '난중일기' 에는 전선 건조지가 고하도와 진도만 언급되어 있지만, 나주 · 영암 · 강진 · 해남 등지에서도 전선이 건조되었을 것으로 추정된다.

그런 증거가 1598년 2월 22일의 선조실록이다.

> 선박의 수를 나누어 정하고 경리에게 보고하다
>
> 경리經理의 분부로 선박의 수를 나누어 정하였다. 평안도 철산鐵山에서 만들어야 할 배의 숫자는 20척인데 이미 완성된 배가 8척이니 더 만들어야 할 배가 12척이고, 황해도 장산곶長山串에서 만들어야 할 배의 숫자는 50척인데 이미 완성된 배가 40척이니 더 만들어야 할 배는 10척이며, 충청도 안민곶安民串에서 만들 배의 숫자는 10척인데

방금 일을 시작했다. 전라도 변산邊山에서 만들 배의 숫자는 20척인데 전일 속공선屬公船 13척을 그대로 더 수리했으므로 더 만들 것이 7척이다. 이상은 모두 조선漕船에 관계된 것이고,

병선兵船에 대해서는 양호兩湖의 민력民力이 이미 고갈되었으므로 다시 더 만들도록 독촉할 수가 없었다.

주사舟師가 이미 40척을 만들었는데 이 숫자를 합하여 경리에게 보고하였다.

이를 보면 이순신은 고하도에서 이미 40척의 병선을 만든 것이다.

여기에서 주목할 것은 조정은 충청도와 전라도 양호兩湖의 민력民力이 이미 고갈되었으므로 병선 증설을 독촉할 수가 없었다는 점이다. 그 만큼 정유재란 시 충청도와 전라도의 피해가 엄청났다.

고하도에서 이순신은 조정으로부터 두 가지 좋은 소식을 받았다.

하나는 명량해전에서 승리한 데 대한 포상이 내려왔다. 거제 현령 안위가 정3품 당상관으로 승진하는 등 휘하 부하들이 차례대로 포상을 받았다.

또한 명나라 장수들은 이순신에게 크고 작은 선물을 보내어 축하의 뜻을 전하였다. 명나라 경리 양호는 이순신의 배에 붉은 비단 깃발을 걸어주고 싶지만 할 수 없이 깃발만 전달하였다.

이 시기에 이순신은 어머니가 돌아가신 상제喪祭의 몸이라 고기반찬을 먹지 않았다. 12월 5일에 선조는 이순신이 기력이 떨어지는 것을 걱정하여 고기반찬을 내렸다.

목포 고하도 모충각 입구

전쟁에 나가서 용맹이 없으면 효가 아니라고 하였다.

전쟁에 나가 용감하려면 소찬이나 먹어서 기력이 떨어지면 능히 할 수 없다. 경은 내 뜻을 잘 깨달아서 소찬 먹는 것을 그만두도록 하라.

한편 11월 22일에 장흥에서 전투가 있어 왜군이 달아났다. 이순신은 장흥에서 전쟁에 이겼음을 보고하는 장계를 11월 28일에 보냈다. 아쉽게도 전투의 구체적 내용은 알 수가 없다.

목포 고하도에는 지금도 이순신의 흔적이 남아 있다. 모충각이 세워져 있고, 그 안에는 이충무공 기념비가 있다. 이 비는 1722년에 이순신 5대손인 통제사 이봉상이 건립하고 남구만이 비문을 짓고 조태구가 글씨를 썼다.

목포 고하도 모충각

고하도 유적 안내판에는 "충무공은 명량 승첩 후 10월 29일에 이곳에 진을 치고 이듬해 2월 17일 고금도로 옮기기 까지 108일간을 주둔하여 군량미를 비축하고 전력을 재정비하였다. 목포 사람들은 이충무공 기념사업회를 조직하여 이순신 탄신일인 4월 28일에는 바로 이곳 고하도 모충사에서 제향을 모신다."고 되어 있다.

목포 유달산에도 이순신의 흔적이 있다. 유달산 입구에 있는 노적봉이 그것이다. 노적봉은 이순신이 왜적을 물리치기 위해 섶과 섶을 덮어 군량미처럼 보이도록 했다는 봉우리이다. 군량미가 산처럼 쌓여 있으면 군사가 얼마나 많았으랴. 왜구이 매우 놀랐으리라.

07

이순신, 고금도에서 최후의 결전을 준비하다.

목포 고하도에서 108일 동안 머무른 이순신은 1598년 2월 17일에 완도 고금도로 진을 옮겼다. 여기에서 그는 최후의 결전을 준비하였다. 고금도는 마지막 삼도수군통제영이었다.

1598년 3월 18일자 선조실록을 읽어보자.

통제사 이순신이 적 수군의 동태 및 아군의 준비상황을 아뢰다

통제사 이순신의 서장에,

"소서행장은 예교曳橋에 주둔하고 있으며 2월 13일에는 평수가平秀可가 그의 군사를 거느리고 와서 같은 곳에 주둔하고 있습니다. 우리 주사舟師는 멀리 나주 경내의 보화도에 있으므로 낙안과 흥양 등의 바다에 출입하는 왜적이 마음 놓고 마구 돌아다녀 매우 통분스럽습니다. 그리고 바람이 잔잔하니 이는 바로 흉적들이 소란을 일으킬 때이

완도 고금도 충무사 입구 (이순신과 이영남의 신위를 모신 사당이다.)

므로 2월 16일에 여러 장수를 거느리고 보화도에서 바다로 나아가 17일에 강진 경내의 고금도로 진을 옮겼습니다.

고금도 역시 호남 좌우도의 내외양內外洋을 제어할 수 있는 요충지로 산봉우리가 중첩되어 있고 후망候望이 잇대어져 있어 형세가 한산도보다 배나 좋습니다. 남쪽에는 지도智島가 있고 동쪽에는 조약도助藥島가 있으며, 농장도 역시 많고 한잡인閑雜人도 거의 1천 5백여 호나 되기에 그들로 하여금 농사를 짓게 하였습니다. 흥양과 광양은 계사년부터 둔전을 하였던 곳으로 군민軍民을 초집招集하여 경작할 생각을 하고 있습니다." 하였는데, 비변사에 계하하였다.

이 장계에서 이순신은 고금도가 한산도보다 두 배나 좋다고 하였다. 그랬다. 이순신은 여기에서 자족하여 군량을 확보하였고 그간 손실된 군사력도 완전히 회복하였다.

이순신은 병력 증강과 전선 추가 건조에 박차를 가하였다. 이 때 큰 역할을 한 사람이 흥양현감 최희량1560~1651이었다.

그는 백성들을 이끌고 목재를 끌어서 전선을 건조하였으며 구리와 쇠들을 실어다가 대포 등을 만들었다. 최희량이 남긴 임란첩보서목壬亂捷報書目에는 새로이 건조한 전선과 집물 목록이 수록되어 있는데 당시 전선에 소요되는 군기류들의 종류를 이해할 수 있다. 여기에는 각종 총통과 활, 화살, 창, 칼, 철환 등의 무기들과 신호용 물품, 군량, 기타 다양한 집물들이 망라되어 있다.

7월경에 조선수군은 함대가 80여척으로 늘어났고 군사도 8천명에 이르렀다. 그뿐 아니라 이순신에 의지해 피난 온 백성들이 1,500명이나 되어 섬에는 수백호의 민가가 생겨났다.

고금도가 한산도 보다 더 치세를 이루었다는 것은 좌의정 이덕형의 장계에도 나온다.

> 좌의정 이덕형의 장계에,
>
> "이순신의 사람됨을 신이 직접 확인해 본 적이 없었고 한 차례 서신을 통한 적 밖에 없었으므로 그가 어떠한 인물인지 알지 못했습니다. 전일에 원균이 그의 처사가 옳지 못하다고 한 말만 듣고, 그는 재간才幹은 있어도 진실성과 용감성은 남보다 못할 것이라고 여겼습니다. 그런데 신이 본도에 들어가 해변 주민들의 말을 들어보니, 모두가

그를 칭찬하며 한없이 아끼고 추대하였습니다. 또 듣건대 그가 금년 4월에 고금도로 들어갔는데, 모든 조치를 매우 잘하였으므로 겨우 3~4개월이 지나자 민가와 군량의 수효가 지난해 한산도에 있을 때보다 더 많았다고 합니다. 그때야 그의 재능이 남보다 뛰어난 줄을 알았습니다. (후략) (1598년 12월 7일 선조실록)

당시에 순천 왜교성에 주둔한 왜군은 간혹 주변 지역을 분탕질 하고 있었다. 이들은 고흥 반도에도 출몰하여 백성들을 괴롭혔다. 이 때 흥양현감 최희량의 활약이 돋보인다.

최희량은 3월 20일에는 첨산에서 싸워 왜적 30명을 베었고, 3월 21일에는 35명을 베고 1명을 생포, 3.22에는 31명 참급, 1명 생포 3.23에 첨산에서 왜적 1명 생포하였다. 4월 14일에는 흥양현 남문 밖에서 3명을 베었다.

그런데 전라병사 이광악은 왜적들이 6월초에 흥양에 쳐들어와 백성 3백명을 잡아가도 최희량이 보고를 하지 않았다하여 처벌을 치계하였다.

전라병사 이광악이 치계하였다.

"흥양 지방에 적선이 들이닥쳐 5월 25일에 육지에 내려와 노략질하였고, 6월 6일에는 깊숙한 곳까지 침입하였습니다. 그러나 8일이 되어서야 비로소 소식을 알려와 장수들이 미처 토벌할 수 없게 만들었고, 3백여 명의 사람과 가축이 잡혀 갔는데도 숨기고 보고하지 않았으니, 현감 최희량의 죄는 용서할 수 없습니다. (후략)

(1598년 7월 16일 선조실록)

7월 9일에도 왜선 2척이 남당포에 상륙하였다. 최희량은 왜적과 싸워 2명을 참하고 통제사 이순신에게 보고하였다. 이렇듯 순천왜성에 주둔한 고니시의 왜군들은 고흥지역에 수시로 침범하였다.

08

명나라 수군의 참전과 절이도 해전

7월 16일에 명나라 수군 500여 척이 고금도에 도착하였다. 수군 도독은 진린이었다. 그런데 진린은 본국에서부터 성격이 난폭하고 거만하기로 소문이 난 자였다.

진린과 그의 부하들은 강화도에 들어오면서부터 조선의 관민을 구타하고 욕하는 일들이 개망나니였다. 조선 사람들을 마치 짐승을 다루는 것 같았다. 진린이 서울을 떠나는 6월 26일에는 선조를 비롯한 많은 중신들로부터 송별인사를 받는 자리인데도 찰방 이상규 조금 늦게 왔다는 이유로 그의 목을 새끼줄로 얽어매어 끌고 다니는 등 행패가 극심하였다.

이에 조정에서는 이순신을 비롯한 관원들에게 진린 부대를 잘 모시라고 지시 하고 선조도 우려를 표시하였다.

진린의 배가 고금도에 도착할 때 이순신은 멀리까지 나가서 진린을 맞았다. 그리고 도착 당일에 성대한 환영식을 하였다. 명나라 군사들은 모두 취하고 배불렀으며 서로 환성을 올리며 이순신을 칭찬하였다. 진린도 상당히 흡족한 표정이었다.

진린이 고금도에 도착한지 이틀이 지난 7월 18일에 비상사태가 발생했다. 이순신은 왜선 100여 척이 녹도에 침범했다는 보고를 받은 것이다. 이순신은 진린과 함께 출전 하였다. 첫 연합작전이었다.

연합함대가 금당도고흥군 금당면에 이르렀을 때 왜선들은 이미 도망가고 없었으며 적선 2척만이 도망가는 것이 보일 따름이었다. 이순신과 진린은 이 날 해상에서 하룻밤을 보냈다.

이튿날 이순신은 녹도만호 송여종宋汝悰 1553~1609에게 배 8척으로 절이도고흥군 금산면 거금도에서 복병하도록 하고 도독 진린도 30척을 남겨두고 철수하였다.

그 후 5일이 지난 7월 24일이었다. 이순신은 진린을 위해 운주당에서 술자리를 베풀고 있었다. 흥이 한창 돋워질 무렵 명나라 수군 군관이 진린에게 보고하기를, "오늘 새벽에 절이도에 침입한 적선 11척을 송여종이 공격해서 그 중 6척을 나포하고 적군 머리 69급을 취했습니다. 명나라 수군은 풍세가 불순하여 싸우지 못했습니다." 하였다.

진린은 그 자리에서 술잔을 집어 던지고 크게 화를 내면서 그 군관을 끌어내라고 하였다. 이 때 이순신은 진린의 노여움을 풀어주며 다음과 같이 말하였다.
"대인께서는 명나라의 대장으로서 왜적들을 무찌르기 위하여 이곳에 오셨습니다. 그러므로 이곳 진중의 모든 승첩은 바로 대인의 승첩입니다. 우리가 베어 온 적의 머리는 마땅히 대인에게 드려야지요. 대인께서 이곳에 온 지 얼마 안 되어 황제에게 큰 공로를 아뢰게 되었으니, 이 어찌 좋은 일이 아니겠습니까."라고 하였다.

이순신은 진린에게 수급 40급을 주고, 명군 장수 계금에게도 5급을 내주었다. 진린이 크게 기뻐하며 말하기를, "본래부터 장군이 조선의 명장이란 말을 들었는데 과연 그 말이 틀림없소."하였다.

이어서 진린은 이순신에게 받은 수급을 서울의 명군 총사령부로 보내어 자신의 공로를 과시하였다.

이러하자 녹도만호 송여종이 기가 막혀 억울함을 호소하였다. 이순신이 웃으며 말하기를 "왜적들의 머리는 썩은 뼈따귀에 지나지 않는다. 그것을 가지고 저 사람들과 다투자는 말인가. 너의 공적은 내 보고에 들어 있으니 염려하지 말라"하였다. 그랬다. 실제로 이순신은 두 가지 형태로 조정에 장계를 보냈다.

이순신은 진린에게 수급을 준 사실을 보고하면서, 만일의 사태에 대비하여 진린이 공을 세운 것으로 하는 거짓 장계도 같이 보냈다.

1598년 8월 13일자 선조실록에는 진 도독의 무례함을 치계하는 이순신의 장계가 실려 있다.

> 통제사 이순신이 치계하였다.
>
> "지난번 해상 전투에서 아군이 총포를 일제히 발사하여 적선을 쳐부수자 적의 시체가 바다에 가득했는데, 급한 나머지 끌어다 수급을 다 베지 못하고 70여 급만 베었습

니다. 중국 군대는 멀리서 적선을 바라보고는 원양으로 피해 들어가 하나도 포획하지 못했습니다. 그러다가 우리 군사들이 참획한 수를 보고 진 도독이 뱃전에 서서 발을 동동 구르면서 그 관하管下를 꾸짖어 물리쳤으며 신 등에게 공갈 협박을 가하여 못하는 짓이 없었으므로 신 등이 마지못해 40여 급을 나눠 보내줬습니다. 계 유격도 가정家丁을 보내어 수급을 구하기에 신이 5급을 보냈는데 모두들 작첩作帖하여 사례하였습니다."

그런데 문제가 생겼다. 명나라 감찰부에서 진린의 공로를 감찰한 것이다. 그래서 별 수 없이 비변사는 이순신이 보낸 거짓 장계를 감찰관에게 보냈다. 1598년 10월 4일자 선조실록을 읽어보자.

비변사가 아뢰었다.

"이순신이 절이도折爾島의 전투에서 적의 머리 71급級을 베었는데 진 도독이 40급을 빼앗고 계 유격이 5급을 빼앗았습니다. 그리고 도독이 순신에게 독촉하여 다만 26급을 벤 것으로 장계를 꾸미게 하였으므로 순신은 도독의 말대로 순신은 26급을 베었다고 거짓 장계를 만들어 보내고 또 별도로 장계를 만들어 사실대로 치계하였습니다.

왕 안찰王按察이 남쪽으로 내려와서 그 소문을 듣고 우리나라에 공문을 보내 수급에 관련된 일을 묻고 아울러 그 장계를 보내라고 명하였습니다. 지금 만약 실제 장계를 보내면 반드시 도독은 큰 죄에 빠뜨릴 것이니 거짓 장계를 보내는 것이 합당할 듯하므로 감히 품합니다."【동정장사東征將士들이 모두 욕심이 많았다. 진린은 남의 공로를 가로채어 자기의 공으로 삼으니 이와 같은데 성공을 바라는 것은 어렵지 않겠는가.】

한편 녹도만호 송여종은 고흥 출신으로 9척 장신이었다. 1592년에 그는 낙안군

수 신호의 막하에서 일하다가 전라좌수사 이순신의 군관이 되었다. 그는 이순신의 명령으로 장계를 의주에 전달하였고 1594년에 무과에 합격하여 녹도만호가 되었으며, 명량해전에서는 이순신의 중군장으로 활약하였다.

09

조명연합군, 순천 왜교성 점령에 실패하다.

1598년 8월 18일에 도요토미 히데요시1536~1598가 교토 근처의 후시미 성에서 죽었다. 나이 62세였다. 그는 죽으면서 이런 시를 남기었다.

> **이슬처럼 떨어졌다 이슬처럼 사라지는 게 인생이런가.**
> **나니와**옛 오사카의 지명**의 영화는 꿈에 또 꿈인 것을.**

그는 도쿠가와 이에야스 등 5대로에게 5살 난 아들 히데요리를 잘 부탁한다는 말과 함께 "내가 죽거든 지체 없이 조선에서 철병하라"고 유언하였다. 히데요시의 죽음은 한참동안 비밀로 붙여졌다.

강항은 〈간양록〉에서 도쿠가와 이에야스 등 5대로가 히데요시의 죽음을 비밀로 붙이고 히데요시의 배를 갈라 소금을 넣고 관복을 입혀 나무통에다 넣어 두었는데

8월 그믐께부터 말이 새어나가자 사망을 공식 발표했다고 적고 있다.*

히데요시 사망을 계기로 5대로는 조선에 있는 왜군 철수에 착수하였다. 10월1일에 일본 특사가 부산으로 건너왔다. 특사는 가토 · 고니시 · 시마즈 등을 만나 철군을 지시했다. 일반 사병에게는 비밀로 붙여졌다.

조명연합군에게도 도요토미 히데요시의 사망소식이 알려졌다. 연합군은 대대적인 반격 작전에 들어갔다. 명군은 병력을 네 방향으로 나누어 울산 · 사천 · 순천 등지의 왜군을 공략하기로 하였다. 동로 제독 마귀는 울산방면을, 중로 제독 동일원은 진주와 사천을, 서로 제독 유정은 순천 왜교성을 공격하고, 수군 제독 진린과 통제사 이순신은 바다 쪽을 막으면서 왜교성 전투를 지원하기로 했다.

각 도의 병사 · 방어사도 사로군四路軍에 소속시켰다. 충청 · 전라는 서로에, 경기 · 황해 · 경상우도는 중로에, 평안 · 강원 · 경상좌도는 동로에 속하게 하고, 호서 · 호남의 수군은 수로水路에 속하였는데, 함경도는 변방의 경계 때문에 징집하지 않았다. 이때 동원된 군사는 10만 여명에 이르렀다.

1598년 8월 18일에 명군 대장 마귀, 동일원, 유정이 서울을 떠났다. 9월 들어서 명군은 총공격을 펼쳤다. 그러나 결과는 참담하였다. 먼저 제독 마귀가 지휘한 동로군은 경상우병사 김응시와 합류히여 9월 중순에 울산성을 공격했지만 가토의 응

* 일본에 끌려간 정희득도 〈월봉해상록〉에서 "히데요시가 7월 4일에 죽었는데, 도쿠가와 이에야스의 무리가 숨겨 발표하지 않고 그 배를 갈라 소금을 채워서 목통木樋에 앉히고는 평소에 입던 옷을 입혀 두었습니다. 그리하여 왜놈 장수들도 그가 죽은 줄 모르고 있다가, 9월 그믐께야 비로소 속일 수가 없게 되었으니, 이것은 국내에서 변란이 생길까 염려하여, 그 죽음을 숨겼던 것이라 합니다."라고 적고 있다.

전 회피로 점령에 실패하였다. 더구나 왜군 구원병이 부산에서 올 것이라는 소문까지 나자 제독 마귀는 경주로 퇴각하고 말았다.

명군 제독 동일원의 중로군은 사천에 있는 시마즈의 왜군을 공격하였다. 중로군은 초반에는 승전보를 올리며 진격했다. 9월 18일에는 진주로 진격했고 20일에는 남강을 넘어서 일본 진영을 점령하였다. 9월 28일에는 조선의 정기룡을 선봉 삼아 사천성을 포위했다. 시마즈는 조명군의 규모가 큰 것을 알고 병력들을 사천 신성으로 후퇴시켰다.

여기서 동일원은 작은 승리에 취하여 시마즈 군에 대해 공격을 감행했다. 그런데 이는 시마즈의 유인에 넘어간 것이었다. 시마즈는 반격을 하여 중로군은 10월1일에 대패하고 말았다. 이 전투에서 중로군의 피해는 일본 측 기록에는 4만 명, 명나라 기록은 3~4천명, 선조실록에는 8천명 내지 1만 명이었다. 시마즈는 참수한 38,717개의 머리에서 코를 베어내 통에 넣어 일본으로 보냈다.

한편 명나라 제독 유정과 도원수 권율이 이끄는 서로군도 고니시의 왜교성를 공격하였다. 서로군의 공격에는 진린과 이순신의 연합수군도 참여하였다.

왜교성倭橋城은 여수반도 목 부분에 해당하는 순천시 해룡면 신성리에 있는 성城인데 예교성曳橋城이라고도 불렀다. 예교는 끝 다리란 뜻인데 육지와 연결된 지대가 마치 다리와 같다고 해서 붙여진 이름이다. 왜교성은 서쪽은 산에 의지하고 3면은 바다에 둘러있어 1면만 육지에서의 공격이 가능한데, 다섯 겹으로 성을 쌓아 외성을 함락시키더라도 내성이 또 있어 난공불락이었다. 더욱이나 땅이 질어서 공격도 쉽지 않았다.

순천 왜성 (전남 순천시 해룡면 신성리 소재)

이 성은 1597년 12월에 세워졌는데 고니시의 왜군 15,000명이 주둔하고 있었다.

명군 2만2 천여 명, 조선군 6천명으로 이루어진 서로군은 9월 11일에 전주에서 출정식을 가졌다. 도원수 권율과 우의정 이덕형도 수행했다. 유정은 남원에 도착하자 미리 고니시에게 편지를 보내어 강화講和하자고 하였다. 고니시도 좋다고 답서를 보냈다. 유정은 고니시의 편지를 읽고 희색이 만면하였다. 곧 사로잡을 것이라고 생각하였다. (선조실록 1598년 9월 7일자 참조)

서로군은 순천로, 낙안로, 광양로 등 세 길로 나누어 진격했고, 바닷길로는 진린과 이순신이 고금도를 출발하여 순천으로 갔다.

이순신과 진린의 조명연합함대는 9월 15일에 나로도고흥군 봉래면를 지나 19일에는 전라좌수영 여수를 거쳐 20일에 조선수군은 순천 왜성 근처 장도노루섬에 명나라 수군은 묘도고양이섬에 주둔하였다.

9월 19일에 제독 유정은 도원수 권율과 함께 순천의 부유현에 도착하였다. 유정은 9월 20일에 고니시와 만나기로 하였다. 그런데 이 날 고니시가 회담장으로 가고 있을 때 명군이 미리 대포를 쏘고 말았다. 이를 수상히 여긴 고니시는 자기 진영으로 돌아가 버렸다. 이리하여 고니시 생포 작전은 실패로 끝나고 말았다.

겸연쩍은 유정은 당장 공격을 개시하였다. 예교에 진격해 들어가서 성 밖 7~8리 지점에서 맞서 싸웠는데 왜군이 퇴각하였다.

9월 21일에는 조명수군도 예교성을 공격했는데 물이 얕아 더 가까이 다가가 싸울 수 없었다. 이런 와중에 왜군 정탐선이 나타나자 이를 추격하여 빈 배를 노획하였다. 22일에도 조명수군은 공격을 하였다. 그런데 명나라 유격 계금이 왼편 어깨에 탄환을 맞았고 명군 11명이 탄환에 맞아 죽었다. 지세포 만호와 옥포만호도 총상을 입었다. 이 날 유정의 육군은 수군만큼 적극적인 공격을 펼치지 않았다.

9월 22일 이후 전투는 소강상태에 이르렀다. 유정은 전투를 중지하였다. 공성전을 펼칠 사다리를 준비한다는 핑계였다.

10월 1일에 유정은 다시 공격을 개시하기로 하고 선봉先鋒 수천 명으로 높은 사다리를 싣고 점차로 성에 가까이 가게 하였다.

서로군의 공격은 10월 2일부터 다시 시작되어 4일까지 계속되었다.

이때 수로군은 해상에서 적극 공세를 펼쳤으나 유정의 육군은 소극적이었다. 그러면 10월 2일부터 10월 4일까지의 전투를 살펴보자.

10월 2일

조명연합수군은 오전 6시쯤 군사들을 진격시켰다. 이순신의 수군이 먼저 올라갔다. 조명수군은 정오까지 서루 싸워 적을 많이 죽였다. 이 전투에서 사도첨사 황세득과 이청일 등이 총에 맞아 전사하고 제포만호 주의수, 사량만호 김성옥, 해남현감 유형, 진도군수 선의문, 강진현감 송상보가 총상을 입었으나 죽지는 않았다. 사도첨사 황세득은 이순신의 처 종형이었다. 몇 몇 장수들이 이순신을 찾아가서 조용히 조문을 하였다. 그 때 이순신은 '황세득은 나랏일로 죽었으니 그 죽음이 영광스러울 따름이라' 고 말 할 따름이었다.

그런데 이 날 전투에서 육군을 지휘한 명나라 유정은 명령을 내리지 않았다. 그 전에 유정을 만난 조선 의병장 임환은 "유정은 싸울 뜻이 없고 반드시 강화하려 하여 퇴각하려고 한다."고 간파하고 있었다.

10월 3일

명나라 수군 제독 진린은 유정의 밀서를 받고 초저녁에 나가 싸웠다. 자정이 될 때 까지 싸웠는데 명나라 함대 300척이 공격했는데 조수 시간을 놓친 진린 휘하의 사선 19척과 호선 20여척이 갯벌위에 갇혔다가 왜군의 공격을 받아 큰 피해를 입었다. 도독이 펄펄 뛰는 모습을 말로 하기가 어려웠다. 안골포 만호 우수도 탄환에 맞았다.

이 날도 유정은 팔짱만 끼고 있었다. 왜인들이 놀라고 당황하여 모두 동쪽으로 갔으니 만약 서쪽에서 공격하여 들어갔다면 성을 함락시킬 수 있었다. 성 위에서 어떤 여자가 부르짖기를 '지금 왜적이 모두 도망갔으니 중국 군대는 속히 쳐들어 오라.' 고 하였습니다. 기회가 있었는데도 놓쳤으니 유정이 행한 일은 참으로 넋을 빼앗긴 사람과 같았다.

10월 4일

진린은 연합함대를 이끌고 공격을 계속했으나 육상에서 서로군이 호응하지 않아 별다른 효과를 거두지 못하고 물러나고 말았다.

이에 분격한 진린은 유정을 찾아가 엄중 항의하는 등 두 사람의 관계는 전보다 악화되었다.

순천 충무사 – 이순신과 정운, 송희립의 신위를 모신 사당이다. (순천시 해룡면 신성리 소재)

10월 5일에 이순신은 서풍이 강하게 불어서 출항 할 수가 없었다.
10월 6일에 유정은 철수할 조짐을 보였다. 이순신의 '난중일기' 를 읽어보자.

> 초6일. 맑았으나 서북풍이 세게 불었다.
> 도원수가 군관을 보내어 편지를 진하기를, "유제독이 달아나려고 합니다."하였다. 분하고, 분하다! 나랏일이 앞으로 어떻게 될 것인가!

도원수 권율의 예상대로 명나라 도독 유정은 7일에 잠깐 퇴각하여 전력을 정비한 후에 다시 공격하겠다고 하고 왜교성의 포위를 풀었다. 각종 무기와 군량 수천

석을 방치한 채 부유창으로 퇴각하였다.

이후 유정은 9일에 완전히 철수하고 말았다.

이순신도 육군이 이미 철수하였으므로 진린 도독과 함께 9일에 유도를 출발하여 10일에는 좌수영에 12일에 나로도에 도착하였다.

이리하여 서로군과 수로군의 수륙합동작전은 실패로 끝났고 전황은 다시 소강상태에 들어갔다.

10

이순신, 노량해전에서 전사하다.

일본 특사는 왜군 지휘관들에게 11월 15일까지 부산으로 철수하여 귀국하라는 지시문을 전달했다. 울산 장생포의 가토, 사천 신성의 시마즈, 순천 왜교성의 고니시는 철수 준비에 들어갔다.

고니시는 10월 중순부터 유정과 은밀하게 화의를 진행하였다. 고니시는 유정에게 순천왜성을 고스란히 물려주기로 하고 철수를 보장받았다.

그런데 문제는 수군이었다. 진린과 이순신이 퇴로를 막은 것이다.

11월 8일에 진린은 이순신에게 적들이 11월 10일 사이에 철수하여 도망간다는 기별이 왔으니 급히 돌아가는 길을 막자고 제안하였다.

9일에 이순신은 진린과 함께 고금도를 떠났다.

조명연합함대는 9일 저녁에 백서량여수시 남면, 10일은 전라좌수영 앞바다에서 도착하여 11일에는 순천 앞의 유도에 진을 쳤다.

13일에 고니시는 왜선 10척을 선발대로 출항시켰다. 그 때 고니시는 명나라 유정이 왜군 철수를 눈감아주리라 믿고 있었다.

하지만 이는 진린과 이순신을 계산에 넣지 않은 반쪽 합의에 불과하였다.

이순신은 순천 땅 장도獐島 여수시 율촌면 장도, 일명 노루섬에 나타난 왜선을 추격하였다. 왜군 선발대는 조명연합함대에 걸려 퇴각하고 말았다. 이순신은 진린과 함께 예교성이 바로 보이는 장도에 진을 쳤다. 이로써 고니시의 바닷길은 완전히 봉쇄되고 말았다.

고니시가 유정에게 항의하자 유정은 진린을 설득하라고 조언하였다.

고니시는 진린에게 은 1백냥과 보검 50구를 보내며 길을 열어줄 것을 요청했다. 이에 진린은 고니시에게 수급 2천을 주면 길을 열어주겠노라고 대답하였다.

11월 14일의 난중일기를 읽어보자.

> 왜선 두 척이 강화하자고 바다 가운데 까지 나왔다. 도독이 일본어 통역관을 시켜 조용히 왜선을 맞이하여 붉은 기와, 환도 등 물건을 조용히 받았다. 오후 8시에 왜장이 작은 배를 타고 도독부로 들어와서 돼지 두 마리와 술 두 통을 도독에게 바치고 갔다.

이날 진린은 왜군 통신선 1척을 남해 쪽으로 보내주었다. 여기에는 왜군 8명이 타고 있었다. 이것이 바로 노량해전의 시발이었다. 고니시가 순천 왜성에 고립되었다는 소식이 전해지고 왜군이 곧바로 고니시 구출작전에 나설 것은 뻔하였다. 더구나 남해에 머물고 있는 대마도주 소 요시토시종의지는 고니시의 사위였다.

뒤늦게 통신선 1척이 순천을 떠났다는 소식을 안 이순신은 급히 군관 송희립과 해남현감 유형 등 여러 장수를 불러 의논하였다.

송희립은 "순천왜성의 왜군을 구하기 위하여 시마즈 등의 왜군이 구하러 올 것이다. 순천을 포위하고 있는 형태로 구원군에 대처한다면 전후 양쪽으로 적을 맞는 것이 되므로 바깥 바다로 병선을 움직여 전투를 벌여야만 한다."고 건의하였다. 또한 해남현감 유형도 왜군의 구원군을 먼저 격퇴하고 나서 고니시의 귀로를 차단하여야 한다고 진언했다. 이순신은 이런 의견을 받아들여 남해 쪽으로 출전을 결정하였다.

15일 이른 아침에 이순신은 도독 진린에게 가서 잠깐 이야기하고 돌아왔다. 아마 이순신은 진린이 왜선을 보낸 것을 항의하였을 것이다.

그런데 이 날도 왜선 두 척이 강화하자고 두 번 세 번 도독 진린의 진중으로 드나들었고, 16일에도 진린은 진문동을 왜군진영으로 들여보내고 왜선 3척이 말과 창, 칼들을 가져와서 바쳤다. 본격적인 뇌물 공세를 한 것이다.

이 날 또 한 가지 사건이 발생했다. 복병장 발포만호 소계남과 당진만호 조효열이 군량을 가득 싣고 남해에서 바다를 건너는 왜선 1척을 한산도 앞바다까지 가서 쫓았다. 왜적은 한산도에서 기슭을 타고 육지로 올라가 달아났고, 잡은 왜선과 군량은 명나라 군사에게 빼앗기고 빈손이었다.

한편 고니시는 이순신에게도 뇌물을 바쳤다. 한 밤중에 조총과 일본도日本刀 등 선물을 가지고 왔다. 이순신은 이를 거들떠보지도 않고 돌려보냈다.

왜군 통신선이 남해로 떠난 지 4일째 되는 11월 18일에 이순신은 출전을 감행하고자 하였다. 그런데 진린은 이순신에게 철군하는 왜군을 그냥 돌려보내자고 말하였다. 이순신은 원수를 그냥 돌려보낼 수 없다고 결연히 거절하고 단독으로라도 출진하겠다고 하자 진린은 별수 없이 그 뜻을 따랐다.

한편 중간집결지인 창선도에 도착한 사천의 시마즈와 남해의 소 요시토시 군대는 순천 왜교성의 고니시군이 위급상황에 처한 것을 알았다.

시마즈 요시히로는 고성에 있는 다치바나 무네토라, 부산의 테라자와 마사시게, 남해의 소 요시토시 군의 지원을 받아 500척 배에 1만 명의 구원군을 급히 편성하였다. 이들은 고니시를 구하기 위해 노량바다로 집결했다.

11월 18일에 조명연합군은 470여척조선수군은 70여척, 명나라 수군은 약 400척으로 추정된다.의 배에 군사 1만5천명을 싣고 왜교성 앞바다를 떠나 노량으로 진군했다.

18일 오후 6시, 이순신은 무수한 적들이 노량에 닿았다는 보고를 받고 작전을 점검했다.

결전에 앞서 이순신은 갑판에 올라가 손을 씻고 무릎을 꿇고 향을 피웠다. 그리고 두 손 모아 간절히 기도하였다

> **"이 적을 모두 죽일 수 있다면 죽어도 여한이 없겠나이다.**
>
> 此讐若除 死則無憾"

이순신은 군사들에게 나무재갈을 물렸다. 이순신은 숨 죽여 왜선을 기다렸다. 조선군은 남해 관음포에 명군은 곤양 죽도 부근에 닻을 내리고 대기했다.

드디어 전투는 19일 새벽 2시경부터 시작되었다.

이순신의 함대가 선봉의 적함을 겨냥했다. 이 날의 전투는 과거 다른 해전과는 달리 근접전 양상으로 전개되었다. 거의 천 여 척에 달하는 함대가 서로 엉켜 싸웠다. 더구나 캄캄한 밤이었다.

이렇게 대 혼전이기는 하였으나 시간이 흐르자 승기는 조명연합수군으로 넘어갔다. 일본 수군은 조선함대의 화력을 견디기 어려웠다. 이순신은 선두에 나서 필사적으로 싸웠다.

드디어 일본 수군은 조명연합군의 공격을 견디지 못하고 퇴각하기 시작하였다. 그런데 그것은 왜군의 치명적 실수였다. 관음포를 큰 바다로 가는 수로로 생각하고 진입한 것이다.

날이 밝자 왜군은 이를 깨달았다. 육지에 막힌 포구라는 사실을 안 일본 수군은 일부는 배를 버리고 육지로 도망했다. 나머지는 조명 수군의 포위를 뚫기 위해 사생결단을 하였다. 전투는 더욱 격렬하여졌다.

이 와중에 왜군 한 명이 이순신에게 조총을 쏘았다. 이순신은 탄환을 맞았다. 치명상이었다. 그는 "싸움이 한창 급하다. 내가 죽었다는 말을 하지 말라.戰方急 愼勿言我死"는 유언을 남기고 절명하였다.*

이순신의 아들 회과 조카 완이 울음을 터트리려 하자, 곁에 있던 송희립이 이들

---

* 일본 〈에혼 다이코키〉에는 명나라의 등자룡을 도와주려 했으나 그 역시 조총에 맞아 전사했다고 기록되어 있다. (김시덕, 그림이 된 임진왜란, p 285)

의 울음을 그치게 하였다. 송희립은 이순신의 유해를 옷으로 가린 다음 북을 치며 전투를 독려했다.

치열한 전투는 11월 19일 정오 무렵에 끝났다. 일본수군은 200척이 침몰 당하였다. 시마즈와 소 요시토시는 가까스로 도망쳤고, 고니시도 남해도 외해를 통해 부산으로 탈출하였다.

전투가 끝나자 진린이 이순신의 배에 다가와 왜군에 포위된 그를 도와준 것에 대하여 감사를 표하려다가 비로소 그의 죽음을 알았다. 진린은 큰 소리로 통곡하자 이순신의 죽음이 모두에게 알려졌다. 11월 19일[양력 12월 16일] 이른 아침이었다.

이 해전에는 낙안군수 방덕룡, 흥양현감 고득장, 가리포 첨사 이영남도 전사하였다. 이영남은 조방장도 겸하였는데 완도 고금도 충무사에 이순신과 함께 신위가 모시어져 있다.

〈호남절의록〉에는 오용운, 오극성, 남병, 나득룡, 김몽성, 이충실, 김덕방, 김예의, 김득효 강극경, 이덕수, 김득룡, 이응춘, 신인수, 김두홍, 이덕경, 김말동, 김백운 등도 노량해전 전사자로 기록되어 있다.

명나라 부총병 등자룡과 중군 도명재 등 명나라 수군도 상당수 전사하였다.

한편 좌의정 이덕형은 노량해전에서 수군의 활약상에 대하여 아래와 같이 치계하였다. (선조실록 1598년 11월27일)

남해 노량해전 전적지

좌의정 이덕형이 치계하였다.

"금월 19일 사천泗川·남해南海·고성固城에 있던 왜적의 배 3백여 척이 합세하여 노량도露梁島에 도착하자, 통제사 이순신이 수군을 거느리고 곧바로 나아가 맞이해 싸우고 중국 군사도 합세하여 진격하니, 왜적이 대패하여 물에 빠져 죽은 자는 이루 헤아릴 수 없고, 왜선倭船 2백여 척이 부서져 죽고 부상당한 자가 수천여 명입니다. 왜적의 시체와 부서진 배의 나무 판자·무기 또는 의복 등이 바다를 뒤덮고 떠 있어 물이 흐르지 못하였고 바닷물이 온통 붉었습니다. 통제사 이순신과 가리포 첨사加里浦僉使 이영남李英男, 낙안 군수樂安郡守 방덕룡方德龍, 흥양 현감興陽縣監 고득장高得蔣 등 10여 명이 탄환을 맞아 죽었습니다. 남은 적선賊船 1백여 척은 남해南海로 도망쳤고 소굴에 머물러 있던 왜적은 왜선倭船이 대패하는 것을 보고는 소굴을 버리고 왜교倭橋로 도망쳤으며, 남해의 강언덕에 옮겨 쌓아놓았던 식량도 모두 버리고 도망쳤습니다. 소서행장小西行長도 왜선이 대패하는 것을 바라보고 먼 바다로 도망쳐 갔습니다."

사신은 논한다. 이순신은 사람됨이 충용忠勇하고 재략才略도 있었으며 기율紀律을 밝히고 군졸을 사랑하니 사람들이 모두 즐겨 따랐다. 전일 통제사 원균元均은 비할 데 없이 탐학貪虐하여 크게 군사들의 인심을 잃고 사람들이 모두 그를 배반하여 마침내 정유년 한산閑山의 패전을 가져 왔다. 원균이 죽은 뒤에 이순신으로 대체하자 순신이 처음 한산에 이르러 남은 군졸들을 수합하고 무기를 준비하며 둔전屯田을 개척하고 어염魚鹽을 판매하여 군량을 넉넉하게 하니 불과 몇 개월 만에 군대의 명성이 크게 떨쳐 범이 산에 있는 듯한 형세를 지녔다. 지금 예교曳橋의 전투에서 육군은 바라보고 전진하지 못하는데, 순신이 중국의 수군과 밤낮으로 혈전하여 많은 왜적을 참획斬獲하였다. 어느 날 저녁 왜적 4명이 배를 타고 나갔는데, 순신이 진인陳璘에게 고하기를 '이는 반드시 구원병을 요청하려고 나간 왜적일 것이다. 나간 지가 벌써 4일이 되었으니 내일쯤은 많은 군사가 반드시 이를 것이다. 우리 군사가 먼저 나아가 맞이해 싸우면 아마도 성공할 것이다.' 하니, 진인이 처음에는 허락하지 않다가 순신이 눈물을 흘리며 굳이 청하자 진인이 허락하였다. 그래서 중국군과 노를 저어 밤새도록 나아가 날이 밝기 전에 노량露梁에 도착하니 과연 많은 왜적이 이르렀다. 불의에 진격하여 한참 혈전을 하던 중 순신이 몸소 왜적에게 활을 쏘다가 왜적의 탄환에 가슴을 맞아 선상船上에 쓰러지니 순신의 아들이 울려고 하고 군사들은 당황하였다. 이문욱李文彧이 곁에 있다가 울음을 멈추게 하고 옷으로 시체를 가려놓은 다음 북을 치며 진격하니 모든 군사들이 순신은 죽지 않았다고 여겨 용기를 내어 공격하였다. 왜적이 마침내 대패하니 사람들은 모두 '죽은 순신이 산 왜적을 물리쳤다.'고 하였다. 부음訃音이 전파되자 호남湖南의 전 도민 사람들이 모두 통곡하여 늙은 할미와 어린 아이들까지도 슬피 울지 않는 자가 없었다. 국가를 위하는 충성과 몸을 잊고 전사한 의리는 비록 옛날의 어진 장수라 하더라도 이보다 더할 수 없다. 조정에서 사람을 잘못 써서 순신으로 하여금 그 재능을 다 펴지 못하게 한 것이 참으로 애석하다. 만약 순신을 병신년과 정유 연간에 통

제사에서 체직시키지 않았더라면 어찌 한산閑山의 패전을 가져왔겠으며 양호兩湖가 왜적의 소굴이 되겠는가. 아, 애석하다.

우연치 않게 이순신이 전사한 날 서애 유성룡柳成龍 1542~1607이 파직을 당했다. 그는 안동으로 낙향하여 1604년에 〈징비록懲毖錄〉을 썼다. 다시는 이런 전쟁이 일어나지 않도록 징계하는 의미였다.

임진왜란 7년 전쟁이 끝난 지 312년이 되는 1910년에 일본은 조선을 손아귀에 넣었다. 역사의 교훈을 망각한 조선이 망한 것이다.

11

여수에 충민사가 세워지다.

1598년 11월 19일양력 12월 16일 이른 아침에 이순신은 관음포 앞바다에서 전사하였다. 전투가 끝나자 그의 시신은 관음포에서 가까운 육지로 옮겨졌다. 이곳에는 이락사李落祠라는 사당이 있다. 이윽고 이순신의 유해는 남해 충렬사에 임시로 안치되었다가 바닷길로 삼도수군통제영이 있는 고금도로 이송되었다. 이후 영구는 생전에 다정하게 지내던 병사들과 백성들의 제례를 받고 고향 아산으로 향하였다.

1599년 2월 11일에 이순신은 충남 아산 음봉면 금성산 밑에 묻혔다. 묘터를 잡아 준 이는 풍수지리에 능했던 명나라 무장 두사충이었다. 그로부터 16년 후인 1614년에 이순신은 다시 지금의 어라산 아래로 이장되었다.

이순신은 1643년에 충무라는 시호를 받았고, 1793정조 17년에 영의정으로 가증되었다. 정조는 충무공 이순신 장군 묘소 앞 신도비를 세웠다. 정조가 비문을 직접 지었다.

남해 이락사 (경남 남해군 고현면 차면리 소재)

남해 충렬사 (경남 남해군 설천면 노량리 소재)

다시 이순신의 흔적을 찾아서 여수를 답사한다.

고소대에는 '통제이공수군대첩비統制李公水軍大捷碑' 와 '타루비墮淚碑' 가 있다. '통제이공수군대첩비統制李公水軍大捷碑' 는 전라좌수영대첩비라고도 하는데 영의정 이항복이 비문을 지었다.

타루비는 전라좌수영 수군 졸병들이 이순신의 죽음을 슬퍼하면서 세운 조그마한 비이다. 비음碑陰에, "영하營下의 수졸水卒이 통제사 이공을 위하여 짤막한 비석을 세웠다."고 적혀 있다. '타루墮淚' 라고 이름 한 것은, 중국 양양襄陽사람이 양호羊祜를 그리워하여 그 비석을 바라보는 자는 반드시 눈물을 흘렸다는 뜻을 취한 것이다.

아산 현충사에 세워진 타루비

한편 아산 현충사 정문 입구에 타루비 복제품이 세워져 있다. 여수에 원본이 있으니 그 진가가 매우 높으리라.

이어서 석천사石泉寺와 충민사忠愍祠로 간다. 1599년에 자운과 옥형 스님이 석천사를 지어 이순신을 추모하였다. 자운과 옥형스님은 흥국사에 있었는데 3백 명의 의승수군을 이순신을 지원하였다. 석천사 의승당에는 나무 기둥마다 충무공 이순신 장군, 옥형, 자운 스님과 의승군을 기리는 글이 새겨져 있다.

충민사는 1601년에 이항복이 왕명을 받아 통제사 이시언에게 명하여 건립되었는데 이충무공과 관련된 최초의 사액사당으로서 통영의 충열사보다 62년, 아산 현

여수 석천사, 충민사 바로 옆에 있다.

여수 타루비와 이충무공 대첩비 (여수시 고소동 소재)

충사 보다 103년 빠르다.

그런데 1598년 11월 1일자 선조수정실록에는 백성들이 자진하여 충민사를 지었다는 기록이 있다.

> 통제사 이순신이 수군을 거느리고 왜군 구원병을 크게 패퇴시켰는데 순신은 그 전투에서 전사하였다. (중략) 우리 군사와 중국 군사들도 이순신의 죽음을 듣고는 병영마다 통곡하였다. 그의 운구 행렬이 이르는 곳마다 백성들이 모두 제사를 지내고 수레를 붙잡고 울어 수레가 앞으로 나갈 수가 없었다. 조정에서 우의정을 추증했고, 바닷가 사람들이 자진하여 사우祠宇를 짓고 충민사라 불렀다.

충민사 유물관 (여수시 덕충동 소재)

한편 유성룡은 이순신의 죽음을 애도하며 만시를 지었다.

한산도는 어디에 있는가.
드넓은 바다 가운데 두어 점 푸르렀네.
고금도는 어디에 있는가.
멀고 먼 남쪽 바다에 한 가닥 머리카락처럼 빗겨있네.
당시에 백전백승을 거둔 이 장군이
한 손으로 하늘의 절반을 붙들었네.
왜적을 다 무찌르니 물결이 피로 물들고
거센 불길은 왜적의 소굴도 다 태워 없앴네.
공훈은 높았지만 모함과 시샘으로 죄 면치 못했으니
몸 사리지 않고 힘껏 싸워 나라위해 몸 바쳤네.
그대는 보지 못하였는가.
현산 동쪽 언덕의 비석 하나를
양공이 죽은 후에도 그의 덕을 흠모해 눈물 흘리네.
한 칸 사당만이 외로이 있으니
때때로 조개잡이 어부들이 와서 술잔을 올리네.

이순신 탄신일인 4월 28일에는 이 날 전국 각지의 충무공 이순신 사당에서는 이순신을 위한 제향을 지낸다. 어떤 사당에서는 전몰일인 12월 16일음 11월 19일에도 추모제를 지내기도 한다. 충무공 이순신. 그는 우리의 표상이요 횃불이다.

5부

코 무덤과 일본에 끌려간 포로들

01

정유재란의 참상

정유재란으로 전라도는 초토화되었다. 왜군은 전라도에서 야만적인 살상과 납치, 방화와 약탈을 자행하였다.

정유재란의 참상을 자세히 살펴보자. 먼저 인적 피해이다.

8월 16일에 왜군은 남원성을 함락시켰다. 이때 왜군은 정말 잔인하였다. 산하를 불태우고 사람을 닥치는 대로 죽이고 코를 베었다. 코는 전리품의 상징이었다. 이는 도요토미 히데요시의 지시에 의한 것이었다. 남원성 전투에 종군했던 일본 승려 케이넨은 8월 16일자 '조선일기' 에 "성안 사람 남녀 할 것 없이 모두 죽여서 생포한 자는 없었다. 눈뜨고 볼 수 없는 처참한 상황이다. 알 수 없는 이 세상살이, 모두 죽어서 사라지는구나."라고 기록하고 있다.

우리나라 최초의 백과사전 '지봉유설' 을 편찬한 이수광1563~1628은 다음 시를 지어 남원성에서 순절한 이들을 위로하였다.

외로운 성에 피비血雨가 날리던 옛일을 생각하니　　憶昔孤城血雨飛
서생書生은 겹겹 포위망을 깨뜨릴 힘이 없었네.　　書生無力破重圍
지금 남은 자리엔 가을 풀만 쓸쓸한데　　至今遺跡空秋草
흐르는 눈물이 석양의 나그네 옷 적시는구나.　　淚入斜陽濕客衣

일본 교토의 코 무덤에는 최소한 5만개 이상의 코가 묻혀있다. 이 중 장성 · 진원 · 영광 · 금구 · 김제 등 전라도에서 취한 코가 2만개 이상 된다. 일본 문헌에 의하면 9월 21일에 진원현지금의 장성군 진원면 일대에서 870개의 코가 일본에 도착했고 영광과 진원에서 10,040개가 도착했다고 기록되어 있다. 1597년 9월에 나베시마 가츠시게는 금구와 김제에서 취한 코 3,369개를 도요토미에게 보냈는데 그 증명서가 지금도 남아 있다.

코 무덤은 교토에만 있는 것이 아니었다. 후쿠오카현 카시이, 오카야마현의 비제시備前市와 쯔야마시津山市, 가고시마 성 부근에도 코 무덤이 있다.

또한 왜군들은 수많은 조선인을 일본으로 끌고 가 노예처럼 부리고 나가사키에서 포르투갈 상인들에게 팔아먹기도 하였다. 루벤스의 그림 〈조선 남자〉의 모델 안토니오 코레아도 포로였는데, 어느 학자는 코레아가 남원출신이라고 주장하고 있다.

왜군은 심지어 어린아이들까지 끌고 갔다. 남원성에서 순절한 이복남 장군의 셋째 아들과 장성 기씨 부인의 두 아들들이 그들이다.

일본에 잡혀간 조선 포로는 최소한 10만 명으로 추산하고 있다. 1597년 9월에 잡혀갔다가 1599년 7월에 조선으로 돌아온 정희득은 일본에 잡혀간 포로가 남자가 3~4만 명은 되겠고, 늙고 약한 여자는 그 수가 갑절이나 될 것이라고 상소문에서 밝히고 있다.

그런데 전쟁 후에 조선으로 돌아온 포로는 6천3 백 명 정도였다. 구우일모九牛一毛였다.

한편 조선의 여인들은 더 큰 고통을 당하였다. 왜군은 전쟁 중에 현지 처첩을 합법적으로 허용하였다. 군사들에 대한 일종의 사기앙양 책策 이었다. 왜군은 마을에 들어 닥치면 가장 먼저 여자를 찾아내 겁탈하고 포로로 데려가 동거생활을 하였다. 나이 불문, 처녀나 부인을 가리지 않고 유린했다.

'연려실기술' 에도 부녀자들의 수난이 잘 드러나 있다.

> ○ 그때 사대부집 부녀들이 많이 약탈을 당하였는데 왜적이 물러간 뒤에 화를 면한 집에서는 변고를 당한 집과 혼인하지 않으려고 하므로 임금이 근심하여, "이런 풍습이 만약 이대로 간다면 온 나라의 대가大家 중에는 거의 완전한 사람이 없겠다." 하고, 종실과 귀척貴戚에게 힘써 권하여 변고를 만난 집과 혼인하도록 하였더니 그 뒤부터는 감히 험점을 구별하는 자가 없었다.《공사견문》

그런데 부녀자들은 왜군의 유린에 맞서서 자결하여 정절을 지켰다. 그 중 한 사람이 장성의 기씨 부인이다.

1617년에 편찬된 동국신속삼강행실도東國新續三綱行實圖에는 열녀가 충신이나 효자 보다 훨씬 많이 포함되어 있다.

삼강행실도의 속편인 이 책에는 총 1천725명이 수록되어 있는데, 임진왜란 시 충신 54명, 효자 94명, 열녀 436명 총 584명이 수록돼 있다. 열녀가 압도적으로 많다.

이에 대하여 이수광은 '지봉유설' 에서 이렇게 논평하고 있다.

> 부녀자 중에 절개를 지켜 죽은 자가 대단히 많아서 모두 기록할 수가 없었고, 효자가 그 다음이고 충신은 또 그 다음이었다. 그러나 드러나게 칭찬할만한 자가 또한 얼마 되지 않았으니, 아아! 선비들이 평소 글을 읽고 의리를 강론할 때에는 누군들 내가 대장부라고 하지 않았으리오마는 위태로움에 처하여 목숨을 바치는 데에는 도리어 부인네들보다도 못하였구나.

물적 피해도 엄청 컸다. 방화와 약탈이 전라도 전역에서 일어났다. 왜군은 마을을 불 지르고 사찰과 정자 등을 불태웠다. 장성의 필암서원과 기영정, 광주향교와 담양 소쇄원, 순천의 송광사 · 선암사 등이 불탔다. 선암사의 경우는 철불 1기, 보탑 2기, 부도 3기와 문수전, 뒷간, 조계문을 제외한 나머지는 모두 불타 흔적마저 없어졌다. 각 관아에 비치된 각종 토지대장, 노비대장, 호적대장 등 공문서와 개인 소장 서적도 불탔다.

아울러 임진왜란은 약탈 전쟁이었다. 노요토미 히데요시는 전쟁 초기부터 전투부대와는 별도로 6개 특수부대도서부 · 공예부 · 포로부 · 금속부 · 보물부 · 가축부를 편성하였다. 왜군은 많은 학승들을 자문역으로 조선에 종군토록 하여 조선의 문물을 조직적으로 약탈하였다. 상국사의 승열, 안국사의 혜경 등이 그들이다.

6개 특수부서중 도서부는 전적류典籍類의 수집을 맡았고, 공예부는 도자기 등을 포함한 각종 공예품 및 목공, 직공織工, 도공 등 공장工匠의 납치를, 포로부는 한의사와 젊은 남녀의 납치를, 금속부는 조선의 병기및 금속예술품, 금속활자 등의 탈취를 맡았다. 또 보물부는 금은보화와 진귀품의 노획을 맡았고, 축부畜部는 가축을 포획했다.

왜군은 닥치는 대로 가져갔다. 불상, 불화, 서적, 활자들은 물론이고 동식물도 조직적으로 가져갔다.

일본 후쿠야마 안국사에는 종군 승려 안고구지 헤게이가 담양 용구산 반야암에서 가져간 불화가 소장되어 있다. 고봉 기대승1527~1572이 1557년에 발간한 주자문록도 가져갔는데 이 문집은 지금 일본 내각문고에 소장되어 있다. 노송당 송희경의 '일본행록' 도 일본으로 가져갔는데 일본에 끌려간 정경득이 필사하여 가지고 1599년에 돌아왔다.

그런데 임진왜란 7년 전쟁은 일본에게는 오히려 문화적 성장의 계기가 되었다. 활자나 그림, 서적을 약탈하고 강항등과 같은 유명한 선비들과 우수한 인쇄공들을 포로로 데려가 성리학과 인쇄술을 비약적으로 발전시키는데 이용했다.

아울러 왜군은 수많은 도공을 납치해 갔다. 그래서 임진왜란을 도자기 전쟁이라고 부르기도 한다. 당시에 일본에서는 다도가 유행하여 조선에서는 일상생활에 흔히 볼 수 있는 그릇들이 일본에서는 귀중한 보물로 여겨졌다.

번주들은 납치한 도공들을 특별히 대우하면서 도자기 산업을 발전시켜 나갔는데 그 중 일본 사가현 아리타로 끌려간 이삼평, 가고시마 나에시로가와로 끌려간 심당길 등은 일본 도자기 산업을 일으킨 장본인이 되었다. 특히 아리타 도자기의 원조 이삼평은 도자기 신이 되어 아리타에는 〈도조신사〉가 세워져 있다.

한편 정유재란의 후유증은 너무 심각하였다. 인구가 크게 줄고 농토가 황폐하여졌다. 조선의 인구는 1591년의 1,300만 명이 1598년에는 1,085만 명으로 215만 명이 감소하였고, 토지 결수도 임진왜란 이전에 1,515,591결 이었던 것이 1604년에는 342,634결로 80%가 줄었다.

한마디로 향촌사회가 무너지고 촌락은 황폐화 되었다.

심지어 진원현의 경우 독자 생존할 수 없을 정도로 피해를 입었다. 1600년에 진원현은 자립이 불가능하게 되자 간판을 내리고 장성현과 합병하였다. 전국에서 유일한 일이었다.

02

일본 교토의 귀 무덤(코 무덤)

일본 교토에 있는 미미쯔카이총를 찾았다. 도요토미 히데요시를 모신 풍국신사 앞 야마토 대로변에는 이총공원이 있다. 귀 무덤은 이총공원 주변 주택가에 있었다.

먼저 안내판을 보았다. 안내판은 2003년에 교토시에서 만들었는데 일본어와 한글로 되어 있다.

사적 호코지方廣寺 절 석축 및 석탑(1969년 4월 12일 지정)

귀 무덤耳塚 (코 무덤鼻塚)

이 무덤은 16세기 말 일본 전국을 통일한 도요토미 히데요시豊臣秀吉가 대륙진출의 야심을 품고 한반도를 침공한 이른바

'분로쿠文祿 · 게이초慶長의 역役 한국 역사에서는 임진왜란 및 정유재란 1592~1598**'과 관**

련된 유적이다.

히데요시 휘하의 무장들은 예로부터 전공의 표식이었던 적군의 목 대신에 조선 군민軍民 남녀의 코나 귀를 베어 소금에 절여서 일본에 가지고 돌아왔다.

이러한 전공품은 히데요시의 명에 따라 이곳에 매장되어 공양의식이 행하여 졌다 한다. 이것이 오늘날 까지 전해 내려오는 귀 무덤(코 무덤)의 유래이다.

귀 무덤(코 무덤)은 사적 오도이御士居 토성등과 함께 교토에 현존하는 도요토미 히데요시 관련 유적중의 하나이며 무덤위에 세워진 오륜석탑은 1643년에 그려진 그림 지도에도 이미 그 모습이 나타나 있어 무덤이 축조된 지 얼마 지나지 않아 창건되었다고 추정된다.

히데요시가 일으킨 이 전쟁은 한반도 민중들의 끈질긴 저항에 패퇴함으로써 막을 내렸으니 전란이 남긴 이 귀 무덤(코 무덤)은 전란 하에 입은 조선 민중의 수난을 역사의 유훈으로서 오늘날 까지 전해지고 있다.

교토시

평성 15년(2003년) 3월

안내문에는 무덤 이름이 귀 무덤(코 무덤)으로 표기되어 있다. 왜 코 무덤이 괄호로 병기되어 있을까? 왜 안내판에 이렇게 기재하였을까?

역사적으로 살펴보니 원래 이 무덤은 코 무덤이었다. 1597년 9월 28일에 공양

일본 교토의 풍국신사

코 무덤 안내판

의식을 주관한 상국사 주지 세이쇼 쇼다이1548~1607가 지었다는 비문에도 코 무덤이라고 적혀 있다.

일본에 포로로 끌려간 강항도 '간양록'에서 코 무덤에 관한 글을 기술하고 있고, 정유재란 의병장 임환의 한시에도 코 없는 사람의 슬픔이 적혀 있다.[주1)] 또한 1607년 조선의 회답겸쇄환사 경섬의 〈해사록〉에도 코 무덤으로 기록되어 있다.[주2)]

주1) ○ 강항(1567~1618)의 〈간양록〉

수길이 조선을 재침략하려 할 때 여러 장수들에게 명하기를,
"사람의 귀는 각각 둘이지만 코는 하나다."
하고, 군사 한 명이 우리나라 사람의 코를 하나씩 베어서 수급(首級)을 대신하게 하였다.
그것을 왜경으로 수송케 하여 쌓아 놓은 것이 하나의 구릉(丘陵)을 이루자 대불사(大佛寺) 앞에 묻으니 거의 애탕산(愛宕山)의 산허리와 그 높이가 같았다. 혈육의 참화는 이를 들어 가히 알 수 있다.
우리나라 사람들이 쌀을 모아 제사 지내려고 하면서 나에게 제문을 지으라고 하기에 다음과 같이 지었다.
"코와 귀는 서쪽에 묻혀 언덕을 이루었고, 뱀처럼 사나운 놈들이 동쪽에 감추어 있도다. 마른 고기 되어 소금에 절이고 물고기 밥으로 배 불렸으니, 차마 향불을 올리지 못하네."

○ 임환의 한시

코 없는 자 (無鼻者)

코 없는 자, 누구 집 자식 인고
산기슭에 홀로 앉아 얼굴 가리고 우네
적병이 날카로운 칼 휘둘러 바람이 일자
하나 베이고 두 베이고, 천백인의 코 달아났네.

출처 : 습정유고

주2) 경섬의 〈해사록〉의 코 무덤 기록

1607년 4월 9일

맑음. 대판에 머물렀다. (중략)
대판은 곧 수길의 아들 수뢰가 살고 있는 곳이다. 수뢰의 그때 나이 15세로, 기안氣岸이 웅대하며, 음식을 먹을 적에도 풍악을 폐하지 않았다. 오직 호화와 사치를 스스로 즐기며 처사가 대부분 유약하므로 왜인들이 우활迂濶하다고 하였다.
왜경倭京의 동교東郊에 우리나라 사람의 비총鼻塚이 있다. 대개, 왜국이 서로 전쟁할 적에 반드시 사

이런 코 무덤이 귀 무덤으로 둔갑된 것은 에도 막부의 관학파 유학자 하야시 라잔林羅山 1583~1657에 의해서이다. 라잔은 1642년에 출간한 〈도요토미 히데요시풍신수길보〉에서 코 무덤비총을 귀 무덤이총으로 불렀다.[주3)]

하야시는 코 무덤이라고 하면 잔혹성과 야만성을 드러낼 수 있어서 귀 무덤으로 미화한 것이다. 이름을 바꾼다고 하여 잔혹성과 야만성이 없어지지 않겠지만, 세월이 100년 이상 지나자 사람들은 코 무덤을 아예 귀 무덤으로 바꾸어 불렀다.

그래서 이 안내판도 2003년 이전에는 귀 무덤으로 표시되었는데 2003년에 교토시에서 새로 안내판을 만들면서 귀 무덤(코 무덤)이라고 표시하고 한글 번역 글도 적어 놓았다.

람의 코를 베어 마치 헌괵獻馘하듯이 하였던 것이다. 그러므로 임진년 난리 때에 우리나라 사람의 코를 거둬 모아 한 곳에 묻고 흙을 쌓아서 무덤을 만든 것이다.

수뢰가 비를 세웠는데, 새기기를,

"너희들에게 죄가 있는 것이 아니라, 너희 나라의 운수가 그렇게 된 것이다.……" 하였다. 참호塹壕를 파고 담을 둘러쌓아 밟지 못하게 하였다 한다. 그의 어미가 수뢰를 위해 불사佛事를 많이 행하여 뒷일을 빌었다 한다. (후략)

경섬은 1607년 1차 회답겸쇄환사의 부사였다. 정사는 여우길이고 총인원은 504명이었다. 사절단 일행이 오사카에 도착한 것은 4월 8일이었다. 이때 오사카 성에는 아직 도요토미 히데요리가 살고 있었다. 조선 사절은 당연히 오사카 성에는 가지 않았고 히데요리에 대한 소문을 들었다.

4월 9일자 〈해사록〉을 보면 조선 사신들이 코 무덤을 본 것 같지는 않다.

주3) 하야시 라잔(林羅山 1583~1657)은 에도 시대 초기의 주자학자로, 막부의 대학두로 자리 잡으면서 막부 시대의 '사상계의 쇼군'으로 불릴 만큼 막당한 영향력을 발휘했다. 하야시는 강항과 교유한 후지와라 세이카의 제자로서, 1604년부터 에도 막부에서 도쿠가와 이에야스를 모셨고, 이후 히데타다, 이에미쓰(1624), 이에츠나(1655)로 이어지는 에도 막부에서 4대째 대학두(大學頭 막부의 관학 학문소의 최고 책임자, 우리나라의 경우는 대제학과 대사성을 겸임한 벼슬에 해당)로 종사하였다. 라잔은 주자학만을 신봉하였고 주자학의 견지에서 일본 고유의 신도이론을 재탄생시켰다. 그는 양명학과 불교를 철저히 배제하고 주자학을 신봉하였는데 여기에는 조선 퇴계학의 영향을 받은 것으로 여겨진다. 하야시 가문은 대대로 에도 막부시대에 대학두를 하였는데 일부 일본 학자는 그를 어용학자로 폄하하기도 한다.

일본 교토의 코 무덤

한편 도요토미 히데요시는 휘하의 장수들에게 조선 군민軍民 남녀의 코를 베어 소금에 절여서 일본에 가지고 오도록 하였고 공을 세운 장수를 격려하였다.[주4)]

조경남의 〈난중잡록〉에는 도요토미 히데요시가 코를 베어오라는 지시가 적혀 있다.

주4) 도요토미 히데요시가 1597년 9월13일에 코를 보낸 장수 시마쯔 다다도요에게 보낸 공문서이다. (이윤옥 · 김영조 지음, 신 일본속의 한국문화답사기, p 137)

8월16일에 보낸 보고서를 보았소. 전라도 남원성을 병나라 군대가 수비하고 있었는데 지난 13일 그 성을 포위하여 15일 밤에 함락시켜 목 269개를 베어 그 코가 도착했소. 수고하였소. 전번에도 원균이 지휘한 조선 수군을 궤멸시켜 큰 공을 세웠소. 앞으로 부대장들이 잘 상의하여 잘 작전하시오. 마시다 나기모리, 나쓰가 마사이에, 이시다 미쓰나리, 마에다 겐지에게 잘 말해 놓겠소.
1597년 9월13일 풍신수길
시마쯔 다다다요 귀하

당초에 풍신수길이 금오를 보낼 때에 명령하기를, "해마다 군사를 보내어 그 나라 사람을 다 죽여 빈 땅을 만든 연후에 일본 서도의 사람을 이주시킬 것이니, 10년을 이렇게 하면 성공할 수 있을 것이다. 다만 사람은 귀는 둘이고 코는 하나뿐이니 사람 한 명 죽인 것을 표시하는 의미로 코 하나를 베어 바치고, 코를 한 되씩 채운 뒤에야 생포하기를 허락한다. 운운"하였으므로, 왜군은 이번에 조선에 나와서는 사람만 보면 번번이 코를 베었다. 그 뒤 수십 년간 조선에서는 코 없는 사람을 매우 많이 볼 수 있었다. (난중잡록 1597년 7월)

이수광의 〈지봉유설〉에도 정유재란 때 왜군의 코베기 자행이 실려 있다.

정유년에 왜적이 두 번째 침범할 때에 히데요시가 모든 왜에게 우리나라 사람의 코를 베어서 수급首級 대신으로 바치게 하였으므로 왜졸이 우리나라 사람을 만나면 문득 죽이고 코를 베어 소금에 담가서 수길에게 보내었다. 수길은 이를 점고하여 본 뒤에 그 나라 북망北邙인 대불사大佛寺 옆에 모두 매장하여 한 구릉을 만들고 자기 나라 사람에게 위엄을 보였다고 하니, 사람을 참혹하게 죽인 것은 이것으로도 가히 알 수 있다. 이 때문에 그때 우리나라 사람 중에는 코 없이 살아있는 자들이 많았다.

또한 가토 기요마사가등청정의 〈고려진 각서〉에도 "1597년에는 왜군 한 명당 조선인의 코가 3개씩 할당되어, 그 코가 소금에 절여 일본에 보내졌고, 대불사 앞에 무덤을 쌓아두었다."는 기록이 있다.

이 코베기는 정유재란 때인 1597년 8월부터 10월까지에 집중적으로 이루어졌는데 왜군 장수들은 코를 자루나 통발에 담아 일본에 보냈고, 자루나 통발 하나에는 1,000~3,000명분의 코가 들어 있었다. 히데요시 휘하의 검수관은 그 수를 세

어 확인하고 영수증을 발행하였고, 논공행상의 자료로 삼았다.[주5)]

1597년 9월 2일 부터 10월 10일까지 검수관이 발급한 코 증명서는 기카와 히로이에가 9.18에 1,245개 9.21 진원현에서 870개, 9.27에 영광과 진원 10,040개 10월초 3,487개였고, 나베시마 가츠시게는 9.14에 1,551개, 9월 하순에 금구와 김제에서 3,369개였다.

구로다 나가마사에게는 9.6에 3,000개, 9.14~9.30에 2,447개였고, 시마즈 요시히로는 9.6~9.9 250개, 9.12 61개의 영수증을 받았다.

이를 보면 왜군들이 1597년 8월 16일에 남원성을 함락하고 전라도를 완전히 장악한 시기에 코 베기가 상당수 이루어졌음을 알 수 있다. 따라서 교토의 코 무덤에는 전라도 백성들의 혼령들이 다수 묻혀 있음을 추측하게 한다.

도요토미 히데요시는 이 코 자루와 통발들을 마차에 싣고 오사카와 교토를 돌면서 일본 백성들에게 보여줌으로써 히데요시의 승리와 무위가 얼마나 위대한지를 각인시켰다.

한편 1597년 9월 27일에 히데요시는 조선에서 보내 온 수만 개의 코를 이곳에 묻으면서 봉분위에 오륜탑을 세웠다. 봉분위에 무거운 돌을 얹다니 도무지 이해가 안 되는 일이었다.[주6)]

주5) 그 예로 도도 다기도라의 부장 나가노 (長野)는 조선인의 코를 바쳐서 150석 짜리 영지를 받을 것이라는 약속을 들었지만 실제로 실현되지는 않았다. (허남린 p 87에서 인용)
한편 오카와치 히데모토의 〈조선물어〉에는 남원성 함락이후 일본의 악행이 적혀 있다.
판관은 대장이므로 머리를 그대로 보내고, 그 외에는 전부 코를 잘라 염석회를 써서 항아리에 가득 채우고, 남원의 50여 구획의 그림과 보고서를 첨부해서 일본에 진상했다. 총 머릿수는 도합 3,726구 였다.

주6) 무덤위에 육중한 오륜탑을 세워 놓은 것은 극히 이례적이다.

일본 교토의 코 무덤

9월 28일에 히데요시는 세가키施餓鬼 법회 즉 공양의식을 성대하게 열었다. 이 법회는 상국사 주지 세이쇼 쇼다이가 주관하고 400여명의 승려들이 모여 공양하도록 하였다. 이 법회는 겉으로는 비명횡사한 조선인의 원혼을 달래기 위한 자비심을 베푸는 의식이었지만, 실은 히데요시의 군공과 위엄을 과시하고자 하는 행사였다. 소위 병病주고 약藥주고였다.

도쿄 나오시마에 있는 이토 히로부미 묘도 봉분위에 돌이나 탑은 없다. 그런데 왜 코 무덤에는 오륜탑을 얹어 놓았을까? 혹시나 억울하게 죽은 조선의 원혼들이 일본을 돌아다니면서 복수를 못하도록 억누르고자 한 조치가 아닐까?

일본 학자 기타지마 만지는 '도요토미 히데요시의 조선 침략' 책에서,
"히데요시는 이 공양을 조선의 전쟁 사망자들에게 자비를 베풀기 위한 것이라고 했지만, 이 코는 조선 남녀노소 백성의 코까지 포함하고 있어서 시아귀는 히데요시의 자비를 보여주는 허구의 공양이었다."고 서술하고 있다.

교토의 코 무덤에는 어림잡아 5만개정도의 코가 묻혀 있는데,[주7] 무덤 바로 앞에는 글씨도 잘 안 보이는 비가 하나 있다.
이 비의 비문은 상국사 주지 세이쇼 쇼다이가 지었다. 비문의 일부를 읽어보자.

> **주군**히데요시**은 장수들에게 명하여 다시 조선을 정벌하였다. 그러자 명나라가 음흉하게도 무너지려는 자신의 제후국을 구하려 수천의 병사를 파병하여 조선을 도왔다. 우리의 장수들과 병사들이 성채와 마을을 평정하였는데. ..... 거리가 멀어서 우리 군대의 승전을 주군이 확인할 수 있도록 코를 보내왔다.**
>
> **주군이 이를 확인할 때에 더 이상 복수의 마음을 품지 않으시고 오히려 불쌍하게 여기셨다. 그리하여 주군이 고잔**五山**의 선승들에게 명하여 죽은 자 들의 평안과 명복을 빌기 위하여 신성한 제단을 세우고 코 무덤이라고 명명하였다.**

비문은 히데요시의 잔혹성을 미화한 글임을 단숨에 알 수 있다. 이 무덤을 세운

주7) 코 무덤에 묻힌 코는 적어도 5만개 이상이라는 것이 일반적인 견해이다. 나카오 히로시(세계인권문제연구센터장)는 31,477개라고 말하고 있고, 호시노 박사(도쿄대 교수)는 5만개 이하로 내려가지 않는다. 박삼중 스님, 김문길 교수 (부산외대) 126,000개라고 주장하고 있다.
더구나 코 무덤은 교토에만 있는 것이 아니었다. 후쿠오카현 카시이, 오카야마현의 히젠시(備前市)와 쯔야마시(津山市), 가고시마성 부근에도 코 무덤이 있다.
아무튼 일본에는 적어도 10만개 이상의 코가 일본 전역의 코 무덤에 묻혀 있다.

것이 자비심의 발로라고 표현한 것은 역겹다. 코 무덤을 귀 무덤이라 하고, 위안부를 매춘부로 둔갑시키는 것도 마찬가지이다. 일본은 언어를 교묘하게 희롱한다. 심지어 임진왜란도 영어로는 '코리아 캠페인'으로 번역하고 있다. 전쟁이 무슨 선거운동인가? 이렇게 일본인의 역사의식은 지나치게 이중적이고 이기적이다. 일본의 기록을 있는 그대로 읽으면 안 된다. 문맥에 칼이 숨어있다.

에도 막부 시대 이후 귀 무덤(코 무덤)

1600년에 도쿠가와 이에야스1543~1616는 세키가하라 벌판에서 도요토미 히데요시의 가신家臣 이시다 미쓰나리1560~1600와 싸워 대승을 거두고 패권을 잡았다. 1603년에 도쿠가와는 정이대장군에 임명되고, 관동의 에도지금의 도쿄에 막부를 세웠다. 에도시대가 본격적으로 열린 것이다.[주8)]

이어서 에도 막부는 1615년 여름 오사카 성 전투에서 히데요시의 아들 히데요리1593~1615군대를 섬멸하였다. 이 싸움에서 패한 히데요리는 자살하였고 히데요시 가문은 문을 닫았다.

그러면 에도 막부는 도요토미 히데요시에 대하여 어떤 입장이었을까. 그 입장은 분명하지 않다. 적극적으로 히데요시 흔적 지우기에 나서지도 않았고 그렇다고 찬양을 하지도 않았다.

주8) 1600년 10월21일, 도쿠가와 이에야스(1543~1616)의 동군 10만 명은 세키가하라 벌판에서 도요토미 히데요시의 가신 家臣 이시다 미쓰나리(1560~1600)의 서군 8만 명을 이겨 패권을 잡았다.
세키가하라 전투는 일본의 중세와 근세를 나누는 분수령이라는 역사적 의미를 갖는다. 도쿠가와 이에야스는 이 전투에서 승리를 거둠으로써 도요토미 가家를 멸하고 에도(지금의 도쿄)에 막부를 설치하였다.

1700년 대에 도요토미 히데요시를 주인공으로 한 장편역사소설 에혼 다이코기회본태합기 繪本太閤記가 인기를 끌었다. 1719년에는 히데요시를 주연으로 하는 가부키가 오사카에서 공연되었는데 대성황이었다. 백성들은 히데요시에 열광하였다. 이에 대하여 에도 막부는 수수방관이었다.

교토의 코 무덤에 대하여도 그렇다. 에도 막부는 코 무덤을 은근히 활용하였다. 조선통신사가 교토를 방문하였을 때 히데요시가 세운 대불사를 방문코스로 넣고, 그 옆에 있는 코 무덤을 자연스럽게 보도록 한 것이다.

한편 에도막부는 임진왜란 7년 전쟁으로 인하여 중단되었던 조선과의 교린을 추진하였다. 1599년부터 대마도주는 일본에 끌고 간 조선포로들을 수시로 송환하면서 교섭을 간청하였다. 1604년에 조선은 도쿠가와 이에야스의 의중을 살피기 위하여 승려 사명당을 탐적사探賊使란 명칭으로 일본에 파견했다. 탐적사探賊使란 '도적의 행동을 살피는 사신.' 이다. 당시 조선의 대일감정이 그대로 드러나는 대목이다.

1605년 3월에 송운대사 유정은 도쿠가와 이에야스를 만났다. 이때 이에야스는 자신은 임진왜란에 참가하지 않았음을 강변하였다. 이에 유정은 에도 막부의 뜻을 확인하고 포로 1,390명을 데리고 돌아왔다.

1606년 6월에 조선은 두 가지 조건을 일본에 제시하였다. 즉 일본 국왕 명의의 강화요청서를 보낼 것, 임진왜란 당시 왕릉 도굴범을 붙잡아 보낼 것이었다. 11월 8일에 일본은 일본 국왕 인이 찍힌 문서와 도굴범 두 사람을 범인으로 조선에 보냈다.

물론 조선에서는 국서는 위조이고, 도굴범도 잡범이라는 사실을 알았지만, 조선의 요구가 형식적으로는 수용되었기 때문에 1607선조 40년에 사신을 파견하였다. 이후 조선은 1811년까지 12번 통신사를 파견하였다.[주9)]

조선의 초기 3회1607년, 1617년, 1624년 일본사절은 '회답겸쇄환사回答兼刷還使'라 했다. 회답이란 외교적 사항에 대한 답례라는 뜻이고, 쇄환이란 '모두 데려 온다.'는 뜻이다. 쇄는 빗자루란 의미이다. 히데요시가 일으킨 '명분 없는 전쟁'에 대한 전후 처리와 일본에 끌려간 10만 명 이상의 조선인 포로들을 '빗자루로 쓸듯이 모두 본국으로 데리고 오겠다'는 의지가 담겨있다. '신뢰가 통한다.'는 의미의 통신사通信使는 1636년 4회 사신부터 사용되었다.

한편 조선 사신이 코 무덤을 본 것은 1617년 사행 때부터이다.

1617년에 조선 정부는 포로 쇄환과 에도막부의 오사카 평정을 축하하기 위하여 사신을 파견하였다. 정사는 오윤겸, 부사는 박재, 종사관은 이경직이었고 일행은 428명이었다.

8월 26일에 후시미성伏見城에서는 히데타다 쇼군에 대한 국서 봉정식이 거행되었고 연회가 벌어졌다. 히데타다 막부는 후시미 성의 연회에 참석하지 못한 하급관리와 하인들에게 대불사에서 음식을 접대하였다. 조선 사신들은 대불사 연회에도 참석하고 근처의 코 무덤을 보았다. 이경직의 〈부상록〉에 그 기록이 있다.

주9) 조선 조정은 2차로 1617년(광해군 9), 3차로 1624년(인조 2)에 회답및 쇄환사를 파견하였고, 4회 1636년(인조 14) 이후는 통신사라는 이름으로 파견한 이후 1643년(인조 21), 1655년(효종 6), 1682년(숙종 8), 1711년(숙종 37), 1719년(숙종 45), 1748년(영조 24), 1764년(영조 40), 1811년(순조 11)에 사신을 파견하였다. 이들 12번의 사행 기록은 〈해행총서〉에 수록되어 있다.

대불사 절 앞에 높은 구릉이 있어 무덤 모양 같았고, 석탑石塔을 설치했는데 수길이 우리나라 사람의 귀와 코를 모아다가 여기에 묻은 것이다. 수길이 죽은 후에 수뢰가 봉분을 만들고 비碑를 세웠다 하는데, 이 말을 들으니 뼈에 사무치는 통분을 견딜 수 없었다.

1624년에 조선은 에도 막부의 3대 쇼군 도쿠가와 이에미쓰의 쇼군 세습을 축하하기 위하여 사신을 파견하였다. 사신들은 에도를 다녀오는 길에 교토에 머물렀는데 1625년 1월 17일에 대불사를 찾았다. 부사 강홍중1577~1642의 〈동사록〉을 읽어보자.

1625년 1월 17일

맑음. 사시巳時에 출발하여 시가지를 지나 대불사大佛寺를 찾아가니, 대불사는 왜경의 동남방에 있었다. 현방과 더불어 두루 보니 금부처 하나가 당중堂中에 있는데, 그 높이는 10여 장丈이요, 그 둘레는 한 산더미와 같았다. 층탑層榻과 사벽四壁은 모두 황금으로 칠했으며, 건물은 크고 헌걸스러워 기둥의 크기가 세 아름이었다. 바닥에는 큰 돌을 깔았는데 깎고 갈아서 매끄러웠으니, 그 제도의 장려壯麗함이 천하에 둘도 없는 거찰巨刹이었다. 여러 차례 병화兵火를 겪어 중수한 지 겨우 20여 년이 된다 한다.

절 앞에 봉분封墳과 같은 높은 언덕이 하나 있는데, 그 위에 석탑이 세워졌다. 왜인들이, "수길이 조선我國 사람의 귀와 코를 모아 이곳에 묻었는데, 수길이 죽은 후에 수뢰秀賴가 봉분을 만들고 비석을 세웠다."하며, 어떤 사람은,"진주성이 함락한 후에 그 수급首級을 이곳에 묻었다." 하니, 들으매 통분한 마음을 금할 수 없었다. (후략)

코 무덤을 본 강홍중의 심정은 어떠했을까. 더구나 진주 출신인 그가 진주성이 함락된 후에 전사한 조선 군사들의 수급을 이곳에 묻었다는 말을 들었을 때 더욱 통분하였으리라.

1655년에도 조선통신사들은 에도를 방문하고 돌아오는 길에 다시 교토를 들렀다. 종사관 남용익의 11월 16일자 부상일록扶桑日錄를 읽어보자.

아침에 비오고 낮에 흐림. 왜경에 도착했다.

이른 아침에 출발하여 대진大津에서 점심을 먹는데 하총수下總守가 사람을 보내어 문안하고, 이어 대불사에 들러 구경하기를 청하였다. 의성이 또 간청하기를, "절이 길가에 있어 몇 리 밖에 되지 않는데 전부터 사신이 다 들러서 구경하였으므로 하총수가 이미 와서 기다리니 조금 머물기를 청합니다." 하므로, 허락하였다.

신시申時 오후 4시 경에 절에 당도한즉 하총수가 미리 좌석을 설비하였다가 곧 나와 뵙고 물러갔다. 이어 삼중 찬합 및 술과 과실을 바쳤다. 의성의 부자 및 중달·소백 두 중이 대문 안에서 영접하고 또한 각각 찬합을 바치므로 곧 하배들에게 나누어 주었다.

조금 있다가 나와서 초혼初昏에 왜경 본국사에 도착하였다. 하총수 및 의성이 밖에서 문안하였다. 대불사는 층각層閣이 매우 높고 좌불坐佛의 금상金像이 높이는 10장丈이 넘고 너비는 4~5장이요, 한 손바닥의 크기가 거의 한 간에 차고 무릎에서 정수리頂에 이르는 높이까지 1장丈 간격마다 불상 하나씩 붙였는데 좌우에 무릇 25불로서 그 부처 하나의 크기가 보통 사람만하다. 왼쪽의 긴 행랑에는 3만 3천 3백 33불을 세웠다.

속설에 전하기를, 가강家康이 풍신수뢰豐臣秀賴의 재물을 소비시키기 위하여 크게

보시布施하라고 유혹하여 이것을 창건하게 하였다 한다 불상이 굉장하기로는 이것이 극도였다. (후략)

이후에도 조선통신사가 교토를 방문하였을 때 에도 막부는 대불사에서 연회를 베풀고 인근의 코 무덤비총을 보여주었다. 비총은 일본의 무위武威를 과시하기 위한 상징이었다. 조선 통신사들은 마지못하여 코 무덤을 보았다. 그리고 잔혹성과 야만에 치를 떨었다.

메이지 시대에 히데요시 부활하다

교토의 코 무덤은 조선 통신사가 마주치기 꺼려하는 대상이었다. 그런데도 일본은 기회 있을 때 마다 조선통신사에게 대불사 옆에 있는 코 무덤을 보여주려고 애썼다. 무위武威를 과시하고자 하였다.

1719년 11월에 조선 통신사가 일본 측의 대불사 연회 참석 요청을 거부한 사건이 터졌다. 이 해 4월에 도쿠가와 요시무네의 제8대 쇼군세습을 축하하고자 조선통신사가 파견되었는데 정사는 홍치중, 부사는 황선, 종사관 이명언, 제술관 신유한이었고 통신사 일행은 475명이었다.[주10)]

이번의 통신사는 상당히 긴장된 모습이었다. 1711년에 파견된 조선통신사가 아라이 하쿠세키의 '빙례개혁' 조선 멸시적 대우에 휘둘린 끝에 '나라를 욕되게 한 죄' 로

주10) 조선통신사는 1719년 4월10일에 서울을 출발하여 9월4일에 오사카, 9월27일 에도에 도착하여 10월1일 국서를 봉정한 다음 10월15일까지 아사쿠사에 머물렀다.

관직을 박탈당한 전례가 있었기 때문이었다.[주11] 그래서 홍치중 등 통신사들은 설령 '관례' 일지라도 '명분' 을 내세워 일본 측의 요구대로 움직이지 않겠다고 다짐하였다.

10월 29일에 쓰시마 번주는 대진에서 통신사 일행에게 교토 대불사에서 열릴 연회에 참석하여 달라는 쇼군의 요청을 전달했다. 11월 1일 교토에 도착한 통신사들은 완곡하게 참석을 거절하였다.

11월1일자 신유한의 〈해유록海遊錄〉을 읽어보자.

어제 대진大津에서 대마도 태수가 봉행을 시켜 전하기를,

"예전부터 사신의 행차가 돌아오는 길에는 반드시 대불사大佛寺에 들립니다. 대불사는 경도京都의 남쪽 5리쯤에 있는데 관백이 미리 지방관으로 하여금 술과 찬을 만들어 연회를 준비하였으니, 내일 아침에 왕림해 주십시오." 하였는데, 사신이 대답하기를, "태수가 관백의 명으로 우리를 성대한 연회에 초대하는데 어찌 사양할 이유가 있겠습니까. 다만 우리가 본국에 있을 때에 평소에 들으니 대불사는 풍신수길의 원당願堂이라 하더이다. 이 적賊은 우리나라 백 년의 원수로서 의리상 하늘을 함께 할 수 없는데 어찌 그 절에서 술을 마실 수 있겠습니까. 후의를 사양하겠습니다." 하였다.

일본 측은 크게 당황하여 대불사가 히데요시의 법당이 아니라고 설득하였다. 심지어 〈일본연대기〉책 까지 보내어 변명하려 했다. 조선 사신들은 이런 일본의 변명에 대해 정색을 하고 대응하기에는 너무 심하다고 생각하여, 정사와 부사는 연회에

주11) 아라이 하쿠세키(新井白石, 1657~1725년)는 〈일본서기〉의 오랑캐 사관에 기초하여 조선이 일본의 속국이었다고 경시하면서, 임진왜란을 합리화 시킨 대표적인 일본의 유학자이다.

참석하기로 하였다. 그러나 종사관은 병을 이유로 동행하지 않았다.주12)

이에 대하여 일본측 수행인 아메노모리 호슈雨森東가 분노를 폭발시켰다.

우삼동雨森東은 사나운 사람이었다. 화풀이를 할 데가 없어서 곧 수역관과 사사로운 싸움을 벌였다. 조선말과 일본말을 섞어가며 사자처럼 으르렁거리고 고슴도치처럼 화를 냈다. 어금니를 드러내고 눈을 부라리는 모습이 마치 칼집에서 칼이 나오고 있는 듯하였다.

내가 이때 복도를 내려가다가 마침 보고 우삼동을 부르며 말하기를,

"그대는 글을 읽은 사람이 아닌가. 어찌 화를 내어 이렇게 행패를 부리는가." 하니, 그는 곧《연대기年代記》라는 책 하나를 가지고 와서 하늘을 우러러 보고 구부려서 땅을 그으며 분이 나서 말하기를,

"당초에 사신이 원당에 관한 말을 잘못 듣고 의리상 원수의 절에 들어가지 않겠다고

주12) 도요토미 히데요시는 1595년에 호코지(방광사)를 지었는데 1596년 대지진으로 붕괴되었다. 1612년에 히데요리는 그 자리에다가 다시 대불전을 지었다. 그가 이 일을 하게 된 것은 도쿠가와 이에야스의 권유 때문이었다. 이에야스는 방광사의 대불을 짓는 것은 히데요시의 숙원사업이기 때문에 그 유지를 받들어야 한다고 히데요리에게 강하게 권유하였다. 이에 따라 히데요리는 대불전 공사를 벌여 1614년 4월에 범종이 완성되었고 이어서 건물과 대불도 완성되어 8월에는 대불개안 공양식이 거행 될 예정이었다.

그런데 범종에 새긴 "국가안강 군신풍락(國家安康, 君臣豊樂)"이라는 명문(銘文)을 도쿠가와 이에야스측은 문제를 삼았다. "國家安康"은 도쿠카와 이에야스(德川家康)의 이름인 "家"와 "康"을 교묘하게 떼어놓았고, "君臣豊樂"은 "도요토미(豊臣)"의 번영을 뜻한다는 것이었다.

이에야스는 범종의 명문이 자신을 모독하였다고 간주하였다. 그는 오사카 성에서 1614년 겨울과 1615년 여름전투를 하여 오사카 성을 함락시켰다. 1615년 5월에 도요토미 히데요리(豊臣秀頼 1593년~1615)와 그의 어머니 요도기미(淀君)는 자결하였고, 히데요시 가는 멸문되었다.

대불전도 1798년 낙뢰로 인해 소실되어 범종만이 남았다. 현재 방광사 일대는 공원으로 지정되어 있고 풍국신사가 자리 잡고 있다.

한편 조선통신사 사행록에 나오는 대불사는 정확히 말하면 방광사 대불전이다.

할 때에는 누가 감탄하지 않았겠습니까. 관백께서는 이웃 나라와의 우호에 돈독하여 감히 사신에게 연회하는 예절을 정지하지 못하여 국가의 사적을 가지고 증거를 대어 원씨의 절임을 밝혔으니, 우리나라에서 사신에 대하여 최선을 다한 것입니다. 그런데도 지금 국가의 사적을 믿지 아니하고 공식적인 대접을 받지 않으려 하니, 이것은 우리를 낮추어 보는 것이며 우리를 약하게 보는 것이니, 나는 죽고 말겠습니다." 하였다.

내가 말하기를, "두 사신이 이미 들리겠다는 허락이 있었으니, 종사관은 병이 나서 참석하지 못하더라도 문제 될 것은 없다. 가령 그 사이에 그대의 뜻에 맞지 아니한 것이 있다 하더라도 그것은 역관들이 주선해서 될 일이 아니다. 그대가 사소한 혈기에 의한 분을 참지 못하고 일개 역관과 사사로이 싸우니 이것은 조말曹沫을 본받고자 하는 것이요?" 하니, 우삼동이 드디어 사과하고 갔다. 밥 먹은 뒤에 출발하였다.

(조말曹沫은 제 환공齊桓公이 노군魯君과 회맹會盟할 때에 조말이 비수를 들고 단에 올라서 제 환공을 협박하여 노魯가 제齊에게 침략당한 땅을 반환케 하였다.) (해유록海遊錄 11월 3일)

아메노모리 호슈는 조선을 가장 잘 이해한다는 일본 외교관이다. 그런 그였지만 그 역시 대불사 연회 참석과 관련하여 화를 냈으니, 한일 간 역사인식에는 이토록 차이가 극명하였음을 엿볼 수 있다.[주13)]

주13) 아메노모리 호슈(일본어: 雨森芳洲 1668~1755)는 에도 시대 의 의사이자 유학자이다. 한문, 조선어, 중국어에 능통했으며, 조선 무역의 중개 역할을 하던 쓰시마 번에서 외교 담당 문관으로 활약하였다. 일본 최초로 조선어 교과서인 《교린수지》(交隣須知)를 집필하였으며, 전문 통역관으로서 통역양성학교도 설립하였다. 성신의 외교관계를 강조했으며, 조선과 일본 양국 우호에 기여한 인물로 평가받고 있다. 우삼동(雨森東)이라는 조선식 이름을 사용했다.

한편 1719년에 조선통신사가 일본을 방문하였을 때 두 편의 가부키가 오사카에서 공연되었다. 하나는 〈본조 삼국지〉로 2월에 다케모토자죽본좌에서 공연되었고, 다른 하나는 〈신공황후 삼한책〉으로 5월에 도요다케자풍죽좌에서 공연되었다.[주14)]

〈본조 삼국지〉는 도요토미 히데요시의 조선침략을 윤색한 극화이다. 히데요시는 삼국을 항복시켜 삼국 왕으로부터 피로 쓴 항복문서를 받는다. 이어서 히데요시는 병사들이 벤 적들의 귀를 가지고 와서 교토에 묻고 묘를 만들어 준다. 가부키에 귀코 무덤이 등장하고 있다.

이를 본 일본인들은 어떠했을까. 조선이 일본의 속국이라는 인식이 가득 하였으리라.

메이지 시대에도 히데요시에 대한 가부키가 자주 무대에 올랐다. 가부키에 출연한 주연배우들은 공연 전후에 풍국신사와 코 무덤을 참배하기도 하였다. 그 뿐 아니라 그들은 거금을 희사하고 코 무덤의 울타리 석책에 자신의 이름을 새겨 넣기도 하였다. 실제로 필자가 본 코 무덤 울타리 석책에는 죽본좌, 풍죽좌란 가부키 극장의 이름과 배우의 이름이 새겨져 있었다.

주14) 〈신공황후삼한책〉에서는 서기 249년 신공황후의 한반도 공략을 그렸다. 일본의 1군은 고구려를 이기고 2군은 백제를 항복시키고 3군은 신라를 쳐들어간다. 궁지에 몰린 신라왕이 속국이 되어 조공을 바치겠다고 맹세한다. 신공황후는 기뻐하며 창을 들고서 커다란 바위에 크게 새긴다.
〈고사기〉와 〈일본서기〉 신공기 49년(서기 249년)에는 "신공황후가 직접 배를 타고 물고기의 도움을 받으며 신라에 도착하니 신라왕이 싸울 엄두도 못 내고 스스로 몸을 결박하여 항복하므로 신라를 '정벌' 해서 신라왕을 말먹이꾼으로 정했으며, 이 소식을 듣고 고구려왕과 백제왕이 신공황후를 찾아와서 야마토의 서번(西藩)이 되고 영구히 조공을 그치지 않겠다고 하므로 내관가둔창(內官家屯倉)으로 정했는데 이것이 삼한(三韓)이라는 것이요, 해마다 신라왕이 80척 배의 조공을 일본국에 바치는 것이 이러한 연유"라고 기록돼 있다.
그런데 신용하 교수는 이 기록은 역사날조라는 것이다. 〈일본서기〉 신공황후기는 히미코를 기리는 일본 8세기 초 무녀(巫女)의 서사무가이고 역사적 사실이 아니라고 주장한다.

일본 오사카 성에 있는 풍국신사

메이지 유신 이후에 도요토미 히데요시는 다시 부활하였다.

1868년에 메이지 천황은 관군과의 전투에서 패주하는 에도 막부 군을 추격하기 위하여 관동으로 향하던 도중, 오사카에서 히데요시를 위해 새로 사당을 만들어 그의 공훈과 위엄을 기리라는 지시를 내렸다. 이에 교토와 오사카는 앞 다투어 풍국신사를 건립했다.

1890년에는 풍국회가 결성되었다. 풍국회는 전국적인 모금을 통해 대대적인 정화작업을 하였다. 1898년은 히데요시가 죽은 지 300년이 되는 해였다. 이를 기념하여 풍국회는 교토를 중심으로 300년제를 성대하게 치렀다. 1894년 청일전쟁의 승리에 대한 국민 열광이 이에 호응한 것이다. 이때 코 무덤도 대대적으로 정비되었다.

교토 코 무덤 석책, 가부키 극장 이름과 배우 이름이 석책에 새겨져 있다.

일본의 정한론征韓論도 히데요시의 재조명 사업과 결부되어 진행되었다. 정한론자들은 히데요시의 '미완의 위업' 을 실현한다는 명분으로 조선의 식민지화를 적극 추진하였고 일본이 1894년 청일전쟁, 1905년 노일전쟁에서 이기자 더욱 가시화하였다. 1905년에 이토 히로부미는 을사보호조약을 강제로 체결하고, 초대 통감으로 조선에 와서 고종을 폐위하는 등 조선 침탈을 본격화하였다. 결국 조선은 일제에 의해 36년간 강점되고 말았다.

필자는 교토의 미미즈까이총 앞에서 분명히 보았다. 이 무덤은 처음에는 코 무덤이었지만 어느 순간에 교활하게 귀 무덤이 되었음을. 코 무덤이 히데요시의 전리품이고 일본의 무위를 과시하기 위한 유물임을.[주15)]

이 무덤을 본 한국의 관광객들은 일본의 만행에 모두 분노한다. 임진왜란의 아픈 상처를 다시금 느낀다.

지금도 우리는 일본과 역사전쟁을 치르고 있다. 위안부, 독도, 일본 교사서 역사왜곡, 야스쿠니 신사 참배 등 일본 우익의 역사인식에 분노한다.

단재 신채호 선생의 말을 기억하자.

"역사를 잊은 민족에게 미래는 없다."

주15) 경남 사천시 선진리 조명군총 옆에 있는 이총은 지금도 이름이 귀 무덤이다. 사천의 이총 명칭은 조속히 코 무덤(비총)으로 바뀌어야 한다.

일본 교토의 풍국신사 – 도요토미 히데요시를 모신 신사이다.

03

노예전쟁, 일본에 끌려간 포로들

임진왜란은 노예전쟁이었다. 이는 정유재란 때 더욱 심하였는데 왜군은 닥치는 대로 사람을 죽이고 조선인을 잡아갔다. 심지어 부산에 노예상인들이 와서 포로들을 직접 사 갔는데 포르투갈 노예상인도 조선에 건너가기도 하였다.[주1) 주2)]

주1) 임진왜란 중에 일본으로 끌려간 조선인을 피로인被虜人이라 한다. 전쟁에 참가하여 붙잡힌 병사를 포로라고 하는데, 피로인은 전쟁에 참가하지도 않았는데도 강제로 잡혀 간 민간인을 말한다.
피로被虜는 조선 조정의 공식 호칭이었다. 1607년 일본에 보내는 예조참판의 서계나 선조수정실록에도 피로被虜라는 표현을 쓰고 있다.
(선조수정실록 1607년 1월 1일 3번 째 기사 참조)

주2) 정유재란 때 왜군의 포악성은 극에 달하였다. 살인과 납치, 방화와 약탈을 일삼았다. 1592년 임진왜란 초기에는 일본은 조선 백성에 게 회유책을 썼다. 히데요시가 내린 명령서에는 조선에서 왜군들이 하지 않아야 할 세 가지 사항이 명시되어 있다.
하나, 군대에 의한 약탈이나 난폭 행위
하나, 방화 放火
하나, 백성에 대한 무리한 불법 요구
그런데 정유재란 때는 히데요시의 명령은 마치 금수와 같았다.
왜군은 조선의 관리와 가족을 샅샅이 찾아내어 죽이고 집을 불 태웠으며, 백성들도 모두 죽이도록 하

일본 안양사 주지 케이넨慶念은 1597년 6월 24일부터 1598년 2월 2일 사이에, 일본 규슈九州 우스끼성 성주 오오타 히슈우의 군의관으로 종군하였는데 그는 이 시기에 〈조선일일기朝鮮日日記〉를 썼다.

승려 케이넨의 1597년 8월 5일과 8월 6일 그리고 11월 19일자 일기를 읽어보면 왜군의 포악성이 잘 드러나 있다.

1597년 8월 5일

적국인 전라도라고 하지만 검붉게 치솟아 오르는 연기는 마치 이런 상황을 분노하고 있는 것처럼 보이는 구나.

8월 6일

들도 산도, 섬도 죄다 불태우고, 사람을 쳐 죽인다.

그리고 산 사람은 금속 줄과 대나무 통으로 목을 묶어서 끌고 간다. 어버이 되는 사람은 자식 걱정에 탄식하고, 자식은 부모를 찾아 헤매는 비참한 모습을 난생 처음 보게 되었다.

들도 산도 불지르는데 혈안이 된 무사들의 소리가 시끄럽고, 마치 아수라장을 방불케 하는 비참한 광경이구나.

는 등 무력적이고 강압적이었다.

1597년 8월16일의 승려 케이넨 일기는 전라도 남원 백성들이 처참하게 살육 당하였음을 보여준다.

남원성내의 사람들은 남녀노소 할 것 없이 모두 죽여서 생포한 사람이 없다. 무참하구나. 한 치 앞을 알지 못하는 덧없는 세상이라고 하지만

하룻밤 사이에 남녀노소 할 것 없이 모든 사람이 죽었구나.

11월 19일

일본에서 온갖 상인들이 왔는데, 그중에 사람을 사고파는 노예상도 있었다. 이들은 군대의 행렬을 따라 다니며 남녀노소 할 것 없이 사서 불로 목을 묶어 앞으로 몰고 가는 데, 잘 걸어가지 못하면 뒤에서 지팡이로 몰아 붙여 두들겨 패는 모습이 지옥의 아방阿防이라는 사자가 죄인을 길들이는 것도 이와 같을 것이라고 생각되었다.

왜군은 적어도 10만 명 이상의 조선인 남녀노소를 잡아다가 일본 국내는 물론이고 나가사키나 히라도 등에서 포르투갈 노예상인에게 팔아 넘기는 등 국제적 인신매매를 하였다.[주3)]

왜군이 조선인을 납치한 목적은 농촌 노동력의 보충, 가사와 공장 노예의 획득, 도공, 세공, 직조공, 바느질 쟁이, 의사 등 기술인력 확보, 국제 노예상인에게 매매 등이었다. 일본은 그간 100년간의 국내 전쟁과 두 번의 조선 침략으로 남자는 대

주3) 일본에 끌려간 피로인은 최소한 10만 명 이상이었다.

일본 학계에서는 처음에는 5~6만 명이라고 하다가 나중에는 2~3만 명으로 축소하였다. 한국은 일반적으로 10만 명 정도로 보고 있는데 심지어 40만 명까지 보는 학자도 있다.

일본 학자 나이토 슌포(1896~1990)은 당시 확인 가능한 자료를 모아서 얻은 데이터에 근거하여 2~3만명으로 추정하였다. 그런데 이 연구는 300년이 지난 뒤에 나온 연구였으므로 신뢰성이 크게 떨어진다. (허남린, p 91)

한국 측에서 포로를 10만명으로 보는 근거는 1599년 7월에 조선으로 돌아온 정희득이 상소문에서 '일본에 잡혀간 포로가 남자가 3~4만 명은 되겠고, 늙고 약한 여자는 그 수가 갑절이나 될 것' 이라고 밝힌 점과 피로인 전이생의 상소문을 들고 있다.

피로인이 40만명으로 보는 학자는 1591년과 1598년 당시 조선의 인구를 각각 1,300만명과 1,085만명으로 파악하여 115만명의 인구가 감소한 점에 주목하여 100만명 이상이 왜란으로 인해 사망 내지 포로였다고 주장한다. 이 가운데 코베기 자료등을 분석한 결과 45만명이 죽고 15만명 정도의 오차범위를 두면 피로인이 40만명이라고 주장한다. (김문자, p 126, 민덕기 p 387~388) 그러나 40만 명이라는 주장은 그리 설득력이 있어 보이지는 않는다. 더구나 인구 감소는 215만명 (1,300~1085=215만명)인데 115만 명으로 한 것은 이해가 안 된다.

부분 전쟁에 동원되었기 때문에 노동력이 턱없이 부족하였다. 조선인은 더 할 나위 없이 좋은 인적자원이었다.[주4)]

특히 포로 중에는 여성과 어린이들도 상당수 있었는데 이들은 장기적이고 안정적인 노동력 확보에 도움이 되었고, 포르투갈 상인들이 선호하여 마카오, 유럽 등에 팔려가기도 하였다.[주5)]

피로인중에는 바로크 미술의 거장 루벤스1577~1640가 그린 드로잉 작품 〈조선 남자〉의 모델이 된 이도 있었다. 바로 안토니오 꼬레아Antonio Correa이다. 1993년에 MBC TV는 다큐멘터리 〈역사 대기행 안토니오 꼬레아〉를 방영했는데 남원을 돌아보기도 하였다. 그가 남원에서 납치되었다고 생각한 것이다.[주6)]

주4) 김문자 (p 125)는 포로들의 납치 목적을 (1) 일본내에서 부족한 노동력을 보충하기 위하여, (2) 다도 기술을 배우기 위하여 도공을 연행 (3) 전지에서 군량수송과 축성 잡역등 노역요원으로 사용 (4) 여자와 어린이 중에서 미모가 뛰어난 자 (5) 전쟁 중에 일본에 협력한 자 (6) 전쟁중 조선 여인을 아내로 삼았기 때문에 동반한 경우 (7) 미색을 탐하는 왜군의 호색적 요구 (8) 노예 매매를 목적으로 한 경우 등 8가지로 분류하고 있다.

주5) 16세기에는 아시아 노예무역이 횡행했다. 포르투갈 노예상들은 나가사키 등에 상주하면서 국제적 인신매매를 했다. 일본인은 조선 포를 팔면서 조총, 비단, 담배 등으로 바꾸었다. 심지어 어떤 선교사들은 포르투갈 상인의 노예 내내에 협조를 하기도 하였다. (허남린 p 91~93)
일본에 와 있던 루이스 세르케이라는 1598년 9월에 다음과 같이 기록했다. (손승철, 조선통신사, 일본과 통하다 p 153)
나가사키에 인접한 곳에 있는 많은 일본인들은 포르투갈 사람이 노예를 사고 싶어한다는 사실을 알고 있었다. 때문에 상인들은 그들에게 조선 사람을 팔기 위하여 일본의 여러 지역을 돌아다니며 조선인이 잡혀 있는 지역에서 그들을 구매하는 한 편, 조선인을 포획하기 위해 지접 조선으로 가기도 했다. 조선인을 포획하는 과정에서 많은 사람들을 잔인하게 죽였고, 중국 배에서 이들을 포로투갈 상인에게 팔았다.(1598년 9월4일 기록)

주6) 루벤스의 그림에 나오는 〈조선 남자 1617~1618년 작 추정〉 모델 '안토니오 코레아.'는 피렌체 상인 프란체스코 카를레티(Francesco Carletti)가 1598년 3월 일본 나가사키에서 조선인 5명중 한 명인데, 이는 당시에 일본이 세계 노예무역 시장에 편입되어 있었음을 보여준다.

임진왜란 당시 김덕령의 의병군에 참가한 적도 있는 조위한趙緯韓은 1612년에 '최척전崔陟傳' 이라는 소설을 집필하였다. 왜군의 포로가 되어 이산가족이 된 최척崔陟과 옥영玉英 부부가 각기 중국인과 일본인 상선을 타고 베트남으로 갔다가 기이한 해후를 한다는 내용이다.

한편 필자는 2014년 4월 14일에 일본 오사카성 천수각에서 열린 테마전시회를 관람하였다. '난세에서의 편지' 전시는 천수각 소장 편지 84개를 전시한 것이다. 여기에는 도요토미 히데요시를 비롯한 전국시대 무장들의 편지가 전시되어 있었다.

이곳에서 도요토미 히데요시가 나베시마 나오시게에게 보낸 공문을 보았다. 1597년 11월 29일에 작성된 이 공문은 '잡아둔 조선인 포로 중에서 세공, 바느질 잘 하는 사람, 솜씨가 있는 여자를 진상하라' 고 적혀 있었다. 해설에는 '히데요시의 정실부인인 오네가 조선인 여자를 하녀로 부리면서 30년간 데리고 있었다.' 고

프란체스코 카를레티의 〈나의 세계일주기 (1591~1606)〉에 나오는 안토니오 관련 기록은 곽차섭의 책 p138~139에 수록되어 있다.

조선은 9개 지방으로 나누어져 있다. .... 이 중 어떤 곳들로부터 즉 해안에 가까운 지방들에서 왜군은 연령을 가리지 않고 헤아릴 수 없이 많은 남자와 여자, 소년 소녀를 잡아왔는데, 이들은 모두 극히 헐값에 노예로 팔려나갔다.

나는 12 스쿠도를 약간 넘은 가격으로 그 중 5명을 샀다.

나는 그들에게 세례를 받게 한 뒤, 인도의 고아로 데려가 그곳에서 해방시켜 주었다. 나는 이중 한명을 나와 함께 피렌체까지 데리고 왔는데 그는 지금 안토니오란 이름으로 로마에 살고 있는 것으로 생각된다.

한편 1979년 10월 7일 한국일보에는 이탈리아 남단 알비 시에는 코레아(Corea) 씨의 집성촌이 있다는 기사가 실렸다. 그 시조로 거론되는 인물은 정유재란 때 노예로 팔린 조선 소년 '안토니오 코레아' 인 것으로 알려져 있다.

1992년에는 박용구가 뮤지컬 '불멸의 피리' 를 완성했는데 그 줄거리는 1597년에 전라도 운봉에서 왜병에게 잡혀서 일본으로 끌려가, 나가사키 노예시장에서 팔린 코레아를 그리고 있다. 1993년에는 오세영의 〈베니스의 개성상인〉 소설도 간행되었다.

일본 오사카성 천수각 – ‘난세에서의 편지’ 전시가 열리고 있다.

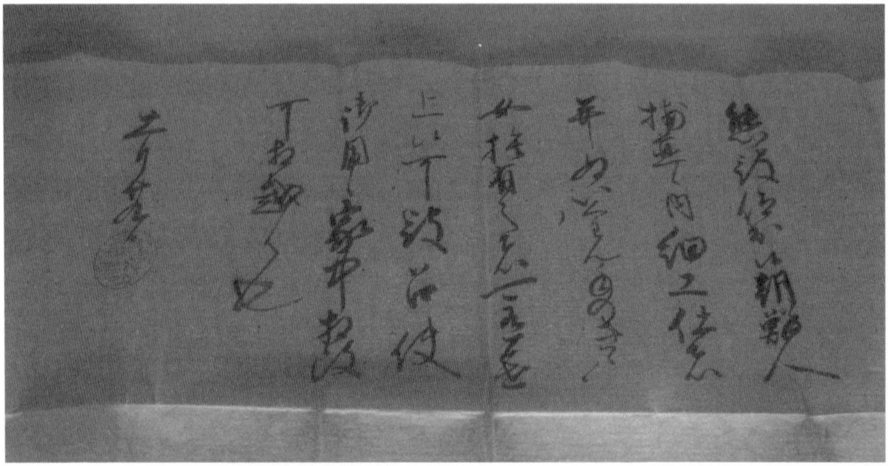

히데요시가 나베시마에게 보낸 공문

기록되어 있었다.[주7) 주8)]

주7) 오사카성 전투 400년(2014~2015)기념 '난세에서의 편지' 전시회에서 본 도요토미 히데요시가 나베시마 나오시게에게 보낸 공문(1597년 11월 29일)과 영문 해설은 다음과 같다.

16. 도요도미 히데요시가 발행한 공문서(주인장 朱印狀)

아카가이 야스오 기증
오사카 성(城) 박물관 소장품

보고 계시는 편지는 정유재란(경장의 역)때에 히데요시가 한국 진영에 있는 영주들에게 포로들을 자신에게 보내라고 명령을 내린 내용을 포함한 공문서입니다.
히데요시는 공문에서 다음과 같이 지시했다.
"한국인들 중에 세공, 자수기술자, 바느질 잘하는 사람, 그리고 손재주가 뛰어난 여자가 있다면 감금을 하고 내게 보내시오. 나를 위해 일을 하게 하겠소. 집집마다 수색을 하여 그들을 잡아오시오."

심지어 일본에서조차 전투가 일어날 때마다 백성들은 붙잡히고 포로가 되었습니다. 그들은 강제로 노역을 하거나 인신매매의 대상이 되었고 이러한 일은 빈번하게 일어났습니다.
바다를 건너 한국을 침략했던 일본군은 일본에서 했던 것과 같은 방식으로 대량의 현지 남자들과 여자들을 포로로 잡아 일본으로 끌고 갔습니다. 이 사람들 중에는 아리타 도자기와 가라쓰 도자기를 만든 도공들도 포함되어 있습니다.
히데요시를 위해 얼마나 많은 한국인들이 강제로 일을 했는지는 알려지지 않았습니다.
하지만 그의 아내 오네는 포로로 잡혀온 궁녀들을 곁에 뒀고 이 편지가 쓰였을 때부터 그녀가 죽을때까지 거의 30년에 걸쳐 그들을 신임했습니다.

16. Red-sealed Letter issued by Hideyoshi Toyotomi

Donated by Mr. Yasuo Akagai
Osaka Castle Museum Collection

Shown here is one of the red-sealed letters in which Hideyoshi ordered the lords at the camp in Korea during the Keicho-no-Eki (the Second Korean Campaign) to send hostages to him.
Hideyoshi mentions:
"If there are craftsmen, embroidery artisans, and women who are good hands among Koreans, keep them under restraint, send them to me. I will make them work for me. Investigate through the houses and arrest them."
On the occasion of battles even in Japan, common people were arrested and taken as hostages. They were forced to work as laborers or for human trafficking, which frequently happened.
The Japanese army, which had crossed the sea and gone to Korea, captured local men and women in large numbers in the same way as in Japan and brought them back to Japan. Among these people, potters of Arita Ware and Karatsu Ware were included.
It is unknown how many Koreans Hideyoshi forced to work for him. However his wife O-ne employed lady attendants who were brought in as hostages, and she placed her confidence in them for nearly 30 years from the time when this letter was issued to the time of her death.

그런데 영문 해설 중에 임진왜란의 번역이 조금 이상하다. Korean Campaign이라고 번역되어 있는 것이다. 보통 임진왜란은 Japanese Invasion of Korea, Imjin War 또는 Hideyoshi Invasions으로 번역하고 있는데 임진왜란이 조선 캠페인이라니.
전쟁이 무슨 사회 · 정치적 목적을 위한 조직적인 운동[활동]인가? 여기에 일본의 얄팍한 꼼수가 느껴진다. 역사를 은폐 축소하고 왜곡하는 술수가 엿보인다.

한편 임진왜란 7년 전쟁은 국제적으로 통일된 명칭이 없다. 한국은 임진왜란 (임진년에 왜인들이 일으킨 난동), 정유재란이라 하고, 통털어서 임진왜란이라고 한다. 일본은 문록 · 경장의 역 役이라고 칭하여 친횡의 연호를 사용하고 있고, 중국은 만력의 역 또는 항왜원조 (왜에 맞서 조선을 도운 전쟁)라고 한다. 그래서 김성한은 소설 제목을 '7년 전쟁' 으로 이이화는 책 제목을 '조선과 일본의 7년 전쟁' 이라고 하였다.

주8) 나베시마 나오시게(鍋島直茂, 1538~1618년)는 일본 히젠 국(肥前国) 사가 번(佐賀藩) 번조(藩祖)이다. 그는 아들 나베시마 가쓰시게(鍋島勝茂)와 함께 임진왜란과 정유재란 때 가토 기요마사(加藤清正)의 휘하 장수로 참전하였다. 이후 그는 1600년 세키가하라 전투에서 도쿠가와 이에야스(徳川家康) 편을 들

1598년 11월 하순에 정유재란이 끝나자 에도막부는 임진왜란 7년 전쟁으로 인하여 중단되었던 조선과의 교린을 추진하였다. 특히 대마도가 적극적이었다. 대마도는 전쟁으로 인하여 인적 · 물적 자원이 모두 고갈되어 매우 궁핍하여졌다. 더욱이나 조선과의 교역마저 단절되자 매년 1백 석씩 지원받던 세사미도 끊어져 살 길이 막막하였다.

이에 대마도주는 1599년부터 일본에 끌고 간 조선포로들을 수시로 조선에 보내주면서 교역 재개를 간절히 간청하였다.

1599년 6월에 함평출신 정희득 등 15명이, 1600년 2월에는 합천 유생 곽진방 등 160명이 조선에 돌아왔고, 4월에도 321명, 5월에는 영광출신 강항 등 38명이 송환되었다. 일본은 1601년에 250명, 1602년 229명 1603년 200명등을 보냈다. 1599년부터 1603년까지 4년 동안에 1,300명이 송환되었다. 나카오 히로시, 조선통신사 이야기, p 57

1604년에 조선은 도쿠가와 이에야스의 의중을 살피기 위하여 승려 사명당을 탐적사探賊使란 명칭으로 일본에 파견했다.

1605년 3월에 송운대사 유정은 후시미 성에서 도쿠가와 이에야스를 만났다. 이때 이에야스는 "나는 임진년 당시에 관동에 있었고, 군사를 일으키는 일에 관여하지 않았다. 조선과 나 사이에는 원한이 없다. 화친을 원한다."고 하였다. 이에 유정

었고 1608년에는 사가 성을 수축해 히젠국 사가번의 기초를 세웠다. 또한 이삼평(李參平) 등 많은 조선 도공들을 납치해 아리타를 일본 도자기 생산지로 만든 것으로도 유명하다.

한편 나베시마 가츠시게는 정유재란 때 전라도 금구 · 김제, 화순, 능주 등에서 5,444개의 코를 베어 히데요시에게 보냈다.

표충비각 – 사명대사 유정의 비 (경남 밀양시 무안면 무안리 홍제사 소재)

사명대사 유적지 – 생가및 기념관 (경남 밀양시 무안면 사명재대사 생가로 642 소재)

은 에도 막부의 뜻을 확인하고 포로 1,390명을 데리고 돌아왔다.[주9)]

드디어 조선은 1607선조 40년에 사신을 파견하였다. 파견된 사절은 '회답겸쇄환사回答兼刷還使' 라 했다. 쇄환이란 '모두 데려 온다.' 는 뜻이다. 쇄는 빗자루란 의미이다. 히데요시가 일으킨 '명분 없는 전쟁' 에 대한 전후 처리와 일본에 끌려간 10만 명 이상의 조선인 포로들을 '빗자루로 쓸듯이 모두 본국으로 데리고 오겠다' 는 의지가 담겨있다.

1607년 2월 27일에 회답겸쇄환사가 부산을 출발하였다. 정사는 여우길, 부사는 경섬이며 총인원은 504명이었다.

사신은 국서를 전달한 후에는 오로지 쇄환에 주력하였다.

예조는 억류된 몇 만 명의 송환을 요청하면서 쇄환이 잘 되어야 양국의 교류가 영속할 수 있음을 강조하였다.

애도 막부는 장군의 명령으로 각지에 쇄환을 하달하였다. 이 명령에 가장 적극 움직인 이는 대마도주였다. 그러나 막부의 쇄환 명령은 지방까지 충분히 전달되지

주9) 1604년에 일본에 강화사 講和使로 간 사명대사 유정은 1605년에 도쿠가와 이에야스를 만나 3천명의 포로 송환을 약속받았지만 4월에 돌아오면서 데려온 포로는 1,390명 정도였다.(나카오 히로시, 조선통신사 이야기 p 56)

한편 1605년 4월1일자 선조수정실록에는 유정이 포로 3천명을 쇄환하였다고 기록되어 있다.

선수 39권, 38년(1605년) 4월 1일(을사) 2번 째기사

유정이 일본에서 돌아오면서 우리나라 남녀 3천여 명을 쇄환하다

유정(惟正)이 일본에서 돌아오면서 우리나라 남녀 3천여 명을 쇄환(刷還)하였다.【유정은 승려이다. 갑진년 봄 왜인 귤지정(橘智正)이 와서 통신을 요구하니, 조정에서는 유정에게 가서 적정을 탐색하라고 명하였는데 이때에 이르러 비로소 돌아왔다.】

않았고, 심지어 교토에서 조차 막부의 명령을 모르고 있었다.

또한 막부의 실력자 혼다 마사노부는 예조에 보내는 서계에서 "피로인들은 일본에 온지 거의 20여년이 되었다. 그 중 결혼하거나 자녀를 가진 자 들도 있다. 귀국은 본인의 자유의사에 맡기되, 본인이 원하면 귀국시키라는 것이 장군의 엄명"이라고 하였다.

'본인이 원하면 귀국시키라'는 단서가 붙었으니, 이국에서 속박을 받던 포로들이 자유롭게 귀국하기는 어려웠을 것이다. 더구나 본인이 원해도 주인이 놓아주지 않아 도망쳐온 예도 있었다.

이리하여 6월 26일에 사신과 함께 쇄환된 사람은 1,418명에 불과하였다. 경섬은 〈해사록〉에 구우일모九牛一毛라고 적었다.[주10)]

1609년에 조선은 대마도주와 교역을 재개하였다. 소위 기유약조己酉約條이다. 대마도주는 예전처럼 세사미두歲賜米豆는 100석을 받게 되었다.[주11)]

주10) 1607년 윤 6월26일자 경섬의 〈해사록(海槎錄)〉

맑음. 대마도에 머물렀다. 대판의 대관 편동주선(片桐主膳)이 포로인 24명을 나중에 보내오고 갑비수장정(甲斐守長正)이 또 포로인 64명을 보내오므로 당상(堂上) 역관으로 하여금 편지를 보내어 사례하게 하였다. 대마도 사람들이 일행을 따라다니느라 비용을 많이 썼으므로 쓰다 남은 은 1천 2백여 냥을 주었다. 되돌아오는 포로를 점검해 보았더니 남녀 합쳐 겨우 1천 4백 18명이었다. 이어 10일 양식을 내주었다. 대개 포로인으로 일본 내지(內地)에 흩어져 있는 자가 몇 만이나 되는지 모른다. 비록 돌아가기를 원하는 자에게는 돌아가게 하라는 관백의 명령이 있기는 하였으나 그 주인들이 앞을 다투어 서로 숨겨서 마음대로 할 수 없게 하였고, 또 포로인들도 머물러 사는 것을 편히 여겨 돌아오려는 자가 적었다. 지금 쇄환해 오는 수는 아홉 마리 소 가운데 털 한 개 뽑은 정도도 못 되니, 통탄함을 이길 수 있겠는가?

주11) 기유약조(己酉約條)는 1609년(광해군 1) 일본과 맺은 전문 13조의 송사조약(送使條約)이다. 조약 내용은 주로 쓰시마 도주의 세견선의 왕래 조건에 관한 것이다. 조정에서는 대마도주가 피로인(被虜人)

1617년에 조선 정부는 포로 쇄환과 에도막부의 오사카 평정을 축하하기 위하여 제2차 회답및쇄환사를 파견하였다. 정사는 오윤겸, 부사는 박재, 종사관은 이경직이었고 일행은 428명이었다. 광주 금남로의 주인공인 정충신1576~1636도 군관으로 호위를 담당하였다.[주12)]

이때 사신들은 더욱 적극적으로 쇄환을 추진하였다. 통역관 박대근, 최의길, 강우성 등이 대마도 관리들과 함께 각 번에서 쇄환자를 모집하였다. 통역관 강우성은 원래 피로인이었던 자였다. 그들은 고쿠라, 하카다, 히로시마廣島, 비전등지에 파견되어 피로인을 모으는 활동을 하였다. 특히 히로시마에서 만난 피로인 4명에 관한 기록을 보면 피로인의 삶을 여실히 알 수 있다.[주13)] (9월 22일자 이경직의 〈부상록〉)

의 송환을 충실히 이행했으므로 조약을 체결하였다.

조약 내용은 다음과 같다.

1. 쓰시마 도주에게 내리는 쌀은 모두 100석으로 한다.
2. 쓰시마 도주의 세견선은 20척으로 한다.
3. 관직을 제수 받은 자는 1년에 한 차례씩 조선에 와야 하며, 다른 사람은 파견할 수 없다.
4. 조선에 들어오는 모든 왜선은 쓰시마 도주의 허가장을 지녀야 한다.등 13개조

주12) 1617년 제2차 회답및쇄환사 사행인원은 이경직의 부상록(扶桑錄)의 〈사행인원〉 실려 있다.

[사행 인원]

정사(正使) 첨지중추부사(僉知中樞府事) 오윤겸(吳允謙), 부사(副使) 행호군(行護軍) 박재(朴梓), 종사관(從事官) 행사과(行司果) 이경직(李景稷), 역학(譯學) 행사정(行司正) 박대근(朴大根) · 전 정(正) 최의길(崔義吉) · 강우성(康遇聖) · 정순방(鄭純邦) · 전 첨정(僉正) 한덕남(韓德男), 한학(漢學) 동지(同知) 정언방(鄭彦邦) · 전 직장(直長) 이현남(李賢男), 의원(醫員) 전 첨정 정종례(鄭宗禮) · 전 봉사(奉事) 문현남(文賢男), 사자관(寫字官) 행호군 송효남(宋孝男), 화원(畫員) 행사과 유성업(柳成業), (중략) 군관(軍官) 선전관(宣傳官) 이진경(李眞卿) · 전 현감(縣監) 유시건(柳時健) · 전 만호(萬戶) 송덕영(宋德英) · 전 만호(萬戶) 정충신(鄭忠信) · (후략)

주13) 1617년 9월 22일자 이경직의 부상록에는 히로시마(광도)에 살고 있는 포로들 4명의 이야기가 기록되어 있다.

9월22일

비. 복도 태보(福島太輔)가 보낸 왜인 두 사람이 작은 배에다 하정 예물을 싣고 배 앞에 와서 배례(拜

이렇게 사신들은 같은 노력을 다 하였지만, 오사카를 출발 할 당시 모인 포로들은 100여명 정도였다. 심지어 모집된 조선인 중에 다시 도망가는 경우도 있었다. 결국 사신들은 배 3척에 321명의 피로인을 데리고 10월 18일에 귀국하였다.[주14)]

이경직은 〈부상록〉에서 다음과 같이 기록하고 있다.

禮)하는데 조흥도 함께 왔다. 역관을 시켜 말하기를, "갈 때나 올 때나 모두 이렇게 성의를 다하니 매우 감사하다.

또 광도(廣島)에는 포로 된 사람이 많다고 한다. 듣건대, 너의 태보는 제법 호령(號令)이 서고 또한 사체(事體)를 안다 하니, 장군의 영을 반드시 어기지 않을 것이다. 일찍이 사람을 앞서 보냈지마는 너희들도 또한 돌아가서 보고하여 모름지기 다 찾아내어 보내도록 하라." 하니, 두 왜인이 절하면서, "명대로 하겠습니다." 하고 하직하고 갔다.

포로 되었던 사람 넷이 와서 뵙는데, 하나는 스스로 일컫기를, 전 선공감 판관(繕工監判官) 박우(朴佑), 왜명(倭名)은 휴암(休菴)인데 중이 되어 의술(醫術)을 업으로 하여 암도(岩島)에 있으며, 암국태수(岩國太守) 길천광가(吉川廣家)에게 의탁하고 있는데 전라도 나주(羅州) 사람이고, 하나는 대구(大邱) 사람으로 별시위(別侍衛) 안몽상(安夢祥)의 아들 경우(景宇)인데, 승명(僧名)은 탁암(卓菴)이고 의술(醫術)을 업으로 하면서 태보의 조카 우위문(右衛門)에게 의탁하여 광도에 살고 있는 사람이고, 하나는 전라도 금구(金溝)에 사는 김승수(金承守)의 아들이고 현학(玄鶴)의 손자로서 이름이 응복(應福)인데, 왜명은 정삼랑(正三郎)으로서 광도 지옥정(紙屋町)에 살고 있는 사람이고, 하나는 함평(咸平) 광교(廣橋)에 사는 몽걸(夢傑)의 아들 목한(木漢)이라 하였다. 그런데 목한은 군관 안경복(安景福)과 뒤쫓아 하관(下關)에 오기를 약속하고 밖에서 벌써 가 버렸다.

그 나머지 세 사람은 앞에 불러 와서 유시문(諭示文)을 내어 보이며 간곡하게 개유(開諭)하였는데, 안경우는 돌아갈 뜻이 아주 없어 매양 태보가 허락지 않는다고 핑계하고, 박우는 스스로 말하기를,

"고국을 향하는 마음이 없는 것은 아니나, 이런 먼 섬에 있기 때문에 도망갈 길이 없었습니다. 마침 사신의 행차를 만났으니, 만약 배 한 척을 얻으면 살던 곳에 돌아가서 처자를 이끌고 중로(中路)에 뒤따라가겠습니다. 자녀가 6~7명인데, 딸 하나는 강호(江戶)의 장군 곁에 있고, 하나는 또 광가(廣家)의 곁에 있으니, 만약 본국 문서만 얻으면 내어 보이고 데려올 수가 있습니다." 하였다. 곧 마도에 말하여 배 한 척을 세내고, 의성의 관하(管下) 왜인 승병위(勝兵衛)와 통사 왜인 이병위(利兵衛) 등을 데리고 암도(岩島) · 광도 등지에 앞서 가서 각 사람의 처자를 찾아낸 다음, 행자가 노착한 곳에 뒤쫓아 오도록 하였다. (후략)

주14) 광해 9년(1617년) 10월 26일 4번 째 기사

회답쇄환사의 장계

회답하러 갔던 사신이 〈서목으로〉장계(狀啓)를 올렸다.

"일행이 이달 4일에 대마도(對馬島)에 도착하였고, 18일 인시에 완이포(完伊浦)를 떠났으며, 술시에 부산포(釜山浦)에 도착하였습니다. 데려오는, 붙잡혀갔던 남녀는 모두 3백 21명입니다."

돌아가기를 바라는 사람은 대개 충성심 높은 선비나 일본에서 고생하는 사람들이었다. 그 밖에 처자가 딸려 있거나 재산이 있어 이미 생활이 안정된 사람들은 전혀 돌아갈 뜻이 없었다. 한탄스럽다 ! 한탄스럽다!

이러함에도 전라도 출신 포로들이 여러 명 쇄환사와 함께 돌아왔다. 대표적인 사람들이 소쇄원 사람들이다. 양천경1560~1591의 아내 함풍이씨와 차남 몽린夢麟과 삼남 몽인夢寅 그리고 딸이 쇄환된 것이다. 양천경의 가족 4명은 1597년에 일본에 끌려갔는데 당시 아들 몽린은 15세, 몽인은 10세 그리고 딸은 13세였다. 그런데 아들 몽린과 어머니와 딸은 오사카에서 머물고, 몽인는 이예주에서 지내다가 사신들과 함께 귀국하였다. 만 20년만의 일이었다.[주15)]

주15) 양천경(1560~1591)은 소쇄원을 지은 소쇄처사 양산보(1503~1557)의 손자이고 고암 양자징의 장남이다. 양천경은 정여립 사건의 여파로 양천회 그리고 강해(수은 강항의 큰 형이다)와 함께 1591년(선조 24)에 장살 당하였다. 이를 신묘사화라 한다. 양천경은 3남1녀를 두었는데 장남은 몽웅이고 차남은 몽린, 삼남은 몽인(귀국 후 몽기로 개명)이다. 딸은 몽인의 누나였다.

일본에 납치된 양몽린 일가 4명의 기록은 1617년 10월 8일자 오윤겸의 〈동사상일록(日錄)〉과 1617년 10월 8일, 10월 9일자 이경직의 〈부상록 扶桑錄〉에 나온다.

(오윤겸의 동사상일록)

1617년 10월 8일

맑음. 강우성을 고대(苦待)하였으나 오지 아니하였다. 저녁에 돛단 배 한 척이 바다 밖에서 오므로 나는 부사 · 종사와 더불어 기둥 밖 바다가 바라뵈는 곳에 나앉아 고대하고 있었는데 점점 포구에 가까워 오는 것을 보니 바로 강우성의 배였다. 그래서 일행 상하가 모두 기뻐하여 서로 불러댔다.

강우성은 광도(廣島) 및 비전주(備前州)를 역방하여 두 곳에서 포로된 사람 46명을 얻고 일기도에 도착하여, 또 한 사람을 얻었는데, 자기는 행차가 머물고 기다리는 것이 염려가 되어서 순풍을 기다리지 아니하고 작은 배를 타고서 노를 재촉하여 먼저 오고, 포로된 사람을 실은 배는 큰 배인데다 짐마저 무거워서 반드시 사람을 기다려서 출발해야 하기 때문에 일기에 머물러 바람을 기다린다고 하였다.

양몽인(梁夢寅)도 또한 여섯 사람을 거느리고 작은 배를 타고 오다가 서로 일기도에서 만나 바람을 기다린다는 것이다. 몽인은 바로 몽린(夢麟)의 아우요 몽린은 천경(千頃)의 아들인데, 정유년 난리에 양씨 집안 일문이 함몰을 당하고 천경의 처 및 자녀 세 사람은 함께 사로잡혀 왔었는데, 오늘날에야 모두 살아서 돌아오니 실로 천행이었다.

1624년인조 2년에 조선은 제3차 회답겸쇄환사回答兼刷還使를 파견하였다. 에도 막부의 3대 쇼군 도쿠가와 이에미쓰의 쇼군 세습을 축하하기 위한 사신이었다. 정사는 정립, 부사는 강홍중, 종사관은 신계영이었고 사행 인원은 460명이었다.

조선통신사는 에도에서 국서를 전달하고 12월 22일에 집정 도이 도시가쓰利勝에게 피로인의 쇄환에 협조를 요청했다. 강홍중의 〈부상록〉이다.

> "쇄환에 관한 일은 이미 승낙을 받았으나, 사로잡혀 온 사람들이 모두 주왜主倭를 겁내어 즐겨 나오지 않으니, 만약 엄령이 아니면 쇄환하기가 어려울 것이오. 모름지기 한 문서를 만들어 빙험憑驗하게 하고, 각도各道의 장관將官들이 방금 모였다 하니, 또한 널리 알려 속이고 숨김이 없게 하오." 하니, 대답하기를, "삼가 말씀과 같이 하겠습니다." 하였다. 또 말하기를,
>
> "약간의 피로인被擄人들이 어느 곳에 있는지 이미 알고 있으니, 마땅히 그 이름을 써 보내고 또한 엄중히 신칙하여 쇄환하게 할 것이요, 전일과 같이 헛이름만 있고 실지가 없게 하지 마오. 만약 먼저 돌아가기를 자원하는 자만을 쇄환한다고 말하면 주왜主倭들이 이를 구실 삼아 보내지 않을 것이며, 연구세심年久歲深하면 남자는 장가들고 여자는 시집가서 아들과 손자를 두게 될 것이고 늙은 자는 죽고 젊은 자는 늙어질 것이니, 이 기회를 잃고 돌아가지 않으면 영원히 본국으로 돌아갈 길이 없을 것입니다. 어찌 불쌍하지 않겠소? 모름지기 십분 유의하여 조속히 답서를 써서 보내줌이 옳을 것이오."
>
> 하니, 대답하기를, "이 일은 다시 말할 것 없이 마땅히 극력 도모하겠습니다. 여러 도의 장관將官에게도 이미 분부하였습니다."하고, 곧 일어나 물러갔다.

에도 막부가 지원하였음에도 피로인들은 고국에 돌아갈 엄두를 못 냈다. 돌아간다고 약속을 하여 놓고서는 나타나지 않는 이도 있었다.

부사 강홍중은 '문견총록'에서 "일본은 물자가 풍부하고 백성이 편안하여 생리生利가 매우 넉넉하였다. 사로잡혀 온 사람도 빈손으로 와서 수 년 사이에 재산이 혹 수백 금이 되니, 이 때문에 사람들이 그 생업을 즐겨하여 본국으로 돌아갈 뜻이 없었다. 나라 가운데 크고 작은 역사를 백성에게 부역시키지 않고 모두 고용雇傭하여 썼으며, 임금賃金이 또한 풍족하였다"고 기록하였다.

또한 그는 피로인들을 만난 소회를 〈부상록〉에 자세히 적어 놓고 있다.[주16)]

주16) 강홍중은 동사록(東槎錄)에서 여러 피로인 들과의 면담 결과를 적어 놓고 있다.

1624년 11월 30일(경진)

맑음. 날이 밝은 후에 발행하여 좌도하(佐渡河) 부교(浮橋)를 지나 묵가(墨街)에 이르러 여염의 점사(店舍)에 사처를 정하니, 또한 미농주 지방으로 장군의 장입(藏入)하는 땅이었다. 강전장감(岡田將監)이 대원(大垣)에서 와 지대(支待)를 주관하였는데, 이 사람은 임진왜란 때에 평행장(平行長)을 따라 평양(平壤)에 왕래하던 자였다. 스스로 말하기를, "아내는 조선 사람인데, 아들을 낳아 벌써 장성하여 지금 강호에 가 있습니다." 하며, 몸소 사후(伺候)하기를 극히 공손하게 하였으며, 접대하는 일도 처음부터 끝까지 정성을 다하였다.

(중략)

황혼 후에 명호옥(名護屋)에 다다르니, 인가가 곳곳마다 등을 달지 않은 집이 없고 또 횃불로 길을 비추어 밝기가 대낮과 같았다. 대광원(大光院)에 사처를 정하니, 이곳은 미장주(尾張州) 지방으로 덕천미장 중납언의진(德川尾張中納言義眞)이 관할하는 곳이었다. 의진(義眞)은 수충(秀忠)의 둘째 아우요, 지금 장군의 숙부이며, 나이는 지금 25세요, 녹봉 70만 석을 받는다 한다. 봉행(奉行) 등전민부경 안중(藤田民部卿安重)이 와서 지공(支供)의 일을 주관하였다. 미장(尾張) 지방은 토품이 기름지고 촌락이 번성하여 성중(城中)의 인가가 수만여 호나 되고 장창(長槍)과 이검(利劍)이 모두 이곳에서 생산된다 한다.

사로잡혀 온 사람 박승조(朴承祖)라는 자가 찾아와 뵙고, 스스로 운봉(雲峯) 사는 양반의 아들이라 일컬으며, "정유년에 사로잡혀 와 지금 미장성주 의진(尾張城主義眞)의 마부(馬夫)로 있는데, 본국으로 돌아가려 해도 길이 없으니, 사신의 행차가 돌아가실 때에 같이 갈까 합니다. 그리고 아내도 또한 서울 남대문 부근에 살던 사람이니, 마땅히 일시에 데리고 가야겠습니다." 하였다. 또 두 사람이 와서 뵙는데, 하나는 울산(蔚山) 사람이요, 하나는 진해(鎭海) 사람으로, '임진년에 사로잡혀 와 또한 의진의 종이 되어 방금 교사(教師)로서 사람에게 조총(鳥銃)을 가르친다.' 하였다. 운봉 사람은 그 말이 거짓 같으나 자못 정녕하게 믿음을 보이므로 돌아갈 때에 데리고 가겠다고 약속해 보냈다.

12월14일(갑오)

흐리다가 저녁에 눈이 왔다. 강호에서 머물렀다. 현방과 의성이 사람을 보내어 말하기를, "장군이 18~19일경에 만나보려 한다는 소문이 있는 듯하니, 사신을 위하여 심히 다행한 일입니다." 하였다. 사로잡혀 온 사람 무안 공생(務安貢生) 이애찬(李愛贊)이 와서 소지(所志)를 올려 당시에 사로잡혀 온 곡절과 고국으로 돌아가고자 하는 뜻을 하나하나 말하였는데, 사연이 심히 비통하여 차마 볼 수 없었다. 그래서 돌아갈 때에 같이 데리고 가겠다는 뜻으로서 제급(題給)하였다. 또 낙안(樂安) 사람 조일남(曹一男)이라는 자가 찾아와 양반의 아들이라 이르며, '정유년에 사로잡혀 와 평호도(平戶島)에서 살고 있는데 그곳은 바로 일기도주(壹岐島主)가 있는 곳으로 현재 도주의 관하가 되어 지난 4월에 도주를 따라 이곳에 왔다.' 한다. 우리나라 말에는 비록 약간 서투른 듯 하나 또한 아주 잊어버린 말은 없었다. 그래서 그 까닭을 물으니, 대답하기를,
"당초에 부처(夫妻)가 한때에 사로잡혀 와서 다행히 같이 살고 있습니다만, 항상 돌아갈 마음이 있으므로 본국의 말을 잊지 않았습니다.……

주장(主將)이 사신이 왔다는 말을 듣고 묻기를, '네가 본국으로 돌아갈 마음이 있으면 보내 줄 것이니, 사신을 찾아가 뵈어라.' 하므로 와서 뵈옵니다." 하고, 또 말하기를, "장군이 사신이 왔다는 소식을 듣고 심히 기뻐하여 일로(一路)를 검칙하여 접대를 융숭하게 하고 또 사신이 서울로 들어오던 날에 관광하는 사람으로 하여금 서서 보지 못하게 하였으며, 사신은 반드시 칙사(勅使)라 일컫고, 하인은 반드시 당인(唐人)이라 부르게 하는 등 경례(敬禮)를 다하게 했습니다. 사신이 입성(入城)하던 날에 좌우에서 구경하는 자들이 고요하여 떠드는 소리가 없었던 것이 모두 장군의 명령이었습니다." 하고, 또 말하기를, "항간에서 사람들이 모두 말하기를, '금번에 만약 사신이 오지 않았다면 반드시 전쟁을 일으켰을 것이다.' 하는데, 비록 그렇게 말은 하나 전쟁을 어찌 경솔하게 일으킬 수 있겠습니까마는, 소문은 이와 같습니다."하였다. 또 곤양(昆陽) 사람이 찾아와 뵙고 스스로 이르기를,
"김 첨사(金僉使)의 아들이온데 임진년에 사로잡혀 와 이곳에서 살고 있습니다. 대포를 잘 쏘므로 수십 인을 데리고 항시 교련을 시키고 있는데, 행차가 돌아가실 때에 만약 데리고 가신다면 이곳에 사로잡혀 온 사람 30여 인을 미땅히 개유(開諭)하여 일시에 데리고 오겠습니다." 하였다. 그러나 그 말이 경솔하여 성실하지 않은 듯하여 믿을 수 없었다. 세 사신이 같이 상의한 후 사로잡혀 온 사람의 쇄환하는 일로써 현방에게 글을 보내어 집정(執政) 등에게 주선해 보라고 하였다.
저녁에 두 집정이 별도로 하정(下程)을 보내 왔으므로 마도의 사후하는 왜인과 일행 하인에게 나누어 주었다.
일행에게 지공하는 요미(料米)는 왜경(倭京)에 있을 때와 같았다.

1624년 12월 23일(계묘)
맑음. 강호에서 머물렀다. 피로인(被擄人)들이 처음에는 돌아가고자 한다고 말하던 자가 이제 와서는 다시 오지 않으며, 간혹 와 뵙는 자도 있으나 혹은 부채가 있다 핑계하고, 혹은 주왜(主倭)가 허락하지 않는다고 칭탁하여 정상이 백 가지로 변하니, 참으로 분통한 일이다.
(후략)

1625년(인조 3) 1월 7일

맑음. 해가 돋은 후 발행하는데, 북풍이 모래를 불어 먼지가 거리에 자욱하여 간신히 세 부교를 건넜다. (중략)
강호로부터 지나오는 일로(一路)에 사로잡혀 온 사람이 없는 곳이 없건만 혹은 주왜(主倭)에게 구애가 되고 혹은 처자에 끌리고 혹은 임시 편안한 데 마음이 쏠려, 비록 고국으로 돌아갈 생각은 있으나 스스로 헤어나지 못하고 혹은 정녕하게 약속하고서도 지금에 와서는 백 가지로 교묘하게 회피한다. 운봉(雲峯) 사람 박승조(朴承祖) 같은 자는 사신의 앞에서 약속하고서도 또한 나타나지 않으니, 그 정상이 극히 밉살스럽다.

1625년 1월 9일

아침에 흐림. 해가 돋은 후 발행하여 안토령(安土嶺)을 넘어 팔번촌(八幡村) 점사에서 점심을 들었다. 지공(支供)은 좌화산(佐和山)에서 판출하였다 한다. 신시(申時)에 수산(守山)에 당도하여 갈 때 유숙하던 절에서 숙박하였다.
사로잡혀 온 여인 3명이 좌화산에서 왔는데, 모두 전라도 사람이었다. 1인은 양반의 딸인데, 정유년 8세 때에 사로잡혀 이곳에 와서, 딸 하나를 낳아 지금 14세인데 같이 데리고 나왔다. (후략)

1625년 1월12일

간혹 갬. 대덕사에서 머물렀다. 밤에 하인들이 돈을 다투어 소란을 피우므로, 군관 등을 시켜 사핵(査覈)하여 죄를 다스리게 하였다. 운봉(雲峯) 사람 박승조(朴承祖)가 명호옥(名護屋)에서 피로인(被擄人) 1명을 데리고 와서 뵙고, 겸하여 제가 돌아가지 못하는 사연을 전달하였는데, 그 말을 들어보니 그 정상이 또한 그럴 만하였다.

1625년 1월17일

맑음. 사시(巳時)에 출발하여 시가지를 지나 대불사(大佛寺)를 찾아가니, 대불사는 왜경의 동남방에 있었다. 현방과 더불어 두루 보니 금부처 하나가 당중(堂中)에 있는데, 그 높이는 10여 장(丈)이요, 그 둘레는 한 산더미와 같았다. 층탑(層榻)과 사벽(四壁)은 모두 황금으로 칠했으며, 건물은 크고 헌걸스러워 기둥의 크기가 세 아름이었다. 바닥에는 큰 돌을 깔았는데 깎고 갈아서 매끄러웠으니, 그 제도(制度)의 장려(壯麗)함이 천하에 둘도 없는 거찰(巨刹)이었다. 여러 차례 병화(兵火)를 겪어 중수한 지 겨우 20여 년이 된다 한다.
절 앞에 봉분(封墳)과 같은 높은 언덕이 하나 있는데, 그 위에 석탑(石塔)이 세워졌다. 왜인들이, "수길(秀吉)이 조선[我國] 사람의 귀와 코를 모아 이곳에 묻었는데, 수길이 죽은 후에 수뢰(秀賴)가 봉분을 만들고 비석을 세웠다." 하며, 어떤 사람은, "진주성(晉州城)이 함락한 후에 그 수급(首級)을 이곳에 묻었다." 하니, 들으매 통분한 마음을 금할 수 없었다.
미시에 정포(淀浦)에 다다랐는데, 대불사에서 정포까지 여염이 연달았으니, 이는 복견(伏見)을 왕래하는 큰길이었다. 남으로 복견성(伏見城)을 바라보니 수길이 죽은 후 수십 년 이래로 점점 조잔(凋殘)하여져 다만 성터만 있을 뿐이요, 여러 왜장의 집이 모두 황폐하고 허물어졌으며, 청정(淸正)의 집도 또 아무튼 사신들은 피로인 소환에 열성을 다하였지만 조선통신사가 1625년 1월 27일에 오사카를 떠날 때 쇄환인은 겨우 21명이었고, 3월 5일에 부산에 돌아왔을 때는 146명뿐이었다.

더구나 부산에 도착하자 조선 관원들은 쇄환인을 맞을 준비를 전혀 하지 않고 있었다. 양식 지원은 물론이고 고향 가는 길 안내 조차 없었다. 별수 없이 사신들이 가지고 있던 양식 일부를 주었고 그들 고향에 편지를 써 주는 일까지 발생하였다.

한 길가에 있는데 이제는 다 허물어져 있었다. 오직 사찰이 여염 가운데 섞여 있어 송죽(松竹)이 집을 두르고 부도(浮屠)와 층탑(層塔)이 반공에 솟았으니, 일본이 불교를 숭상함을 알 수 있다. 정포 대관은 곧 판창(板倉)이 보낸 사람인데 진무(振舞 연향(宴享)의 이름)를 베풀어 공궤하였다.

날이 저물 무렵 종사와 더불어 같이 상선(上船)을 타고 물을 따라 내려가서 중류(中流)에 떠서 사방을 바라보니 강산(江山)이 절승하였다. 갈 때에는 밤에 갔기 때문에 이제 비로소 보았는데, 진작 배에 올라 마음껏 구경하지 못한 것이 한스러웠다. 해가 저문 후에 각기 자기 배로 옮겨 타고 밤이 깊어 평방(平方)에 당도하니, 이는 점심참을 베푼 곳이다. 대관 등이 숙공(熟供)을 올리고 일행 하인까지 공궤하였다. 달이 한 길[丈]이나 오른 후에 다시 뱃길을 떠났다. 밤중에 비바람이 갑자기 휘몰아치므로 대판을 10여 리 앞두고 배를 정박하여 날이 밝기를 기다렸다.

복견에서 남쪽으로 우치(宇治)를 바라보니, 마을이 즐비하여 한쪽 면에 가득하였는데, 차(茶)의 산지로 온 나라에 이름이 높았다. 마을 앞에는 긴 다리 하나가 있는데, 봄꽃이 만발할 때에는 여러 왜장들이 이 다리에 모여 천렵(川獵)을 하고 차를 끓여 종일 유흥(遊興)한다고 한다. 정포(淀浦)에서 배를 타고 몇 리를 지나 서쪽으로 산기(山崎)를 바라보니, 이곳은 수길(秀吉)이 명지(明智)와 싸워 승전한 곳이라 한다.

피로인(被擄人) 6명이 왜경에서 따라왔는데, 그 가운데 한 여인은 거제도(巨濟島) 사람이다. 다섯 오빠와 한 언니가 고향에 생존해 있음을 듣고 그 두 딸과 아들 하나를 데리고 왔다.

왜경으로부터 육로 40리, 강로(江路) 90리를 행하였다.

왜경에서 나올 때에 중국 사람 7~8명이 관광하는 사람 틈에 있으므로, 물어보니, '장삿일로 늘 장기(長崎)에 왕래하여 혹 수 년을 유련(留連)하여 돌아가지 않는다.' 한다. 장기는 상선(商船)이 폭주(輻湊)하는 곳이었다.

한편 강홍중의 기록들을 읽어보면 포로들의 출신지는 전라도와 경상도 출신자가 많다. 왜군은 정유재란 때 전라도를 집중 점령하였고, 부산을 중심으로 경상도 남부지역에 주로 주둔하였기에 전라도와 경상도 백성들을 많이 잡아갔다.

참 한심한 조선 정부였다.[주17)]

이후 조선 조정은 쇄환 정책에 대하여 관심을 보이지 않았다. 1643년에는 14명의 피로인이 송환되는데 그쳤다.

이로써 10만 명 이상이 되는 피로인 중에 조선에 돌아온 자는 6~7 천명에 그쳤다. 조선 사신 경섬의 표현대로 구우일모九牛一毛였다.

그런데 조선에 돌아 온 피로인들은 제대로 대접을 못 받았다. 양반은 대부분 관직에 임용되지 못한 채 재야에서 살아야 했다. 타의 이지만 일본에 잡혀 갔다는 사실 자체가 절의를 잃은 것으로 평가되는 분위기였다. 쇄환된 천민들도 다시 천민에 편입되었다. 참으로 안타까운 일이었다.

일본에 족적을 남긴 포로들

한편 일본에 정착한 포로들 중에는 일본 사회 발전에 족적을 남긴 이가 상당수이다. 우선에 신이 된 피로인, 즉 신사에 모셔진 조선인이 있다. 이들은 아리타 도

주17) 1625년 3.7 강홍중의 동사록(東槎錄)

맑음. 수사와 첨사가 찾아와 보았다. 조반 후에 발행하는데 상사는 동래에 들르지 않고 곧장 양산(梁山)으로 향하였으니, 부사(府使)와 감정이 있는 까닭이었다. 나는 신기(神氣)가 불평하여 유숙하였는데, 동래 부사와 울산 부사가 와서 담화하였고, 조금 후에 종사가 또한 와서 담화하다가 곧 양산(梁山)으로 향하였다. (중략)

부산에서 발행할 때에 쇄환인 등이 서로 이끌고 따라오며 말 앞에서 통곡하였다. 아마 배 안에서는 주방(廚房)에서 공궤하였는데, 부산에 와서는 의뢰할 곳이 없고, 고향으로 가고자 해도 또 길을 알지 못하여 서이리라. 이 때문에 울부짖으며 따라오니, 정경이 지극히 가련하였다. 행중(行中)의 나머지 양식을 털어내어 각기 5일간 양식을 주어 보내고, 그 살던 고을에 관문(關文)을 써서 각기 그 사람에게 부쳤다.

조신사 陶祖神社의 이삼평, 나가사키현 미가와치 부산신사의 고려할매와 도조신사의 이마무라 조엔, 구마모토 가토신사의 김환, 고오즈 시마의 여신 오타 주리아가 있다.[주18)]

전문 기술인력 들도 족적을 남겼다. 가고시마 도공 심당길, 박평의등과 구마모토 도공 존해, 규슈 가라쯔唐津, 고다高田, 다카도리高取, 하기萩도자기를 만든 도공들과 구마모토현 의사 이경택, 제지 기술자 도경과 경춘, 사가현 나염 기술자 이구산, 도사번 나카무라시 베틀기술자 조선직녀, 도사번 의사 경동, 가가번의 일본정원사 김여철 등이 있다.

포로가 된 유학자들은 조선 성리학을 전파하여 에도막부의 정치와 신분질서 확립에 큰 영향을 미쳤다. 유학자 강항1567~1618은 선승 후지와라 세이카1561~1619에게 주자학을 전수하여 '일본 주자학의 아버지' 로 불린다. 기슈번현재의 와카야마 일대 이진영 · 이매계 부자와 사가번 홍호연등도 유학자로서 존경을 받았다. 또한 구마모토 혼묘지本妙寺 주지 여대남은 일본 불교 발전에 기여하였다.

주18) 오다 슈리아는 조신 양반의 딸인데, 임진왜란 때 고니시 유키나가에게 잡혀 그의 양녀가 되었다. 그녀는 천주교도가 되었는데 고니시가 처형된 후에 도쿠가와 이에야스의 시녀가 되었나.
1611년 에스파나의 국왕사절 비스카이노는 " 이에야스의 시녀 쥬리아의 집에서 열린 미사에 갔다. 유리로 만든 완구를 주자, 그것보다 로사리오 묵주와 예수의 초상을 희망했다"라는 신실한 신자로서의 모습을 보고하고 있다.

천주교를 금지한 이에야스가 주리아의 비모와 재능을 사랑하여 그녀를 첩으로 삼으려 하였으나, 그녀는 끝까지 신앙을 지켜 결국 어부 몇 사람만 사는 절해 고도 고즈시마(神津島)로 유배되어 그곳에서 생을 마감하였다. 오늘날 한일 가톨릭교에서 오타 쥬리아는 순교자이자 기독교 신앙의 상징으로 추앙받고 있는데, 고즈시마 섬에서는 매년 5월 세 번째 일요일에 주리아제가 열리고 있다.

한편 모리 레이코는 1983년에 장편 소설 '당삼채의 여인을 발표하여 오다 주리아의 일생을 여성작가의 시각에서 그렸다.

일본 오사카 성

포로들 중에는 포로생활 사실을 기록하여 실기문학으로 남긴 이도 있었다. 이들이 바로 전라도 영광의 강항간양록, 함평 정희득월봉해상록, 나주의 노인금계일기, 함평 정경득만사록, 함평 정호인정유피란기등이다. 이들의 실기實記는 중요한 기록문학이다.

요컨대, 일본에 끌려간 조선 포로들은 일본 경제, 사회. 문화발전에 크게 기여하였다. 특히 조선 도공들은 일본 도자기 산업 발전의 주역이었다.

그러나 잊지 말아야 할 것은 이름 없이 농업과 상업 종사자로 일한 피로인들이다. 이들이 없었다면 에도 막부 시대의 경제발전은 이루어질 수 없었을 것이다. 일본 경제는 조선 포로들의 노동력에 힘입은 바 크다. 일본은 이 점에 대하여 감사해야 한다.

04

정유재란 포로 실기 문학

강항 <간양록>, 정희득 <월봉해상록>, 노인 <금계일기>

호남은 문향이다. 특히 16세기에는 기라성 같은 호남 문인들이 많았다. 박상, 임억령, 김인후, 기대승, 이후백, 양응정, 박순, 임제, 유희춘, 고경명, 정철, 최경창, 백광훈 등 남달리 우뚝 선 문인들이 헤아릴 수 없을 정도이다.

해외기행문학도 마찬가지이다. 담양의 송희경은 이종무의 대마도 정벌 다음해인 1420년세종2년에 일본에 사신으로 다녀와서 〈노송당 일본행록〉을 남겼고, 나주의 최부는 명나라에서 6개월간 표류한 기록인 〈표해록〉을 썼다.

임진왜란 때 일본에 포로로 끌려간 사람들은 10만 명이 넘는다. 이중 조선에 돌아온 자는 6,300여명 정도 밖에 안 되었다. 그런데 일본 포로생활을 실기實記로 남긴 이는 단지 호남사람 5인에 불과하다. 즉 강항, 노인, 정희득, 정경득, 정호인이

그들이다.[주1)]

강항은 〈간양록〉, 노인은 〈금계일기〉, 정희득은 〈월봉해상록〉, 정경득은 〈만사록〉, 정호인은 〈정유피란기〉를 남겼다.

그런데 학계에서는 정경득과 정호인은 정희득과 함께 일본에 포로로 잡혀갔고, 내용도 정희득과 상당수 중복되어 있음을 감안하여 강항과 정희득, 노인 세 사람의 포로실기에 대하여 주목하고 있다.[주2)]

먼저 수은 강항姜沆, 1567~1618의 〈간양록〉에 대하여 살펴보자. 1597년 9월 23일에 강항 일가는 영광 앞바다 논잠포영광군 염산면에서 일본수군에게 잡혔다. 형조좌랑 강항은 정유재란 때 고향 영광에서 휴가 중이었다. 그는 호조참판 이광정의 보좌역으로 남원성 군량미 운반을 담당했으나 남원성이 함락되자 다시 고향으로 돌아왔다. 그는 여러 읍에 격문을 보내 수백 명의 의병을 모집하였지만 왜군이 전라도를 침탈하자 모두 다 흩어지고 말았다.

9월 14일에 함께 배를 탄 강항일가는 통제사 이순신 휘하에서 싸우기로 하였는데, 뱃사공이 21일 밤에 신안 어의도로 뱃머리를 돌려 강항 부친이 탄 배와 헤어지고 말았다.

주1) 실기 實記는 작가 본인의 직접적인 체험 기록이기에 사실적이며 현장성을 지니는 문학 장르이다. 실기는 당시 그 자리에 있었던 사람만이 알 수 있는 사실과 감정을 표현하고 있어, 사실만을 기록한 역사기록과는 다른 감동을 지니며, 허구적인 문학작품과는 달리 사실성을 가진다. (김미선, p 12)

주2) 정경득의 〈만사록〉, 정호인의 〈정유피란기〉는 월봉해상록과 일치하는 내용이 많다. 특히 〈만사록〉은 1902년에 발간되어 후손들이 월봉해상록을 보고 가필할 가능성이 높다. (김미선, p 136~146)

영광군 논잠포 강항 섭란 사적지

23일 아침에 강항 일행은 부친을 찾아 논잠포로 향했다. 그런데 바다 안개가 자욱한 속에 왜군 수군이 나타났다. 강항 일가는 사로잡힐 것을 우려하여 바다에 뛰어들었다. 그런데 바닷물이 너무 얕아서 왜군의 갈고리에 구출되었다. 이 와중에 강항은 두 아이가 바다에 내던져지는 아픔을 겪었다.

강항은 일본수군 장수 도도 다카토라藤堂高虎의 부하 노부시치로信七郎에 의해 일본 시코쿠四國 지금의 에이메 현 오쓰大洲성에 억류되었다. 얼마후 그가 주자학자라는 신분이 알려지자 일본 측의 대우가 변했다. 강항은 금산金山 출석사出石寺의 승려 요시히도好仁와 교류하였고, 그로부터 일본의 역사, 지리 등을 알아냈다.

이후 강항은 1598년 9월에 오사카를 거쳐 교토京都의 후시미성伏見城으로 이송되어 이곳에서 후지와라 세이카藤原惺窩 1561~1619와 아카마쓰 히로미치赤松廣通, 1562~1600를 만났다.

상국사의 승려였던 후지와라 세이카는 에도 유학의 창시자로 불린다. 하리마 영주인 아카마쓰 히로미치는 주자학을 좋아하여 조선 의례에 따라 삼년상을 치른 사무라이였다.

세이카는 히로미치에게 진언하여 강항에게 유교 경전 필사를 부탁하였다. 이것이 바로 사서오경에 대한 일본 최초의 주자주석본인 〈사서오경 왜훈倭訓〉이다. 주3)

〈간양록〉을 보면 당시 강항은 은전을 좀 벌어서 귀국할 배를 마련하고자 왜승 세이카에게 글씨를 팔았다고 기록하고 있다. 그런데 강항은 주자학에 대한 세이카의 열의에 감탄해 그에게 주자학을 가르쳐주게 되었고, 예법에 대하여도 많은 지식을 전수하였다.

1600년 4월 2일 강항은 세이카와 히로미치 등의 도움을 받아 가족, 동료 등 38명과 함께 교토를 출발하여 5월 19일에 부산에 도착하였다. 일본에 억류된 지 2년 8개월만의 일이었다.

일본에서 강항은 '일본 주자학의 아버지'로 불리는데, 일본 에미메 현 오쓰시

주3) 이 책의 완성은 일본 유학사에서 한당학을 주자학으로 전환시킨 업적으로 평가된다.

시민회관 앞에는 '홍유 강항 현창비鴻儒姜沆顯彰碑'가 세워져 있다.[주4)] 그는 영광군 불갑면에 있는 내산서원內山書院에 모셔져 있고 그곳에 묘소도 있다.

한편 강항의 포로생활 기록인 〈간양록〉은 강항이 일본에 포로로 있을 당시 보고 들은 일본의 역사와 지리, 여러 다이묘大名의 정세와 대책 등을 기록한 문집인데, 적중봉소賊中封疏, 적중문견록賊中聞見錄, 고부인격告俘人檄, 예승정원 계사詣承政院啓辭, 섭난사적涉亂事迹등 5편의 글로 구성되어 있다.[주5)]

주4) "일본주자학의 아버지 유학자 강항(姜沆)의 비(日本朱子学の父, 儒学者, 姜沆の碑)"로 소개된 홍유 강항 현창비는 다음과 같은 내용을 담고 있다.

"조선왕조시대의 탁월한 학자 강항(姜沆)은(号: 睡隱) 풍신수길 (豊臣秀吉)이 조선으로 재 출병(再出兵:慶長의 役/*정유재란) 한 때 등당고호(藤堂高虎: 도도 다카토라)의 수군에게 포로가 되어 두 형인 준(濬)·환(渙)과 그리고 가족들이 모두 이예(伊予:이요/ 愛媛県)의 대주(大洲/*大津)로 연행되었다.
10개월 간 대주성(大洲城)에서 강항(姜沆)의 생활은 학자로서 대우를 받아 금산 출석사(金山 出石寺)의 중들과 교유(交遊)하였다. 한시(漢詩)로 응수하며 매일을 자유롭게 보내는 신분이었다. 교토 복견(京都伏見)의 등당고호저(藤堂高虎邸)에 이송되어 강호유학(江戶儒學)의 개조(開祖)로 불리는 등원성와(藤原惺窩)와 용야(龍野)의 성주적송광도(城主赤松廣道:아까마스히로미찌), 해운왕 길전소암(海運王 吉田素庵:요시다소안) 등과 자유로운 교우 중에 성와(惺窩)는「사서오경왜훈(四書五経倭訓)」을 완성했다.
강항(姜沆)과 두 형 그리고 수십 인이 사서오경(四書五経)의 대자본(大字本)을 필사(筆写)하였다. 성와(惺窩)는 거기에 화훈(和訓:일본어)를 달아 간행하였던 것이다.
근세 일본사상의 전환기에 강항과 등원성와(藤原惺窩)의 우정은 일본인이 부러워할 정도였고, 성와(惺窩)가 유학자로서 자립할 수 있었던 것은 강항의 가르침이 있었던 것은 말할 필요도 없다. 강항이 일본 유학사상에 끼친 영향은 절대적이다."
〈에이메현 愛媛県 오쯔시 大洲市의 홍유 강항 현창비 鴻儒 姜沆顯彰碑(１９９０年３月１１日) 부비와 비문에서 副碑·碑文에서〉

주5) 강항은 원래 이 책을 '건차록(巾車錄)'이라 했다. '건차'란 죄인을 태우는 수레를 뜻하는 데 강항은 스스로를 죄인으로 자처하여 그리하였다. 그런데 그의 제자 윤순거(尹舜擧 1596~1668)가 강항의 시와 권필의 시에 있는 소무(蘇武)의 고사를 인용하여 간양록 看羊錄이라 칭하였다. 소무는 한나라의 장수로서 흉노 정벌에 나섰다가 포로가 되어 19년간 양을 치는 수모를 겪었지만 절개를 굽히지 않았다. 간양록은 1658년에 간행되었다.

한편 1607년에 회답겸쇄환사로 일본에 간 부사 경섬은 〈해사록〉에서 들은 강항의 절의에 대하여 다음과 같이 기록하고 있다.

'적중봉소賊中封疏' 는 일본에 억류 중에 선조에게 올린 소이다.

여기에는 포로가 되어 일본에 끌려가서 다시 조선으로 돌아오기까지의 과정과 일본에서의 생활이 요약되어 있고, 일본에서 보고 들은 것을 바탕으로 계책을 제시하고, '왜국 팔도 육십육주도' 를 부기하고 있다.주6)

강항은 이 소를 1598년에 이예주伊豫州에 있을 때 김석복에게 보냈고, 1599년에 후시미 성에서 중국인 왕건공에게 내용을 추가하여 보냈으며, 같은 내용을 신정남에게도 보냈다. 이 중 왕건공에게 보낸 것이 조정에 도달하였는데 이는 1599년 4월 15일자 선조실록에 실려 있다.

'적중문견록賊中聞見錄' 은 제목에서 알 수 있듯이 일본에서 보고 들은 것을 기록한 것이다. 이 글은 '왜국백관도', '왜국 지리와 풍물왜국팔도 육십육주도', '임진정유입적제장왜수일본의 여러 장수' 로 구성되어 있다.

'고부인격告俘人檄' 은 포로들에게 당부하는 글로 일본을 비판하고 임금의 은혜에 대해 강조한다. '예승정원계사詣承政院啓辭' 는 승정원에서 일본의 사정을 묻기에 작성한 글이다.

가장 문학성이 짙은 '섭난사적涉亂事迹' 은 포로생활의 체험을 일기체로 기술한 글

일본인의 말에 의하면 강항은 포로로 붙잡히고 나서 5년 동안 자신의 바탕을 무너뜨리지 않았다. 의관도 바꾸지 않고 방에 조용히 앉아 오로지 책을 읽거나 글을 지었다. 그는 여태까지 일본인들을 상대로 입을 연 적이 없다.

주6) 강항은 이 소에서 일본의 정책과 비교하여 조선의 정책을 논단하면서 조선의 불합리한 정책을 고칠 것을 건의하기도 하였다. 그 예가 산성의 운영이었다. 강항은 담양부를 금성산성에, 장성현과 정읍군을 입암산성에 옮길 것을 건의하였다.

이다. 피란 상황과 강항의 개인사 그리고 당시의 심정을 읊었다.

특히 '적중봉소' 와 '적중문견록' 에는 일본의 역사, 지리를 비롯하여 임진 · 정유년 전쟁에 참가한 왜장의 목록, 도요토미 히데요시의 사망과 이후 일본 정세의 변화 등을 상세하게 정리되어 있다.

'적중문견록' 에는 왜군 장수들에 대해서도 구체적으로 기술하였는데, 특히 장수들 간의 대립관계까지도 자세하게 기록하였다. 나아가 일본의 사정에 더해 조선의 군사 제도, 성읍, 연해지역의 방비 등과 비교하여 문제점을 지적하고, 그에 대한 대안을 제시하기도 하였다.

이와 같은 강항이 일본의 정세를 비롯하여 군사 조직까지 정리한 것은 조선이 일본과 전쟁을 하게 될 경우를 대비하기 위함이었다. 가히 조선 관료다운 면모이다.

〈간양록〉은 당시의 여러 일본 견문록 중에서 비교적 상세하고 체계적인 내용의 서술서로 조선 후기 지식인들이 많이 인용하였다.

아울러 일본에서 번역되기도 하였는데, 1719년에 조선통신사로 일본에 간 신유한은 〈간양록〉이 오사카에서 발간된 것을 알고는 적에게 기밀이 제공된 것을 통탄하고 있다.[주7)]

주7) 신유한은 〈해유록〉에서 일본의 기밀을 기록한 김성일의 '해사록', 유성룡의 '징비록', 강항의 '간양록' 이 오사카에서 출판된 것을 통탄하고 있다. 그는 국가의 기강이 엄하지 못하여 부산왜관의 통역들이 사적으로 거래하여 일본에 전해졌음을 한심해 하고 있다.
(강재언, p 268~269)

다음은 함평 출신 유학幼學 정희득鄭希得 1575~1640의 〈월봉해상록〉이다. 정희득은 1597년 9월에 부모 형제와 처자를 배에 싣고 왜군을 피하여 서해를 따라 위로 올라가려 했더니, 뱃사공이 길을 잃고 바람조차 불순하여 배가 표류했다.

9월 27일에 배가 영광 칠산 앞 바다영광군 염산면 두우리에 이르렀는데 갑자기 왜선을 만났다. 배에 탔던 모든 사람들은 어쩔 줄을 몰랐다. 정희득의 어머니 이씨는 형수와 아내, 누이동생과 함께 바다로 뛰어 들어 절개를 지켰다. 정경득 · 정희득 형제는 왜군이 배 안에 묶어 두어 죽을 수도 없는 처지였다. 또한 배에 같이 탄 종형 정절의 부인과 며느리 등도 바다에 뛰어들어 죽었다.[주8)]

왜군은 함께 잡혔던 아버지와 두 아이는 중간에 놓아주고, 나머지 정희득 일가는 일본으로 끌고 갔다. 1597년 12월 29일에 정희득은 일본 아와주阿波州 이야마성猪山城, 지금의 토쿠시마성德島城에 도착하였다. 당시 아와주 영주는 하치스카 이에사마蜂須賀家政였다. 정희득을 납치한 자는 모리 고시치로森小七郎으로서, 바로 하치스카의 부장이었다.

다행히도, 정희득은 하치스카의 조선 출병시 영주의 권한을 대신하던 자의 우대를 받아 시문을 주고받는 등 교류를 가졌고, 그의 도움으로 1598년 11월 22일에 도쿠시마덕도를 떠나 12월 23일에 대마도까지 도착하였다. 그러나 대마도주가 이들을 억류하여 6개월 정도 대마도에 머물렀다. 드디어 정희득은 1599년 6월 17일에 대마도를 출발하여 6월 29일에 부산에 도착하였다.

주8) 나중에 정희득 · 정절의 여인들은 열부 烈婦로 정려되었다. 함평군 월야면에는 팔열부 八烈婦 정각이 세워졌다. 팔열부에 관하여는 1681년 6월30일자 숙종실록에 기록되어 있다.

정희득은 1613년에 일본 체험 전체를 기록한 〈만사록萬死錄〉을 편찬하였다. 나중에 그의 후손인 정덕휴가 〈월봉해상록〉이라고 이름을 바꾸었다.

〈월봉해상록〉은 2권 1책으로 소, 풍토기, 해상일록海上日錄과 시詩가 실려 있다. 소에는 '자적왜중환박부산일봉소'가 실려 있다. 이는 1599년 7월에 부산에 도착하여 조정에 올리기 위해 쓴 상소문이다. 그런데 이 상소문은 조정에 주달되었다는 기록이 없고 〈선조실록〉에도 실려 있지 않다.

〈월봉해상록〉 중에서 가장 소중한 자료는 '해상일록'과 '시'이다.

해상일록은 피란을 떠나던 날인 1597년 8월 12일부터 고향에 돌아와 장모님을 뵙고 아들을 만나던 날인 1599년 7월 28일까지 기록되어 있다. 시는 400여수가 실려 있는데 포로생활중의 개인적 심정을 표현한 시가 대부분이다. 정희득의 문집은 포로생활 중 본인의 감정을 솔직하게 표현하고 있는 점이 특징이다.

마지막으로 금계 노인魯認 1566~1622은 나주 출신이다. 1592년에 임진왜란이 일어나자 그는 광주목사 권율 휘하에 들어가 이치전투에 참여하였다. 1597년 8월 16일에 남원성이 함락되자 그는 왜군의 동정을 살피다가 적탄에 맞아 일본에 잡혀갔다. 그는 일본 이예주 사누키讚岐지역에 억류되었는데 한 차례 배를 타고 탈출하려다 실패한 후 이즈미和泉 지역으로 이송되었다.

그는 이즈미 지역에서 만난 명나라 차관 진병산과 이원징의 도움을 받아 1599년 3월 17일 탈출에 성공하여 중국 복건성으로 갔다. 그는 중국에 도착하여 네 차례 송환을 요청하는 최귀문催歸文을 쓴 후 5월 10일에 가을이 되면 보내주겠다는 회답을 받았다. 이후 그는 양현사 서원兩賢祠 書院의 강학에 참여하고 학자로서 중국의 학문과 제도에 관심을 보였고 북경을 거쳐 1600년 1월에 한양에 돌아왔다. 이처럼 노인은 포로가 되어 일본에 간 후 탈출하여 명나라를 거쳐 조선에 돌아옴으로써 색다른 경험을 한 것이다.

노인은 포로 생활 중의 기록인 〈금계일기〉를 남겼는데 지금은 앞과 뒤가 끊어진 채 중간부분만1599.2.21~6.27까지만 전해지고 있다. 이중 2월 21일부터 3월 16일까지는 일본에서 탈출 준비하는 과정이 실려 있고, 3월 17일 이후는 중국에서의 생활이 적혀 있어 의미가 있다. 그는 나주의 거평사에 배향되어 있다.

강항과 정희득 그리고 노인의 포로실기는 정유재란 유일의 포로실기란 점에서 그 의의가 크다. 더구나 호남 선비들의 실기문학이란 점에서 자랑스럽다.

아울러 세 사람은 신분상 특성으로 인하여 다양한 기록을 남겼다. 강항은 관료의 위치에서 일본의 정세를 분석하고 있고 가급적 개인적 감정은 억제하고 있다. 정희득은 자연인으로서 개인 감정을 잘 표현하고 있는데 특히 아버지를 그리는 마음이 각별하다. 노인은 일본을 탈출한 점을 강조하면서 중국에 대한 호기심에 열정을 다한다.

그리하여 이들의 경험은 후에 〈남윤전〉, 〈최척전〉 같은 임진왜란 중 해외 체험 소설에도 영향을 주었다.

05

일본 주자학의 아버지, 강항

인터넷에서 강항을 검색하면 동영상을 볼 수 있다. KBS 역사스페셜 '일본 성리학의 아버지 선비 강항, 그는 일본에 무엇을 남겼나.' 가 그것이다. 유인촌이 해설하는 이 방송의 첫 머리에는 조용필이 부르는 '간양록' 이 애절하게 흘러나온다.[주1)]

이국땅 삼경이면 밤마다 찬 서리로
어버이 한숨 쉬는 새벽달 일세.
마음은 바람 따라 고향으로 가는 데
선영 뒷산에 잡초는 누가 뜯으리.

이 노래는 1980년에 신봉승 작가가 쓴 드라마 '간양록' 의 주제가인데, 정유재란 때 일본에 끌려간 영광 출신 선비 수은 강항姜沆, 1567~1618의 '포로실기' 제목이

주1) 이 역사스페셜은 2002년 3월 16일에 KBS 1 TV에서 방영되었다.

기도 하다.

호조좌랑이었던 강항은 1597년 9월 23일에 영광 앞바다에서 일본수군에게 잡혀서 일본 오쓰성大洲城에 억류되었다가, 1598년 9월 하순에 교토의 후시미 성으로 옮겨졌다.[주2)]

후시미에서 강항은 왜승 후지와라 세이카를 만나 사서오경을 필사하고 세이카에게 주자학을 가르쳤다. 그리고 세이카 등의 도움을 받아 1600년 5월에 조선에 돌아왔다. 일본 에이메 현 오쓰시 시민회관 앞에는 강항을 기리는 '홍유 강항 현창비鴻儒 姜沆顯彰碑' 가 세워져 있다.

그러면 강항과 후지와라 세이카와의 만남에 대하여 알아보자. 이는 강항이 쓴 〈간양록〉중 '적중문견록' 에 자세히 나와 있다.[주3)]

> **소신小臣이 교토에 온 다음 일본의 허실을 알기 위하여 때때로 일본인 승려倭僧와 접촉하였습니다. 그중에는 문자를 해득하고 사리를 아는 자가 없지도 않았습니다. 의사醫師 노릇도 하는 의안意安과 이안理安[주4)] 이란 승려도 감시받고 있는 소신을 만나러**

주2) 강항이 오쓰성에서 후시미성으로 이송된 것은 왜인들이 강항이 유학자임을 인식하였기 때문이다. 강항이 후시미 성에 도착하였을 때는 이미 조선 선비들이 여러 명 모여 있었다. 즉 동래 김우정, 하동 강사준, 강천추, 정창세, 함양 박여즙, 태안 전시습, 무안 서경춘 같은 이들이 그들이다. 이렇듯 일본의 지노층과 지식층들은 조선의 성리학에 관심을 가지고 있었다.

주3) 간양록은 번역본이 3가지이다. 이을호 박사가 번역한 간양록(서해문집, 2005년 발간), 북한 학자 김찬순이 옮긴 간양록(보리, 2006년 발간), 그리고 한국고전번역원 인터넷 사이트 〈한국고전종합 D/B〉 '해행총재/에 있는 간양록 번역 글(신호열, 1974년)이 그것이다.

주4) 강재언 (p 284)은 강항이 〈간양록〉에서 언급한 의안(意安)과 이안(理安)은 둘 다 세이카의 제자로서, 의안은 교토의 수리사업과 베트남 무역으로 유명한 스미쿠라 료우이의 동생이고 막부 의사인 요시다

홍유강항 현창비 전시물 (영광군 내산서원 유물전시관)

자주 찾아왔습니다.

또 묘수원妙壽院**의 중 순수좌**舜首座: 후지하라 세이카**라는 자가 있는데, 경극황문정가**京極黃門定家주5)**의 자손이고, 단마수**但馬守 **적송좌병광통**赤松左兵廣通: 아카마쓰 히로미치**의 스승으로서 자못 총명하여 옛글**古文**도 잘 알고 글에 통하지 못하는 것이 없었습니다.**

이안(길전의암 吉田意庵)을 말하고, 이안은 료우이의 아들 요시다 소안 (길전소암 吉田素庵)이라고 하면서, 강항이 잘 못 쓴 것 이라고 서술하고 있다.

주5) 경극황문정가(京極黃門定家) : 후지와라 노사다이에[藤原定家 1162~1241]. 가인(歌人)으로 유명하다. 저택이 교오고구[京極]에 있었고 벼슬이 쥬우나곤[中納言]이었으므로 '교오고구 쥬우나곤' 이라고도 한다. 황문은 쥬우나곤의 당명(唐名 : 중국식 호칭)이다.

그런데 성질이 칼칼하여 왜인에게 용납되지 못하였습니다. 언제인가 내부內府 **가강**家康 도쿠가와 이에야스**이 그가 훌륭한 인재란 말을 듣고 왜경**倭京**에다 집을 짓고 해마다 쌀을 2천석씩을 주려 하였습니다.**

그러나 순수좌는 집도 쌀도 받지 아니하면서, 단지 약주소장 승준若州少將勝俊 기노시타 가츠토시, **좌병광통**左兵廣通**과 친하게 지냈습니다.**

이 글에서 묘수원妙壽院의 왜승 순수좌舜首座가 바로 후지와라 세이카藤原惺窩, 1561년~1619년이다.[주6)] 후지와라 세이카는 이름을 숙肅이라 했으며 자는 렌부斂父, 호는

주6) 실학자 이덕무(李德懋 1741~1793)는 〈청령국지 1〉 인물 편에서 후지와라 세이카에 대하여 소개하고 있는데, 이 소개는 간양록을 많이 참조한 듯하다. (이덕무, 청령국지 1 인물, 청장관 전서 제 64권, 한국고전번역원 인터넷 사이트 참조)

등원숙(藤原肅), 자(字)를 염부(斂夫)라 하고 호(號)를 성와(惺窩)라 하였으며, 경극황문정가(京極黃門定家)의 손자이고 위순(爲純)의 아들이다. 성품이 총명하여 글에 통하지 않은 것이 없었다. 머리를 깎고 중이 되어 법명(法名)을 종순(宗蕣)이라 하고 묘수원 수좌(妙壽院首座)라 칭하였다. 불서(佛書)를 읽기는 하였으나 뜻은 유가(儒家)에 있었으므로, 일찍이 중국과 조선을 사모하여, 명(明)나라에 들어가려다가 풍파를 만나서 돌아오고, 조선으로 건너가려다가 전쟁 때문에 그만두었다. 조선의 원외랑(員外郎) 강항(姜沆)이 와서 적송씨(赤松氏)의 집에 객으로 있을 때에 염부를 보고 칭찬하였다. 일본의 유자(儒者)들은 한(漢) · 당(唐) 때의 주소(注疏)만을 읽었으나, 염부는 스스로 정자(程子) · 주자(朱子)의 훈고(訓詁)에 의거하였으므로 그 공로가 가장 컸다. 가강(家康)이, 그가 재주가 있고 어질다는 말을 듣고 집을 지어 주고 쌀을 주었으나 모두 사양하고 받지 않았으며, 가강을 위하여 《정관정요(貞觀政要)》 · 《십칠사(十七史)》를 강독(講讀)한 일이 있었다.

다만 그 제자(弟子)인 약주 소장(若州小將) 승준(勝俊)과 좌병(左兵) 광통(廣通)과 함께 교유(交遊)하였는데, "일본의 장관(將官)은 죄다 도적(盜賊)인데 광통만이 사람다운 마음을 가졌다." 하였다.

광통은 환무(桓武)의 9세손으로 육경(六經 : 역경(易經)》 · 《서경(書經)》 · 《시경(詩經)》 · 《주례(周禮)》 · 《예기(禮記)》 · 《춘추(春秋)》)를 독실하게 좋아하여 어지러운 싸움터에서도 손에서 책을 놓은 적이 없었으며, 일본에는 본디 상례(喪禮)가 없었는데 광통이 혼자 삼년상(三年喪)을 지냈다. 또 중국의 제도와 조선의 예의를 독실하게 좋아하여 의복이나 음식 따위 자잘한 일들까지도 반드시 본뜨려 하였다.

또 조선의 《오례의(五禮儀)》와 《군학석채의(郡學釋菜儀)》를 얻어 보고는, 단마(但馬)의 사읍(私邑)에 공자묘(孔子廟)를 세우고 조선의 제복(祭服)을 만들어, 아랫사람들을 거느리고 제사 의식을 익혔다. 강

세이카 惺窩이다. 순수좌가 유학자가 되면서 지은 호 세이카성와 惺窩는 강항이 그를 위해 쓴 '성재기 惺齋記' 와 '시상와기 是尙窩記' 에서 각각 한 자씩을 따온 것이다.

그는 일본 중세 가학 歌學의 태두인 후지와라 사다이에藤原定家의 후손으로 1561년에 태어났다. 어려서 승려가 되어 교토의 상국사相國寺에 들어가 공부했다.주7)

세이카는 1590년 조선통신사로 정사 황윤길黃允吉, 부사 김성일金誠一일행이 교토에 왔을 때, 통신사 사절단과 시문을 주고받은 적이 있었다. 이때 그는 서장관 허성과 접촉하면서 조선유학에 대하여 감명을 받았다.

당시에 세이카는 '장자' 외편 '달생' 편의 한 구절을 원용하여 호를 시립자柴立子라 불렀다. 이에 허성은 '시립자설' 을 지어 세이카에게 주면서 유학과 노불老佛사상이 양립할 수 없음을 지적하였다.주8)

원외(姜員外 강항(姜沆)을 가리킴)에게 부탁하여 육경을 베끼고, 남몰래 은전(銀錢)을 주어 귀국하는 노자를 보태어 주었다.

임도춘(林道春) · 나파도원(那波道圓) · 굴정의(崛正意) · 관원덕암(菅原德菴 스가 도꾸안[菅得菴]) · 송영창삼(松永昌三 마쓰나가 세끼고[松永尺五]) · 삼택기재(三宅寄齋 미야게 기사이) 등은 다 종순 수좌(宗蕣首座)의 제자이다.

주7) 후지와라 집안은 원래 효고현(兵庫縣) 미키시(三木市) 출신으로 장원을 소유한 구 귀족 가문이었다. 세이카의 집안은 무사가 아니었지만 무사와 마찬가지로 성을 쌓고 살았다. 그런데 1578년 세이카의 나이 18세 때, 그의 아버지 성 城이 적군의 급습을 받아 함락되고 말았다. 아버지와 형이 죽임을 당하자 그는 어머니, 동생들과 함께 숙부가 주지로 있는 교토의 상국사(相國寺)로 피신했다.
상국사에서 후지와라는 선승(禪僧)이 되었고, 승려로 있을 때에는 순수좌(舜首座)라고 불렸는데 순수좌는 사찰에서 주지 다음으로 높은 벼슬을 말한다. 그는 이곳에서 불교와 주자학(朱子學)을 공부하였다.

주8) 허성(許筬 1548~1612)은 홍길동전 저자로 유명한 허균의 이복형이고, 동인의 영수 초당 허엽의 아들이다.
세이카의 제자 하야시 라잔은 '세이카 선생 행장' 에서 다음과 같이 말했다.

도요토미 히데요시의 명령으로 사신들을 교토 시노에 있는 다이도쿠지(대덕사 大德寺)에 머물게 했다.

허성의 글을 읽고 감명을 받은 후지와라 세이카는 본격적으로 주자학을 공부하기 위하여 1591년에 사츠마薩摩 지금의 규슈에서 명나라 사신 배에 편승하여 중국으로 유학을 가려 하였지만 폭풍을 만나 실패하였다. 그는 다시 조선으로 건너가고자 했으나 1592년 도요토미 히데요시의 조선 침략으로 꿈을 이루지 못했다.

세이카는 상당히 까칠한 승려였다. 실세 도쿠가와 이에야스와도 거리를 두었다. 이에야스는 1593년에 에도에서 세이카의 강의를 들은 적이 있었다. 이 때 세이카는 당나라 태종과 그의 신하들의 정치를 논한 〈정관정요〉를 강의했는데 이에야스는 상당히 감명을 받은 것 같다.

세이카는 오로지 약주소장 승준若州少將勝俊 기노시타 가츠토시과 좌병광통左兵廣通 아카마츠 히로미치와 친하게 지냈다.

약주소장若州小將 승준勝俊는 와까사 노 구니若狭國 고하마小濱의 영주領主인 기노시다 가츠토시木下勝俊 1569~1649이고, 좌병적송광통赤松広通 1562~1600은 학문을 좋아한 다이묘대명大名로 1585년에 풍신수길豊臣秀吉로부터 단마 다케다성但馬 竹田城을 하사받은 일본 성주이고 관직이 좌병위 독左兵衛督이었다.

강항은 히로미치에 대하여 〈간양록〉에서 이렇게 평가하고 있다.

> 광통이란 자는 이 나라 환무천황桓武天皇의 구대九代손이다. 그는 육경六經을 독실히 좋아하여, 비가 오나 바람이 부나 말 위에서도 늘 책을 놓지 아니하였다. 그러나 재주는 좀 미욱한 편이서 일본 번역諺譯없이는 한 줄도 읽어내지 못했다고 한다.

선생(세이카)이 와서 세 사신을 만나보고 서로 필담과 시를 나누었다.

영광군 내산서원 입구 (영광군 불갑면 소재)

이를 보면 그는 우직하게 유학에 미친 사무라이였다.

세이카도 제자 히로미치는 비록 일본에 살지만 일본 사람이 아닐 만큼 예법을 실천한 사람이라고 칭찬하였다,

아무튼 강항은 히데요시가 거주하던 후시미성에 있는 히로미치 저택에서 세이카 · 히로미치와 교류하였다. 일본 학계는 세이카와 히로미치 그리고 강항을 에도 유학을 탄생시킨 3인방이라고 부른다.[주9)]

주9) 강재언, p 284

06

강항과 후지와라 세이카와의 인연

영광군 내산서원에서

전남 영광군 불갑면에 있는 내산서원을 간다. 이곳은 수은 강항 선생을 모신 곳이다. 사당 용계사에는 강항과 그의 제자 윤순거의 신위가 모셔져 있고 뒤쪽 산기슭에는 강항 선생 묘소가 있다.

유물전시관을 구경하였다. 여기에는 강항 선생과 관련된 전시물이 여러 개 있다. "포로가 된 강항 선생, 오즈에서의 억류생활, 홍유 강항 현창비, 일본 주자학의 아버지, 후지와라 세이카, 후지와라 세이카와의 왕복 서신, 일본 주자학 경전" 등이 전시되어 있다.

이중에서 강항과 세이카와의 만남을 소상하게 알 수 있는 전시물 두 개가 눈에 들어온다. '후지와라 세이카와의 왕복 서신', '일본 주자학 경전' 이 그것이다.

먼저 '후지와라 세이카와의 왕복 서신' 전시물을 살펴본다. 이는 3단으로 되어

영광 내산서원

있는데 1, 2단은 편지가 적혀있고, 하단에는 내용일부가 한글로 번역되어 있다. 이를 읽어 본다.[주1)]

저 후지와라가 생각컨데, 그 대 강선생은 조선의 관리로서 뜻하지 않게 일본으로 붙잡혀 왔습니다. 만일 일이 잘 된다면 본국인 조선으로 돌아갈 수 있겠지요. 자신의 고향을 잊을 수 없으니까요.

그러나 불행히도 일본에 머물러야 한다면 그대 스스로 생계를 꾸릴 수 있습니다. …

주1) 이 편지는 일본 천리대학 天理大學 부설 천리도서관에 소장되어 있다.

유물전시관 입구에 있는 강항 영정

이 내용만 읽고서는 후지와라가 강항 간의 왕복편지 사연을 알 수가 없다. 다행히도 국립진주박물관 2010년 국제교류전 〈임진왜란 조선인 포로의 기억〉책에 동일한 편지가 수록되어 있다.

강항과 세이카의 왕복 편지의 사연은 이렇다. 세이카는 히로미치의 부탁을 받아서 강항에게 글씨를 써 달라는 요청을 한다. 주자의 훈몽절구의 시를 병풍으로 써 달라는 요청이었다.

이에 대해 강항은 세이카에게 "글씨 쓰기를 좋아 하지도 않을 뿐 더러 솜씨도 하찮습니다."라고 겸손히 사양하였다.

그러자 세이카는 강항의 솜씨가 좋으며 다만 겸손한 것뿐이라는 히로미치의 말을 듣고서 강항에게 다시 편지를 보내 결코 사양치 말라고 하였다.

한편 이 책에도 왕복편지가 번역되어 있다.

저 후지와라가 생각하건대, 그 대 강선생은 조선의 관리로서 뜻하지 않게 일본으로 붙잡혀 왔습니다. 만일 일이 잘 된다면 본국인 조선으로 되돌아갈 수 있겠지요. 자신의 고향을 잊을 수는 없으니까요.

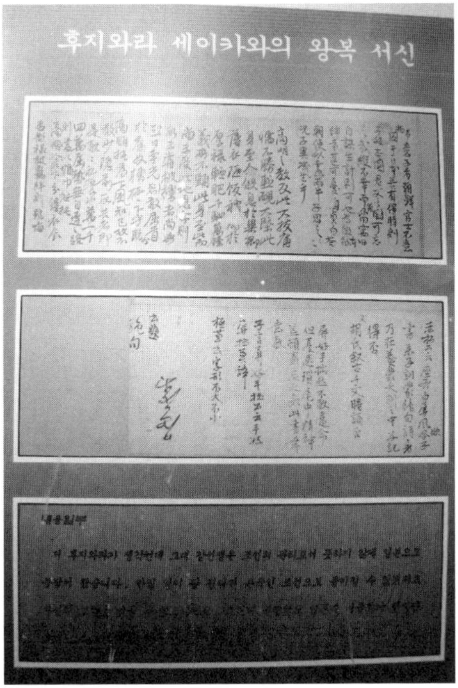

강항과 세이카와의 왕복 편지

그러나 불행히도 일본에 머물러야 한다면 그대 스스로 생계를 꾸려야 할 수도 있습니다.

생계의 어려움은 그리 걱정하지 마십시오. 옛날 중국 제나라의 도정백陶貞白이란 사람이 조정의 사자에게 두 마리의 소를 그려 주었습니다. 그 의미는 아무도 모릅니다. 당신도 이 뜻을 알아 염려하지 마십시오. 당신은 더더욱 이국인異國人이기 때문이잖습니까?

이를 음미해보면 세이카는 강항과 그의 가족들의 생계를 책임지겠다는 의지가 들어 있다.

한편 〈간양록〉에는 강항과 히로미치가 만난 기록이 적혀 있다,

그리하여 나도 가끔 광통을 만나 이야기할 기회를 얻게 되었는데, 그는 만날 때마다 '밤사이 어떠하신지요? 하는 인사를 잊지 않았다. (중략) 또 그는 우리나라 선비로서 포로 신세에 있는 자와 우리 형제들에게 육경六經의 큰 글씨를 써 달라고 부탁하고, 그 값으로 가만히 은전銀錢을 주어 객지의 생활비를 보조하면서 돌아가는 길에 노자에 보태 쓰라고 하였습니다.

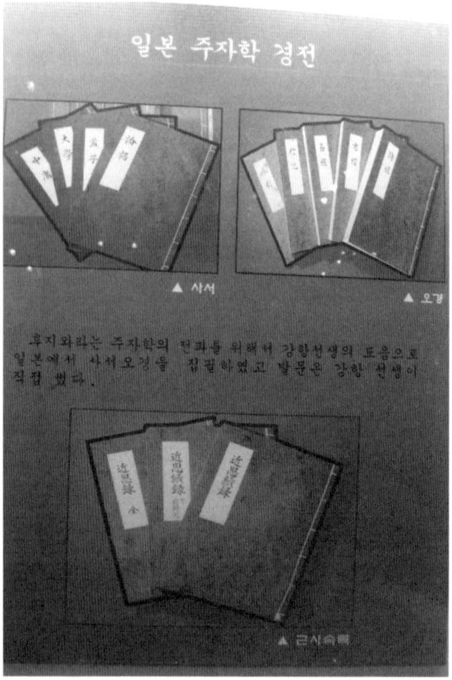

일본 주자학 경전

이를 보면 히로미치가 강항에게 재정적 후원을 해 주었음을 알 수 있다.

다음은 '일본 주자학 경전' 전시물이 눈에 들어온다. 여기에는 강항이 발문을 썼다는 사서오경이 전시되어 있다. 이 책들은 지금 일본 국립공문서관에 소장되어 있는데 강씨 문중에서 복사하여 온 것이란다.주2)

세이카가 에도 유학을 개척하는데 획기적인 계기는 히로미치에게 추천한 강항을 비롯한 10명의 조선인 유학자가 베껴 쓴 사서오경에 자신이 직접 왜훈을 붙이면서부터이다. 이 책이 바로 사서오경에 대한 주자의 집주에 일본식 훈을 단 〈사서오경 왜훈四書五經倭訓〉이다.주3)

주2) 강항은 성리학 서적 등 16종 21책을 직접 필사하여 일본에서의 주작학 보급에 힘을 기울였는데 이 필사본 원본이 일본 내각문고에 보존되어 있다. (하우봉, p 482)
강항이 세이카에게 주자학을 가르치면서 남긴 서적들을 보면, 〈오경대전〉, 〈소학식어〉, 〈통감식어〉, 〈정몽식어〉, 〈춘추〉, 〈예기〉, 〈근사록〉, 〈근사속록〉등 주자학을 배울 수 있는 중요한 서적들이 망라되어 있다.

주3) 사서는 논어 · 맹자 · 대학 · 중용이고, 오경은 시경 · 서경 · 역경 · 춘추 · 예기이다. 그런데 사서오경왜훈은 전하지 않는다. 1600년 10월 아카마츠 히로미치의 할복 자결 때문에 〈사서오경 왜훈〉 간행이 끝

이 책의 완성은 일본에 주자학적 이해가 본격적으로 시작된 출발점이 되었을 뿐만 아니라 주자학의 보급에 결정적 역할을 하였다.

여기에서 세이카가 강항에게 이 책의 발문을 요청하면서 보낸 서한 일부를 읽어보자.[주4)]

> 일본에서 유학을 말하는 자는 옛날부터 지금에 이르기까지 한유漢儒의 가르침을 전할 뿐이다. 아직도 송유 宋儒의 이치를 알지 못한다. ..... 이 때문에 아카마츠 히로미치는 나에게 지금 새롭게 사서요경의 경문을 쓰고 왜훈 방점을 덧붙여 송유宋儒의 뜻을 후학들이 편리하게 읽을 수 있도록 하라고 분부했다. 일본에서 송유의 옳음을 주장하는 사람은 이 책을 원본으로 삼을 것이다.
>
> (《등원성와집》 권지십卷之十 문강항問姜沆)[주5)]

강항도 이러한 세이카에 대하여 극찬을 하였다.[주6)]

> 세이카는 일본에서 주자가 전한 주를 배우는 유일한 사람이다.
> 일본에서 정주학에 대해서는 세이카 이외에는 아는 사람이 없다.

내 실현되지 못했다.

주4) 강재언, 284~286

주5) 에도 이전의 일본 유학은 중국 한나라, 당나라 유학의 가르침이었다. 즉 훈고 訓詁 · 기송 記誦의 학문이었다. 그런데 세이카는 송나라 유학 즉 정주학에 입각한 책을 만들었다. 이것이 바로 〈사서오경왜훈〉이다.

주6) 호사카 유지, p141

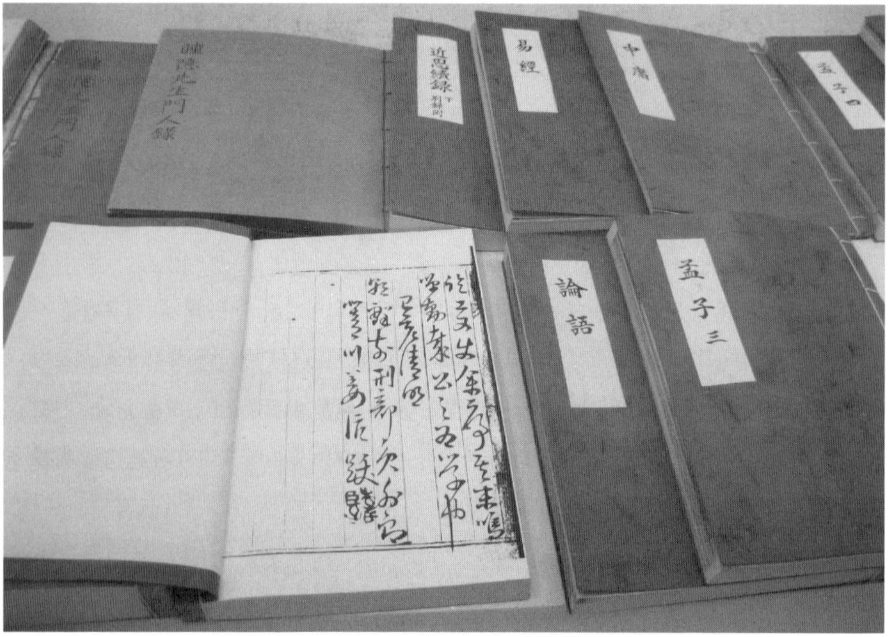

강항이 일본에서 필사한 책들

한편 세이카는 강항에게 조선의 과거 절차, 춘추春秋의 석전釋奠이며 경연經筵·조저朝著의 규정 등에 대하여도 자세히 물었다.

춘추의 석전은 공자묘에서 봄과 가을에 두 번 공자를 제사 지내는 의식이며, 경연은 임금과 같이 유학을 공부하는 일이고, 조저는 관청의 관리등급 제도이다. 과거는 말할 필요도 없이 관리 선발제도인데 중국과 조선의 유교국가 체계의 근간이다.

이렇듯 세이카는 이론, 학문으로서의 성리학만이 아니고, 성리학에 입각한 유교

국가의 제도나 의식 등에 대하여도 알고 싶어 했던 것이다. 그는 정말 주자학에 미친 일본인이었다.

이에 대하여 강항은 '초야의 사람이라 미처 참여하여 듣지 못했다.' 고 대답하였고, 단지 과거 · 석전釋奠등의 대강을 알려 주었다. 그랬더니 세이카는 길이 탄식하며 말하기를, '애석하게도 내가 중국에서 나지 못하고 또 조선에서도 태어나지 못하고 일본에서도 이런 시대에 태어났단 말인가?"하였다. (간양록 '적중문견록')

그런데 이런 조선 유교제도의 실천자가 바로 히로미치였다.

> **히로미치는 상례喪禮가 없는 일본에서 홀로 삼년상을 실행하였고, 중국의 제도 및 조선의 예절을 독실히 좋아하며, 의복 · 음식의 세세한 절차에 있어서도 반드시 중국이나 조선의 것을 본받고자 하였다. (간양록에서)**

또한 히로미치는 조선의 〈오례의서五儀儀書〉 · 〈군학석채의목郡學釋菜儀目〉을 얻어 보고 그의 사읍私邑인 단마但馬에다 공자묘廟를 세웠다. 또 우리나라 제복祭服 · 제관祭冠을 본떠 입고 틈틈이 그 부하들을 거느리고 제의祭儀를 익혔다.

여기서 말하는 〈오례의서五儀儀書〉란 조선시대의 예전으로 성종11년1475에 만든 〈국조오례의國朝五禮儀〉 또는 그와 유사한 의례서일 것으로 추측된다. 오례는 길례, 흉례, 빈례, 군례, 가례의 다섯 가지 예이다. 〈군학석채의목郡學釋菜儀目〉은 군학郡學이란 조선각지에 설치된 향교로 이곳에서 행하여 진 석존 釋奠의 의궤儀軌로 생각된다.

세이카는 이런 히로미치에 대하여 비록 일본에 살지만 일본 사람이 아니라고 평가하고 있다.

한 가지 덧붙일 것은 강항과 세이카의 만남은 주자학에 한정된 것이 아니었다는 점이다. 두 사람은 시문도 주고받았고 일본의 정치에 대하여도 담론을 하였다.[주7)]

주7) 강항과 세이카는 유학에 대하여만 이야기 한 것이 아니었다. 서로 시문도 주고받고 일본의 정치에 대한 담론도 하였다.

강항의 〈간양록〉, '섭난사적' 에 나오는 시문을 살펴보자.

왜승(倭僧) 가고(加古)가 병풍에다, 누르고 흰 국화 · 여랑(女郎 여자 또는 창기를 말하기도 함) · 견우화(牽牛花)를 그려 놓고, 나에게 시를 써 달라고 청하였다.

삼경의 가을 바람 간밤에 서리 내려 / 三徑秋風夜有霜
담백색 주렁주렁 경황색 섞이었네 / 離離淡白雜輕黃
중양의 꽃송이를 오히려 따 봄직한데 / 重陽靑蘂猶堪摘
무슨 일로 견우화에 여랑까지 겹쳤는가 / 何事牽牛更女郎

또 한 폭에는 기화(琪花) · 요초(瑤草)를 그렸기로 다음과 같이 썼다.

고운 꽃 고운 풀 이름조차 모를레라 / 瓊花瑤草不知名
구십일 봄 빛에 분수 밖의 영화로세 / 九十春光律外榮
밝은 달 다락 앞에 보내줄 양이면 / 明月樓前如可寄
미인은 응당 먼 곳 사람 정을 알리 / 美人應識遠人情

순수좌(舜首座)는 화답하여 다른 폭에 시를 썼다.

두어 폭 국화 색이 어울려 진기한데 / 數莖叢菊色交奇
먼 손님 새 시제도 역시 서로 알맞구려 / 遠客新題亦自宜
높은 가을 서리 이슬 아래에도 변함 없는 절의거니 / 節義高秋霜露底
이 꽃을 대하면 내 스승이라 부르네 / 對花猶道是吾師

07

일본 에도시대의 주자학

강항이 일본 주자학에 끼친 영향

강항과 후지와라 세이카의 만남은 1598년 9월 하순부터 강항이 귀국한 1600년 4월까지 1년 7개월간 계속되었다. 1600년 4월 2일에 강항은 세이카와 히로미치 등의 도움을 받아 교토 후시미 성을 출발하여 5월 19일에 부산에 도착하였다.[주1)]

강항이 귀국한 후에도 세이카는 유학에 심취하였다. 또한 세이카는 의복에도 신경을 써서 나름대로의 옷차림을 고안해 냈다.

1600년 9월에 도쿠가와 이에야스1542~1616는 세기하가라 전투에 이기고 난 후, 세이카에게 강의를 부탁하였다. 예전부터 이에야스는 주자학의 신분질서에 대하여 관심을 가지고 있었다.

주1) 강항의 귀국 기록은 〈간양록〉 '섭난사적' 과 '적중문견록' 에 실려 있다.

초청을 받은 세이카는 유복儒服을 입고 이에야스를 찾았다. 이에야스는 세이카에게 잘 가르쳐 달라며 인사를 건넸다. 그런데 세이카는 강의를 시작하기 않았다. 의아해 하며 이에야스가 무엇이 마음에 들지 않는지를 묻자, 세이카는 이렇게 대답하였다.

"장군님의 복장은 제 강의를 듣는 복장이 아닙니다."

몸을 가지런히 하지 않고 성현의 가르침을 배우려는 것은 예의가 아니라는 의미였다.

당시에 이에야스는 간편복을 입고 있었다. 세이카의 말을 들은 이에야스는 옷을 정복으로 갈아입고서 세이카의 강의를 경청하였다.[주2)]

이후 이에야스는 세이카에게 에도 막부에서 일해 줄 것을 요청하였다. 그러나 세이카는 이에야스의 권유를 정중히 거절하였다. 그것은 1600년 10월에 자결한 아카마쓰 히로미치 때문이었다.

1600년 9월 15일에 세기하가라 전투가 있었다. 이 전투는 히데요시 사후死後 정권 쟁탈전이었다. 결과는 이에야스 동군의 승리였다. 패배한 서군의 장수 이시다 미쓰나리1563~1600와 고니시 유키나가는 참수를 당하였다. 이시다 미쓰나리와 친분이 깊었던 아카마쓰 히로미치도 자결을 명받았다. 이에야스의 분노를 산 것이다.[주3)]

주2) 세이카는 처음에는 스님의 복장(僧服)으로 지냈지만 나중에는 조선 유학자 옷차림을 하였다. 이는 세이카의 환속을 의미하고 유학자로 다시 태어났음을 상징하는 징표이다.
세이카와 이에야스의 에피소드는 후세에 널리 전해지고 있다. (호사카 유지 p 151~154)

주3) 세키가하라 전투(関ケ原の戦い)는 1600년 음력 9월 15일(10월 21일) 일어난 전투이다.
전투의 본질은 도요토미 히데요시 사후 그 권좌를 두고 벌어진 도쿠가와 이에야스의 동군과 이시다 미쓰나리의 서군 다툼이었고, 일본 전국의 다이묘가 두 세력으로 나뉘어 싸운 결과 도쿠가와 측이 승리했다.

제자이면서 후원자인 히로미치를 잃은 세이카는 통곡하였다. 세이카는 히로미치의 죽음을 애도하며 만시를 30수나 지어 영전에 바쳤다.[주4)]

이후 세이카는 주자학에 열정을 불태웠다. 세이카는 4천왕이라 불리는 수제자들, 즉 하야시 라잔과 마츠나가 세키고 · 호리교안 · 나와 가츠쇼와 함께 에도시대 유학을 꽃 피웠다.

그의 제자 중 에도 막부 유학에 가장 영향력을 발휘한 이는 하야시 라잔林羅山, 1583~1657이다. 교토 오산중 하나인 겐닌지建仁寺 승려였던 라잔은 17세에 접한 〈주자집주〉에 감명을 받고 주자학를 독학으로 공부했다. 라잔은 세이카를 만나기 전부터 이미 불교에서 유학으로 기울고 있었다.

1603년에 그는 공개석상에서 주자의 새로운 주석을 붙인 〈논어〉를 강의할 정도였다. 이 때문에 기존의 박사 집안 출신인 기요하라 히데카타는 이에야스에게 이를 금지해 달라고 요청했다. 그러나 이에야스는 학설을 선택하는 것은 학자의 자유라는 입장을 표명하여 히데카타의 요청을 받아들이지 않았다. 에도 유학은 이에야스의 이런 결단으로 자라날 수 있었다.[주5)]

1604년에 라잔은 요시다 소안의 소개로 세이카의 제자가 되었다. 당시 라잔은 21세, 세이카는 43살이었다. 이 때 라잔은 이미 세이카의 문인들에게 〈주자집주〉

도쿠가와 이에야스는 이 전투에서 승리를 거두면서 확고부동한 패자覇者의 자리에 올라 에도 막부를 세우는 발판을 다지게 되었다.

주4) 강재언, P 286

주5) 강재언, P 289

를 강의할 정도로 주자학에 대한 내공이 막강하였다.

라잔羅山이라는 호는 스승 세이카가 "옛 사람은 나부羅浮에서 〈춘추〉를 읽었지만, 이제 나부羅浮는 나부에 있지 않고 자네의 밝은 창가 맑은 책상 위에 있다"라며 그를 나부산인羅浮山人이라고 부른데서 유래했다고 한다.

1605년에 라잔은 스승 후지와라 세이카의 추천으로 이에야스에게 발탁되어 슨푸성의 서고관리 담당자로 임명되었다. 이 해에 이에야스는 히데타다에게 쇼군직을 물려주고 슨푸성으로 거처를 옮겼다.

이후 라잔은 히데타다1605년, 이에미쓰1624년, 이에츠나1655년로 이어지는 에도 막부에서 4대째 대학두大學頭로 종사하여 '사상계의 쇼군'이라 불렸다. 이후 하야시 집안은 라잔 → 슌사이 → 노부아쓰로 이어지면서 대학두를 세습하였다.[주6)]

세이카는 그때 까지 고잔五山 선승들의 교양의 일부였던 유학을 체계화해서 경학파京學派로 독립시켰다. 경학파는 세이카를 중심으로 한 주자학자 집단이 왜경 즉 교토를 중심으로 활동하였기에 붙여진 이름이다.

경학파는 이황의 성리학을 기조로 하지만 이이의 학설이나 양명학을 수용하는 등 포섭력이 있는 것이 특징이다. 세이카의 이런 학풍은 조선 절충파의 영향을 받았다.

주6) 대학두는 에도 막부의 관학 학문소의 최고 책임자, 우리나라의 경우는 대제학과 대사성을 겸임한 벼슬에 해당한다.

이에 비하여 세이카의 제자 하야시 라잔은 스승인 세이카가 육상산, 왕양명등이 학풍을 수용하며 유학을 탐구한 것과는 달리 오로지 주자학만을 신봉했다. 양명학과 불교를 배제하고 철저히 주자학을 신봉하는 태도는 조선 퇴계학의 영향을 받은 것으로 여겨진다. 라잔은 철저한 퇴계 이황 신봉자였다.

한편 세이카의 4명의 제자 중 마츠나가 세키고는 기노시타 준안1621~1698과 아라이 하쿠세키1657~1725, 아메리모노 호슈1668~1755등 막번의 유학자를 배출하여 계보를 형성하였다. 아울러 호리 교안은 오와리 번의 유관이었고, 나와 가츠쇼는 기슈번의 유관으로 번의 유학계도 세이카의 제자들이 거의 장악하였다.

따라서 일본 사상계에서 세이카를 일본 근세 유학의 비조鼻祖라 부르는 것은 결코 지나치지 않다.

에도 시대 초기까지 일본은 무武와 불佛의 나라였다. 그런데 여기에 유儒가 결부됨으로써 일본의 정신문화는 새로운 모습으로 다시 태어났다.

일본 사상사에서 에도시대가 그 이전 시대와 구별되는 특징 중 하나는 무武의 사무라이가 문文을 읽었다는 것이다. 문文을 통하여 사무라이의 신분 질서가 확립되었다.

에도 시대 270년 동안 태평성대가 이어질 수 있었던 것은, 무사계급에서 하극상을 대신하여 군신君臣의 도리, 더 크게 말하면 삼강오륜의 유교적 윤리가 정착되었기 때문이라고 할 수 있다.

문文의 사무라이를 확립시킨 시초는 도쿠가와 이에야스였고, 사상적으로 뒷받침한 이는 바로 후지와라 세이카였다. 그리고 세이카 뒤에는 정유재란 때 일본에 포로로 끌려온 전라도 영광 선비 강항이 있었다.[주7)]

주7) 에도 시대에는 막부와 번의 정치에 유학자가 많이 참여하였다. 후지와라 세이카와 강항 그리고 아카마츠 히로미츠 3인방은 일본 에도 시대 유학을 연 인물로 추앙받고 있다.

참고문헌

○ 강재언 지음, 이규수 옮김, 조선통신사의 일본견문록, 한길사, 2005

○ 강항 지음 · 이을호 옮김, 간양록, 서해문집, 2005

○ 강항 씀 · 김찬순 옮김, 간양록, 보리, 2006

○ 강항, 국역 수은집, 전라남도, 1989

○ 곽차섭, 조선청년 안토니오 코레아, 루벤스를 만나다, 푸른 역사, 2004

○ 국립진주박물관, 임진왜란 : 조선인 포로의 기억, 국립진주박물관, 2010

○ 기타지마 만지, 도요토미 히데요시의 조선 침략, 경인문화사, 2008

○ 김덕진, 소쇄원 사람들, 다할미디어, 2007

○ 김동수 역, 호남절의록, 경인문화사, 2010

○ 김문자, 임진왜란과 포로, 국립진주박물관, 임진왜란 : 조선인 포로의 기억, 국립진주박물관, 2010, p 122~131

○ 김미선, 호남의 포로실기 문학, 경인문화사, 2014

○ 나카오 히로시 지음, 유종현 옮김, 조선통신사 이야기, 한울, 2005

○ 나카오 히로시 지음, 손승철 옮김, 조선통신사, 도서출판 소화, 2013

○ 노성환, 일본에 남은 임진왜란, 제이앤씨, 2011

○ 노인 저, 노기욱 역, 임진 의병장 노인의 금계집 국역본, 전남대학교 출판부, 2008

○ 대판성 천수각, 테마전 : 亂世 からの 手紙, 대판성 천수각, 2014

○ 민덕기, 임진왜란 중의 납치된 조선인 문제, 임진왜란과 한일관계, 경인문화사, 2005, p 369~401

○ 박희병 · 정길수 편역, 전란의 소용돌이 속에서, 돌베개, 2007

○ (사)조선통신사문화사업회 엮음, 조선통신사 옛길을 따라서, 한울, 2007

○ 손승철 지음, 조선통신사 일본과 통하다, 동아시아, 2006

○ 손승철, 조선통신사를 보는 양국의 시각, 동북아 역사재단 편, 역사속의 한일관계, 동북아역사재단, 2009, p 144~161

○ 양은경 엮음, 일본사를 움직인 100인, 청아출판사, 2012

○ 양일모, 일본 주자학과 조선의 유학, 한일문화교류기금 편, 되돌아 본 한일관계사, 경인문화사, 2005, p 158~175

○ 유채연, 임진왜란기 피로인들과 그들의 기록 – 강항 · 정희득 · 노인을 중심으로, 강원대학교 인문과학연구소, 인문과학연구 제33집, 2012.6, p 291~321

○ 유홍준, 나의 문화유산 답사기 일본 편 1 규슈, 창비, 2013

○ 이덕무, 청장관 전서, 청령국지 1 인물, 한국고전번역원 사이트

○ 이윤옥 · 김영조, 신일본속의 한국문화답사기, 바보새, 2011

○ 이이화, 한국사 이야기 11, 조선과 일본의 7년 전쟁, 한길사, 2000

○ 이이화, 한국사 이야기 12, 국가재건과 청의 침입, 한길사, 2000

○ 임태홍, 일본 사상을 만나다, 성균관대학교 출판부, 2010

○ 정장식, 통신사를 따라 일본 에도 시대를 가다, 고즈윈, 2005

○ 정재정, 교토에서 본 한일통사, 효형출판, 2007

○ 최관, 일본과 임진왜란, 고려대학교 출판부, 2003

○ 최관 · 김시덕, 임진왜란 관련 일본문헌 해제, 도서출반 문, 2010

○ 케이넨 저 · 신용태 역, 임진왜란 종군기, 경서원, 1997

○ 하우봉, 임란직후 조선문화가 일본에 끼친 영향, 한일관계사연구논십 변찬위원회 편, 임신왜란과 한일관계, 경인문화시, 2005, p 477~502

○ 한국고전번역원, 해행총재, 한국고전종합D/B, 한국고전번역원 인터넷 사이트

○ 한일관계사연구논집 편찬위원회 편, 임진왜란과 한일관계, 경인문화사, 2005

○ 허남린, 조선과 근세일본 사이의 교차하는 역사에의 기억 : 임진왜란과 귀 무

덤, 사단법인 임진정신문화선양회, 의미와 교훈 '임진란 연구의 현재와 미래,
p 55~106

○ 호사카 유지, 조선 선비와 일본 사무라이, 김영사, 2007

마치면서

이 책은 책 제목처럼, 정유재란을 호남사람들 입장에서 재조명하였습니다. 선조실록과 선조수정실록, 난중잡록과 연려실기술, 이충무공 전서, 난중일기 · 징비록 등 각종 기록들과 임진왜란 관련 서적들을 읽으면서 느낀 점은, 정유재란은 첫째 이순신에서 시작하여 이순신으로 끝났고, 둘째 호남은 초토화 · 황폐화 되었으며, 셋째 전쟁 이후 일본은 조선에서 많은 것을 가져가 융성을 이루었다는 점입니다.

정유재란 초기에 이순신은 하옥되었고 백의종군하였습니다. 7월16일에 원균이 이끄는 조선수군은 칠천량 해전에서 전멸하였고, 이순신은 다시 전라좌수사겸 삼도수군통제사가 되었습니다.

9월16일에 이순신은 명량에서 13척으로 133척의 일본 수군을 무찌르고 왜선 31척을 격파하였습니다. 이순신은 이 날의 '난중일기'에 '실로 천행天幸이었다.' 고 적었습니다.

이후 이순신은 고금도에 통제영을 설치하고 수군 재선에 박차를 가하여 함대가 80여척, 군사가 8천명에 이르렀으며 진린이 이끄는 명나라 수군도 합류하였습니다.

9월 하순부터 10월초까지 조명연합 육군과 수군은 순천 왜교성의 고니시 유키나가를 공격하였으나 실패하였습니다.

한편 일본은 조선에 있는 왜군을 11월15일까지 철수하라고 지시하였습니다. 이를 안 이순신은 고니시 왜군을 치기 위하여 여수 장도로 출동하였습니다. 그런데 서로군 제독 유정은 밀약을 하여 고니시를 보내기로 하였고, 뇌물을 받은 진린도 고니시의 배가 남해로 가는 것을 허용하여, 사천 시마즈의 왜군들이 구원하기에 이르렀습니다.

왜군의 협공을 우려한 이순신은 노량으로 가서 왜군을 치기로 하였습니다. 진린은 이를 말렸으나, 이순신이 뜻을 굽히지 않자 진린도 마지못하여 해전에 참여하였습니다.

11월19일 새벽 2시경부터 전투가 시작되었습니다. 이순신 함대는 선두에서 필사적으로 싸웠습니다. 이 와중에 이순신은 탄환을 맞았습니다. 그는 "싸움이 한창 급하다. 내가 죽었다는 말을 하지 말라."는 유언을 남기고 절명하였습니다.

이순신의 죽음이 알려지자 전라도 사람들은 모두 통곡하였고, 늙은 할미와 어린 아이들까지도 슬피 울지 않는 자가 없었습니다.

이후 여수 해안가의 민초들은 스스로 충민사를 세웠고, 석천사 사찰에는 그의 영혼이 모셔졌습니다.

한편 8월16일에 남원성이 함락되었고 전라도는 초토화 되었습니다.

왜군 50개 부대가 전라도에 바둑판처럼 깔려 살육과 납치, 방화와 약탈을 납치를 자행했습니다. 한마디로 전라도는 쑥대밭이었습니다. 많은 사람들이 일본에 끌려갔고, 3만여개의 코가 베어져서 일본으로 보내졌습니다. 특히 진원 · 영광에서 10,040개의 코가 베어졌는데 진원현은 전쟁 후에 전국에서 유일하게 폐현廢縣되었습니다.

이 전쟁은 일본 입장에서 보면 노예전쟁, 도자기 전쟁, 약탈 전쟁이었습니다. 일본은 도공을 납치하고 활자를 포함한 많은 문화재의 약탈로 도자 문화와 인쇄기술의 발전을 꾀하였고, 포로를 10만명이나 잡아가서 포르투갈 상인에게 팔거나 노동자로 고용하였습니다.

또한 포로로 끌려간 영광 출신 유학자 강항은 일본 승려 후지와라 세이카에게 조선 주자학을 가르쳤고, 세이카는 일본 유학의 비조鼻祖가 되었습니다. 이후 일본 유학은 무의 사무라이에게 문을 가르쳐 에도 시대 군신君臣의 도리 정착의 기초가 되었습니다. 그리하여 일본에서는 강항을 일본 주자학의 아버지로 추앙하고 있습니다.

임진왜란 7년 전쟁은 한 · 중 · 일 3국의 국제전쟁입니다. 우리가 흔히 쓰는 임진왜란이란 명칭은 '임진년에 왜인들이 일으킨 난동' 이란 뜻이고 정유재란은 '정유년에 왜인들이 다시 쳐들어와 일으킨 난동' 이란 뜻입니다. 여기에는 조선을 유린한 일본에 대한 원한과 적개심이 담겨 있습니다. 일본에서는 이 전쟁을 '문록 · 경장의 역役' 이라고 부릅니다. 당시 일본 천황의 연호를 따서 무미건조하게 부르고 있습니다. 그런데 일본 오사카 성에서 본 이 전쟁의 영어 번역은 Korean Campaign이었습니다. 일본인의 꼼수가 여실히 드러나는 대목입니다. 하기야 교토의 풍국신사 앞에 있는 코 무덤도 귀 무덤으로 불러오다가 요즘은 귀 무덤(코 무덤)이 되었습니다.

한편 중국은 이 전쟁을 '항왜원조抗倭援朝' 라 하고 있습니다. '일본에 맞서 조선을 도운 전쟁' 이라는 뜻입니다. 조선을 도운 시혜자로 자처하면서 대국주의적 관점을 드러내고 있습니다. 여담이지만 1950년 한국전쟁때 중국이 북한을 도운 것도 '항미원조' 였습니다.

임진왜란은 지금도 계속되고 있습니다. 작금의 한 · 중 · 일 3국 관계는 그때와 흡사합니다. 역사전쟁은 지금도 진행 중입니다.

부록

임진왜란 호남 의승

호남은 의향義鄕이다. 호남 사람들은 나라가 위태로울 때마다 분기奮起하였다. 임진왜란 때도 마찬가지였다. 조선 7도가 왜군의 손아귀에 들어갔지만 전라도는 온전하였다. 호남은 나라의 울타리였다. 호남이 없으면 나라도 없었다.

호국불교를 기치로 한 호남의승義僧들도 국난극복에 참여하였다. 의승장 처영, 법견, 처능, 해정, 삼혜와 의능, 자운과 옥형과 여러 의승들이 육전과 해전에서 나름대로 역할을 하였다. 이들에 대하여 살펴보자.

1. 행주대첩 승장 처영 - 행주산성, 해남 대흥사 내 표충사

1593년 2월 12일 전라도 관찰사 권율이 이끄는 전라도 관군과 의병, 승군은 행주산성에서 대첩을 이루었다. 경기도 고양시에 있는 행주산성 정문을 들어서면 바로 앞에 권율장군 동상과 관군, 의병, 승군, 부녀자에 관한 부조가 있다. 행주대첩을 설명하는 동판에는 '임진왜란 삼대첩의 하나인 행주대첩은 관군, 의병, 승군, 부녀자의 총력전으로서 임진왜란의 전세를 뒤엎는데 결정적 계기가 되었으며, 우리나라 대외 항전사에 길이 빛나고 있다' 라고 적혀 있다.

행주대첩은 승장 처영이 지휘하는 1천명의 승병을 포함한 2,300명의 군사로 3만 명의 왜군을 물리친 쾌거였고 변이중이 제작한 신무기 화차도 큰 역할을 하였다. 왜군 사상자는 1만 여명에 달하였다.

승장 처영은 호가 뇌묵雷默이고 서산대사 휴정休靜의 제자이다. 행주대첩의 공로로 그는 조정으로부터 절충장군折衝將軍이라는 직함을 받았다. 1594년에 처영은 도원수 권율의 명에 따라 의령에서 군사를 이끌고 남원 교룡산성을 쌓았다. 1794년 정조 18에 정조는 왕명을 내려 휴정 · 유정 · 처영의 진영 眞影을 해남 대흥사大興寺의 표충사表忠祠와 묘향산 수충사酬忠祠에 봉안하고 춘추 향사하게 하였다.

2. 장성남문의병 – 장성남문창의비

장성군 북이면 사거리에는 장성남문창의비가 있다. 장성남문의병은 장성출신 선비 오천 김경수가 1592년 7월 18일에 남문창의 하여 임진왜란 중 두 차례, 정유재란 때 한 차례 모두 3차례에 걸쳐 의병활동을 하였다.

1802년에 세워진 장성남문창의비의 정식 명칭은 〈호남오산남문창의비湖南鰲山南門倡義碑〉이다. 여기에는 장성남문창의 인물 76명의 명단이 적혀 있다. 제현위차 22명, 자제종사 12명, 동창 32명, 의승장 9명, 사노 1명이 그들이다. 의승장義僧將 9명은 처능 · 자혜 · 의관 · 계묵 · 덕인 · 처한 · 학인 · 계한 · 혜인 스님이다.

3. 장성 입암산성 축성 – 의승장 법견

장성 입암산성은 전라도로 들어가는 요충지이다. 입암산성은 높이 626m인 입암산의 계곡 능선을 따라 만든 포곡식 산성으로 현재는 약 3.2㎞정도 남아 있다.

1593년 2월에 부임한 장성현감 이귀李貴 1557~1633은 의승장 법견法堅 1552~1634에게 입암산성 수축 공사를 맡겼다. 법견은 전라도내의 승려들을 동원하여 공사를 거의 완성하였다. 그런데 1594년 초에 이귀가 전보발령이 나자 임압산성 축조 공사는 일시 중단되었다. 전라관찰사 이정암은 선조에게 장계를 올려 윤진을 축성 책임자로 임명할 것을 건의하였다. 선조는 명하기를 “산성은 백성의 운명과 관계되고 국가를 보장하는 곳이니 조속히 성을 중수하라.” 하였다. 윤진은 선조의 어명에 따라 밤낮으로 축조공사를 하면서 다시 법견을 공사 책임자로 임명하였다. (선조실록 1594년 2월 27일자 참조)

법견法堅은 호가 기암奇巖으로 서산대사의 제자 중 한 사람으로 임진왜란이 일어나자 의승장으로 활약하였다. 나중에 임암산성이 완성되자 그는 산성의 수호를 맡는 산성수장山城守將이 되었다.

당시에 임암산성 안에는 안국사安國寺 등 사찰과 암자가 6개나 있어 의승의 규모가 상당했음을 알 수 있다.

4. 고종후 부대의 의승과 사노寺奴 – 광주 포충사

광주 포충사는 의병장 고경명과 그의 큰 아들 고종후, 둘째 아들 고인후, 종사관 유팽로 · 안영의 신위를 모신 곳이다.

고종후는 1592년 7월 10일에 금산전투에서 순절한 아버지 고경명의 원수를 갚기 위해 다시 의병으로 나섰다. 1592년 12월에 광주에 의병청을 설치하고 여러 곳에 격문을 보내 의병을 모았다.

그런데 당시에는 군사 징발이 여러 갈래로 겹쳤기 때문에 고을마다 장정이 없어서 모집된 군사가 얼마 되지 않았다. 그는 부친과 친했던 양호체찰사 송강 정철에게 군사를 부탁했다. 정철은 사찰의 노비들을 의병에 종속시켜 주었다. 고종후는 스스로를 복수의병장이라고 칭하면서 조수준을 계원장으로, 승려 해정을 유격장으로 삼았다.

1593년 6월 하순 진주성이 위기에 처하자 고종후는 휘하병력 400명을 데리고 진주성으로 들어갔다. 6월 29일에 진주성이 함락되자, 그는 김천일, 최경회 등과 함께 촉석루에서 남강에 몸을 던졌다. 같이 싸운 승려와 사찰의 노비들도 모두 순절하였다.

5. 구례 석주관 전투 – 화엄사 의승

정유재란이 일어나 전라도가 침탈당하자 고을수령들은 도망가고 백성들은 피난을 갔다. 감히 의병을 일으킬 생각을 못하였다. 이러함에도 9월 하순에 구례의 선비 왕득인은 50여명의 향민을 모아 의병을 일으켰다. 왕득인은 기습전으로 적에게 대항하였으나 왜군을 당해낼 수가 없어 순절하였다.

11월 초에 구례의 젊은 선비들을 주축으로 한 수백 명의 의병이 다시 일어났다. 왕득인의 아들 왕의성과 각 면에서 모여든 이정익 · 한호성 · 양응록 · 고정철 · 오종 등 이른바 5의사들의 의병연합체였다.

11월 9일에 구례의병은 연곡에서 남원의병과 함께 연합하여 적병 60여명을 참살하고 포로 200여명을 구출하였다. 이후 구례 의병은 화엄사로부터 의승병 153명과 의곡 103석을 지원 받아 군세를 보강하였다.

11월 하순에 구례의병과 왜군사이에 대규모 전투가 벌어졌다. 구례의병들은 분산작전을 꾀하고 골짜기에 잠복하여 적을 공격하였다. 의병들은 일시 대승을 거두는 듯했다. 그러나 계속 밀려오는 왜군을 맞아 싸우기에는 역부족이었다. 의병과 의승군은 모두 전사하고 말았다.

이후 순조 4년1804에 7의사들에게 공훈이 내려졌고 1901년에 칠의각이 지어졌으며 지금은 칠의사와 칠의사 묘소가 있다.

6. 이순신 장군의 수군 의승 – 여수 흥국사와 석천사

전라좌수사 이순신 휘하에는 수군 의승 조직이 있었다. 이들은 팔도총섭 서산대사 휴정 휘하의 조직과는 별도의 조직이었다.

이순신은 1592년 8월에 각 고을에 통고하여 각 사찰 승려들의 차출을 지시하였다. 승려들은 자발적으로 참여하여 400여명에 이르렀다. 이순신은 이들 중 용맹과 지력이 있는 순천의 삼혜를 시호별도장, 고흥의 의능을 유격별도장, 광양의 성휘를 우돌격장, 광주의 신해를 좌돌격장, 곡성의 지원을 양병용격장으로 임명하였다.

이순신이 이들 승병을 두치,석주,운봉, 팔량치 등 전라도 요충지 수비를 맡겼다. 한편 의승 삼혜를 순천에, 의승 의능은 전라좌수군 본영에 배치하였다.

삼혜와 의능 소속의 의승 수군은 각각 300명 정도로 이들은 이순신 휘하에서 전투를 하였다. 이들 의승 수군의 본거지는 여수 흥국사였다.

1594년 3월초에 이순신은 2차 당항포 해전에서 대승을 거두었다.
이순신은 당항포 승첩 장계를 조정에 올리면서, 승장 수인, 의능 등이 각각 300명을 이끌고 공을 세웠으니 포상해 줄 것을 요청하였다.

한편 이순신이 1597년 8월에 다시 수군통제사가 된 이후에도 수군 의승이 활약한 것으로 보인다. 1597년 8월 8일자 난중일기에는 "승려 혜희惠熙가 와서 인사를 하였다. 그에게 승병의 직첩을 주었다."고 기록되어 있다. 따라서 의승 수군은 명량대첩에도 일정 역할을 하였다.

의승들의 활동은 1598년 11월 19일 노량해전에서 이순신 장군이 전사한 이후에도 잇따랐다. 자운慈雲이란 스님은 이순신이 돌아가신 후에 쌀 6백 섬으로 노량에서 큰 수륙제를 올렸다. 또한 옥형 스님은 1599년에 여수시 덕충동에 석천사를 짓고 이순신의 혼령을 위로하였다. 석천사는 충민사 보다 2년 앞서 세워진 호국사찰이었다.

한마디로 호남의승은 임진왜란 7년 전쟁동안에 육전과 해전에서 나름대로 역할을 하었디.

참고문헌

○ 강명관, 열녀의 탄생, 돌베개, 2009

○ 강응천 외 7인, 16세기, 민음사, 2014

○ 강재언 지음, 이규수 옮김, 조선통신사의 일본견문록, 한길사, 2005

○ 강항 저, 국역 수은집, 전라남도, 1989

○ 강항 지음 · 이을호 옮김, 간양록, 서해문집, 2005

○ 강항 씀 · 김찬순 옮김, 간양록, 보리, 2006

○ 건국대사학과 편, 역사와 이야기가 있는 답사기행–경상우도 편, 새문사, 2010

○ 고씨중앙종문회 · 충렬공 제봉 고경명 선생 기념사업회, 임란의병장 고경명의 재조명, 2007

○ 고연희 · 김동준 · 정민 외, 한국학, 그림을 그리다, 태학사, 2013

○ 고재필 편집, 국역 정기록, 천풍인쇄사, 1978

○ 고진숙, 이순신을 만든 사람들, 한겨레아이들, 2004

○ 곽의진, 민, 솔과학, 2009

○ 곽차섭, 조선청년 안토니오 코레아, 루벤스를 만나다. 푸른역사, 2004

○ 국립광주박물관, 광주 – 유구한 문화의 도시, 도서출판 라인, 2008

○ 국립진주박물관, 싸워 죽기는 쉬어도 길을 빌려주기는 어렵다, 혜안, 1999

○ 국립진주박물관, 임진왜란과 도요토미 히데요시, 부키, 2003

○ 국립진주박물관, 임진왜란과 진주성 전투, 국립진주박물관, 2010

○ 국립 진주박물관 편, 임진왜란, 조선인 포로의 기억, (주) 지앤에이커뮤니케이션, 2010

○ 국사편찬위원회 인터넷 사이트, 조선왕조실록
○ 기타지마 만지, 도요토미 히데요시의 조선침략, 경인문화사, 2008
○ 기효증, 함재근왕록, 기성근 소장
○ 김경진, 임진왜란 8, 자음과 모음, 2005
○ 김권섭, 선비의 탄생, 다산초당, 2008
○ 김대중 편역, 도산에 사는 즐거움 – 이황 선집, 돌베개, 2008
○ 김동수 교감 · 역주, 호남 절의록, 경인문화사, 2010
○ 김동욱 옮김, 새벽강가에 해오라기 우는 소리(국역 기문총화) 상 · 중 · 하, 아세아문화사, 2008
○ 김만선, 유배, 갤리온, 2008
○ 김명준, 임진왜란과 김성일, 백산서당, 2006
○ 김문식, 조선후기 지식인의 대외인식, 새문사, 2009
○ 김미선, 호남의 포로실기 문학, 경인문화사, 2014
○ 김선기, 호남정신 뿌리 깃든 전라도 정자기행, 보림, 2003
○ 김성한, 7년 전쟁 5권 – 재침 그리고 기이한 화평, 산천재, 2012
○ 김세곤, 고봉, 퇴계를 그리워하다, 보림출판, 2009
○ 김세곤, 호남정신의 뿌리를 찾아서, 온새미로, 2010
○ 김세곤, 퇴계와 고봉, 소통하다, 온새미로, 2012
○ 김세곤, 임진왜란과 호남사람들, 온새미로, 2011
○ 김세곤, 임진왜란과 호남사람들 2. 온새미로, 2013
○ 김수업, 논개, 지식산업사, 2001
○ 김시덕, 그들이 본 임진왜란, 학고재, 2012
○ 김시덕, 그림이 된 임진왜란, 학고재, 2014
○ 김영헌, 김덕령 평전, 향지사, 2006
○ 김인숙, 조선 4대 사화, 느낌이 있는 책, 2009

○ 김종대, 여해 이순신, 예담, 2008
○ 김종대, 이순신, 신은 이미 준비를 마치었나이다, 가디언, 2012
○ 김탁환, 불멸의 이순신 3, 4, 8권, 황금가지, 2004
○ 김태훈, 이순신의 두 얼굴, 창해, 2004
○ 김현식, 이순신의 일상에서 리더십을 읽다, 평민사, 2009
○ 김훈, 칼의 노래, 생각의 나무, 2001
○ 김희영, 이야기 일본사, 청아출판사, 2006
○ 나카오 히로시 지음, 유종현 옮김, 조선통신사 이야기, 한울, 2005
○ 나카오 히로시 지음, 손승철 옮김, 조선통신사, 도서출판 소화, 2013
○ 남경태, 남경태의 열려라 한국사, 산천재, 2013
○ 남성숙, 호남 사람 이야기, 광주 매스컴, 2009
○ 노기욱, 임진의병장 노인의 금계집 국역본, 전남대학교 출판부, 2008
○ 노성환, 일본에 남은 임진왜란, 제이앤씨, 2011
○ 대판성 천수각, 테마전 : 亂世　からの 手紙, 대판성 천수각, 2014
○ 도현신, 이순신의 조일전쟁, 행복한 미래, 2012
○ 도현신, 임진왜란, 잘못 알려진 상식 깨부수기, 역사넷, 2008
○ 동북아역사재단 편, 역사 속의 한일관계, 동북아역사재단, 2009
○ 동양문헌학회, 호남 유학과 선현, 동양문헌학회, 2011
○ 동양학 연구원, 국역 회재집, 호남문화사,1994
○ 무등역사연구회, 전라도 역사이야기, 선인, 2013
○ 문화재청 엮음, 수난의 문화재, 눌와, 2009
○ 문화재청 칠백의총관리소, 칠백의총, 문화재청, 2010
○ 박광전 저, 안동교 역주, 국역 죽천집, 신조사, 2003
○ 박경식, 이순신과 원균, 행림출판, 2005
○ 박기봉 편역, 충무공 이순신 전서 1,2,3,4권, 2006

○ 박덕규 편저, 중국 역사 이야기, 명나라 (상)(하), 일송북, 2005
○ 박상하, 진주성 전쟁기, 어문학사, 2007
○ 박석무, 조선의 의인들, 한길사, 2010
○ 박성봉 편저, 박죽천연구논총, 백산자료원, 2004
○ 박영규, 한권으로 읽는 조선왕조실록, 웅진지식하우스, 2004
○ 박천홍, 인간 이순신 평전, 북하우스, 2005
○ 박희병 · 정길수 편역, 전란의 소용돌이 속에서, 돌베개, 2007,
○ 백지원, 조일전쟁, 진명출판사, 2009
○ 봉암서원, 봉암서원지, 봉암서원, 2001
○ (사)조선통신사문화사업회 엮음, 조선통신사 옛길을 따라서, 한울, 2007
○ 서강대학교 국제한국학센터 기획, 임진왜란 동아시아 삼국전쟁, 휴머니스트, 2007
○ 손승철 지음, 조선통신사 일본과 통하다, 동아시아, 2006
○ 송갑석, 무등산 역사길이 내게로 왔다. 심미안, 2012
○ 송복, 위대한 만남 서애 류성룡, 지식마당, 2007
○ 신광재 지음, 나주목사 이야기, 나주역사문화연구소, 2006
○ 신경, 재조번방지, 한국고전번역원 DB
○ 신병주, 조선을 움직인 사건들, 새문사, 2009
○ 신봉승, 문묘 18현, 청아출판사, 2010
○ 신호창, 이순신의 전쟁, 돋을새김, 2012
○ 심경호, 내면기행, 이가서, 2009.
○ 심경호, 나는 어떤 사람인가, 이가서, 2010
○ 안방준 저, 안동교 역주, 국역 은봉전서, 신조사, 2001
○ 안종일, 정진백 편, 정의로운 역사 멋스러운 문화, 사회문화원, 2007
○ 안진오, 호남 유학의 탐구, 심미안, 2007

○ 압해정씨 병사공파종중회 편, 송정 정걸장군 일대기, 도민문화사, 2002
○ 양은경 엮음, 일본사를 움직인 100인, 청아출판사, 2012
○ 연민수 편저, 일본 역사, 보고사, 1998
○ 오항녕, 조선의 힘, 역사비평사, 2010
○ 유몽인 지음, 신익철 등 옮김, 어우야담, 돌베개, 2006
○ 유성룡 저, 김문수 엮음, 징비록, 돋을새김, 2009
○ 유채연, 임진왜란기 피로인들과 그들의 기록 – 강항 · 정희득 · 노인을 중심으로, 강원대학교 인문과학연구소, 인문과학연구 제33집, 2012.6, p 291~321
○ 유홍준, 나의 문화유산 답사기 일본 편 1 규슈, 창비, 2013
○ 이긍익, 연려실기술, 한국고전번역원 DB
○ 이덕무, 청장관 전서, 청령국지 1 인물, 한국고전번역원 사이트
○ 이덕일, 사화로 보는 조선역사, 석필, 1998
○ 이덕일, 유성룡, 역사의 아침, 2007
○ 이덕일, 조선 왕을 말하다. 역사의 아침. 2010
○ 이민웅, 임진왜란 해전사, 청어람 미디어, 2004
○ 이민웅, 이순신 평전, 성안당, 2012
○ 이상각, 조선왕조실록, 들녘, 2009
○ 이선근 발행, 제봉전서(상 · 중 · 하), 한국정신문화연구원, 1980
○ 이성무, 선비평전, 글항아리, 2011
○ 이수광 저 · 남만성 역, 지봉유설, 을유문화사, 1975
○ 이순신 역사연구회 저, 이순신과 임진왜란 1,2,3,4권,비봉출판사, 2005
○ 이순신 지음, 노승석 옮김, 교감 완역 난중일기, 민음사, 2010
○ 이순신 지음, 송찬섭 엮어 옮김, 난중일기, 서해문집, 2004
○ 이영호 · 이라나 역, 일옹 최희량, 문자향, 2008
○ 이우상, 조선왕릉 – 잠들지 못하는 역사 1, 2, 다알미디어, 2009

○ 이윤옥 · 김영조, 신일본속의 한국문화답사기, 바보새, 2011
○ 이은직 지음, 정홍준 옮김, 조선명인전 2, 일빛, 2005
○ 이을호, 총설, 전라남도임란사료편찬위원회 편, 호남지방 임진왜란 사료집 I, 삼일정판사, 1990
○ 이이화, 한국사 이야기 11, 조선과 일본의 7년 전쟁, 한길사, 2000
○ 이이화, 한국사 이야기 12 국가재건과 청의 침입, 한길사, 2000
○ 이장희 외, 망암 변이중 연구, 삼우사, 2003
○ 이종묵, 조선의 문화공간 2, 휴머니스트, 2006
○ 이진이, 이순신을 찾아 떠난 여행, 책과 함께, 2008
○ 이치백, 무민공 황진장군, 사단법인 전북향토문화연구회, 2008
○ 이치백, 정충록, 사단법인 전북향토문화연구회, 2008
○ 이한우, 선조, 조선의 난세를 넘다, 해냄, 2007
○ 이항 저, 권오영 역, 국역 일재선생 문집, 일재선생문집국역추진위원회, 2002
○ 이해영 지음, 학봉 김성일의 생각과 삶, 한국국학진흥원, 2006
○ 임기봉 역주해, 이충무공 진중일기, 범우, 2007
○ 임원빈, 이순신 승리의 리더십, 한국경제신문, 2008
○ 임진왜란 연구회 편, 고경명의 의병운동, 국립진주박물관, 2008
○ 임태홍, 일본사상을 만나다, 성균관 대학교 출판부, 2010
○ 장성군, 우리가 본받아야 할 장성사람들, 2013
○ 전남대학교 이순신해양문화연구소, 여수의 역사와 문화를 찾아서, 심미안, 2008
○ 전대신문 엮음, 전라도를 다시 본다, 전남대학교 출판부, 2005
○ 전라남도 임란사료편찬위원회 편, 호남지방임진왜란사료집 I, 삼일정판사, 1990
○ 전라남도 임란사료편찬위원회 편, 호남지방임진왜란사료집 II III, 삼일정판사, 1992
○ 전라남도임란사료편찬위원회 편, 호남지방임진왜란사료집(호남절의록)IV, 삼일

정판사, 1990
○ 전쟁기념관 편, 임진왜란과 권율장군, 전쟁기념관, 1999
○ 정장식, 통신사를 따라 일본 에도시대를 가다, 고즈윈, 2005
○ 정재정, 교토에서 본 한일통사, 효형출판, 2007
○ 정해은, 조선의 여성, 역사가 다시 말하다, 너머북스, 2011
○ 제장명, 이순신 파워인맥, 행복한 나무, 2008
○ 제장명, 이순신 백의종군, 행복한 나무, 2011
○ 조경남, 난중잡록, 한국고전번역원 DB
○ 조관희 엮음, 이야기 중국사, 청아출판사, 2003
○ 조성도, 충무공 이순신, 연경문화사, 2004
○ 조성도 역, 임진장초, 연경문화사, 1984
○ 조원래, 임진왜란과 호남지방의 의병항쟁, 아세아문화사, 2001
○ 조원래, 임진의병장 김천일 연구, 학문사,1993
○ 조원래 책임편집, 임진왜란과 진주성전투, 국립진주박물관, 2010
○ 조원래, 새로운 관점의 임진왜란사 연구, 아세아문화사, 2005
○ 조용헌, 500년 내력의 명문가 이야기, 푸른 역사, 2002
○ 지용희, 경제전쟁시대 이순신을 만나다, 디자인하우스, 2003
○ 진옥 편저, 호국의 성지 흥국사, 흥국사, 1991
○ 최관, 일본과 임진왜란, 고려대학교 출판부, 2003
○ 최관 · 김시덕, 임진왜란 – 관련 일본 문헌 해제, 도서출판 문, 2010
○ 최경회 등, 일휴당실기 · 육의록, 낭주인쇄사, 1987
○ 최영희, 임진왜란, 세종대왕 기념사업회, 1974
○ 최영희 등, 임진왜란과 이치대첩, 충남대학교 백제연구소 · 금산군, 1999
○ 최우열, 조선이 뒤흔든 이순신의 바다, 채륜, 2012
○ 최효식, 임진왜란기 영남의병 연구, 국학자료원, 2003

○ 케이넨 저 · 신용태 역, 임진왜란 종군기, 경서원, 1997
○ 하우봉, 임란직후 조선문화가 일본에 끼친 영향, 한일관계사연구논집 편찬위원회 편, 임진왜란과 한일관계, 경인문화사, 2005, p 477~502
○ 한국고전번역원, 해행총재 · 대동야승 · 난중잡록 · 연려실 기술, 한국고전종합 D/B, 한국고전번역원 인터넷 사이트
○ 한국근현대사학회, 한국 근대사 강의, 한울, 2007
○ 한국사상문화원, 호남학의 세계, 한국사상문화원, 2006
○ 한국족보학연구소, 국역 해광집, 화동기획, 2002
○ 한일관계사연구논집편찬위원회 편, 임진왜란과 한일관계, 경인문화사, 2005
○ 한일문화교류기금 편, 되돌아본 한일관계사, 경인문화사, 2005
○ 한정주, 한국사 전쟁의 기술, 다산초당, 2010
○ 허남린, 조선과 근세일본 사이의 교차하는 역사에의 기억 : 임진왜란과 귀 무덤, 사단법인 임진정신문화선양회, 의미와 교훈 '임진란 연구의 현재와 미래, p 55~106
○ 허남오, 진주성 – 용사일기, 지구문화사, 2004
○ 허승일, 다시, 역사란 무엇인가?, 서울대학교 출판문화원, 2009
○ 황원갑, 부활하는 이순신, 마야, 2006
○ 호사카 유지, 조선 선비와 일본 사무라이, 김영사, 2007
○ 후지이 소지 외, 박진한 등 3명, 쇼군 천황 국민, 서해문집, 2012
○ E. H. 카, 김택현 옮김, 역사란 무엇인가, 까치, 1997
○ KBS 역사스페셜, 역사스페셜 6, 효형출판, 2003

* 이 참고문헌은 〈임진왜란과 호남사람들〉 1권과 2권 발간 시, 참고한 문헌을 망라하였습니다.